7.00

Books are to be returned on or before
the last date below.

La democracia en España

Joaquín García Morillo:
La democracia en España

El Libro de Bolsillo
Alianza Editorial
Madrid

© Joaquín García Morillo
© Alianza Editorial, S. A., Madrid, 1996
  Calle Juan Ignacio Luca de Tena, 15; 28027 Madrid; teléf. 393 88 88
  ISBN: 84-206-0777-0
  Depósito legal: M. 3.679/1996
  Impreso en Fernández Ciudad, S. L.
  Catalina Suárez, 19. 28007 Madrid
  Printed in Spain

*A mi padre, y a la memoria
de mi madre*

INTRODUCCIÓN.
UNA TRISTE HISTORIA CON UN FINAL FELIZ

Capítulo I
De dónde venimos

1. Un pasado político atormentado

Decía Jaime Gil de Biedma que «de todas las historias de la Historia / sin duda la más triste es la de España / porque termina mal». Una cita así, menos manida que la machadiana de las dos Españas, una de las cuáles habría de helar el corazón de los españoles que al mundo viniesen, parece obligada al comenzar la exposición del primer sistema constitucional que ha conseguido ofrecernos razonables esperanzas de que el final sea feliz. La cita es ineludible porque nuestro presente y, por consiguiente, muchos de los rasgos de nuestra actual estructura política y constitucional resultan incomprensibles si no se tiene previamente una noción, por básica y elemental que sea, de cuál es nuestro pasado reciente, y de los innumerables pesares —tan graves como el exilio, la prisión, la sangre o hasta la vida— que ello ha provocado a muchos de nuestros antepasados.

La entidad de esos problemas ha sido tal que sus consecuencias siguen hoy en día presentes entre nosotros, incluso entre las generaciones más jóvenes, las que ni siquiera conocieron el franquismo. Es obligado pensar que la insatisfactoria implantación que, tanto racional como emotivamente, tienen entre nosotros palabras o conceptos como España, Patria, Estado, bandera, o, aún más, Fuerzas Armadas, deriva de los profundos posos de ese amargo pasado. En la memoria colectiva del pueblo español, y en la individual de muchos españoles, las palabras citadas provocan una rápida asociación de ideas: conflicto, opresión, represión y, ya se ha dicho, exilio, prisión o muerte. Es difícil construir sobre estos recuerdos un emocionado afecto. Esa es, probablemente, la causa de que sea tan apreciable la diferencia entre el afecto que los españoles tienen hacia los símbolos —la palabra, la bandera, el himno— de esas realidades y el que tienen los ciudadanos de otros países como Francia o Gran Bretaña, que han sido las tradicionales compañeras de viaje de España en el tren de la Historia. Esa es también, seguramente, la causa de que los españoles sigan percibiendo el «meterse en política» como una actividad no ya de ningún futuro, sino de enorme riesgo.

El principal mérito de nuestro actual sistema político y constitucional es que fue elaborado y está aceptado sobre la base de un consenso extraordinariamente mayoritario, que no se identifica con un proyecto político concreto y que no se utiliza como arma contra nadie. Es un enorme mérito, pues fue precisamente la ausencia de esas tres condiciones la que provocó nuestro turbulento pasado.

2. Un comienzo esperanzador: ¡viva la Pepa!

Lo curioso es que ese tormentoso pasado tuvo un comienzo halagüeño a principios del siglo XIX. Cuando en 1812 se aprobó la primera Constitución española, fue recibida con un desbordante apoyo popular, expresado en el nombre que el pueblo gaditano —donde se reunían las Cortes que la elaboraron— la impuso por haber sido aprobada el día de San José.

La Constitución de Cádiz de 1812 fue una de las primeras del mundo. En realidad, entre las escritas —pues la británica no es escrita— fue la tercera, después de las surgidas de las Revoluciones norteamericana y francesa. Perseguía, tan bienintencionada como ingenuamente, que los españoles fueran «justos y benéficos». No era, ni mucho menos, lo que hoy llamaríamos una Constitución democrática, puesto que el Rey seguía gozando de muchos y muy importantes poderes. Pero establecía limitaciones y condiciones al ejercicio del poder regio, que ya no era, por tanto, un poder absoluto. Era notablemente avanzada para la época, y hubiera podido ser la piedra basilar de un duradero ejercicio de convivencia pacífica.

Eso, ser avanzada, fue lo que la perdió y, al perderla a ella, comenzó el proceso de congelación del corazón de nuestros antepasados. La Constitución, el constitucionalismo, entendido como limitación del poder del Rey, reconocimiento de los derechos de las personas y establecimiento de un poder legislativo, apenas tenía en España apoyo social o raíz cultural, más allá de los diputados que la habían elaborado y de un pequeño grupo de ilustrados; desde luego no había en España nada parecido a una burguesía que tuviese fuerza para mantener un sistema constitucional. Los avances de la Constitución, que hoy provocarían una indulgente sonrisa, parecían sin embargo inaceptables al Rey, la nobleza y los eclesiásticos de la época, anclados aún varios siglos atrás. La evolución internacional complicó aún más las cosas cuando las fuerzas del orden de siempre, reunidas en Viena bajo la batuta de Metternich, decidieron acabar con todo lo que en la Europa continental pusiese en cuestión al poder absoluto de origen divino y recordase, aunque sólo fuera ligeramente, a liberalismo, derechos de los ciudadanos o limitación del poder: tras diversas vicisitudes los Cien Mil Hijos de San Luis entraron en España, repusieron a Fernando VII y acabaron con el experimento.

3. Nuestros demonios familiares

El freno del experimento constitucional fue, también, el banderazo de salida de un conflicto que duraría más de 150 años. A partir de ese momento, se perfilaron claramente dos bandos irreconciliablemente enfrentados: de un lado, la nobleza y el clero, encabezados por sus sectores más reaccionarios, defendiendo la legitimidad divina del Monarca, el carácter absoluto de su poder y el confesionalismo del Estado y negándose a reconocer los derechos de las personas y, en general, cualquier avance; la escasa burguesía industrial y comercial española, incapaz de desarrollar o imponer un proyecto propio, se alineó casi siempre con este bando, y lo mismo hicieron los sucesivos reyes. En el otro lado, los sectores ilustrados y las capas populares, resentidos por la frustración del intento liberal, y convencidos de que no era posible ninguna vía de evolución o conciliación, esperaron que llegara su momento para dar la vuelta a la tortilla. Ambos grupos tenían algo en común: su oposición a cualquier clase de pacto o transacción y su decisión de imponer su proyecto por la fuerza.

El enfrentamiento tuvo, durante un siglo y medio largo, tres ejes permanentes: la configuración de la Monarquía, el papel de la Iglesia Católica y el grado de autonomía de las diferentes nacionalidades de España o, para ser más exactos, de Cataluña y el País Vasco.

El conflicto sobre la Monarquía era, en realidad, un combate entre diferentes formas de entender la legitimidad del poder y, por tanto, la *soberanía*. De una parte, los realistas defendían la legitimidad divina del poder regio y, por consiguiente, la soberanía del Monarca. De ello se deducía que ésta era la fuente y origen de todo poder y que, en consecuencia, el poder político estaba localizado en el Rey. Cualquier limitación del poder del Rey había de ser de menor índole, y contar con su consentimiento. En la otra orilla, los defensores de la soberanía nacional, primero, y popular, después, consideraban, respectivamente, que la soberanía residía en la nación o el pueblo. El Monarca podía seguir ostentando poderes y funciones, pero la fuente de poder y, por lo tanto, el centro último de toma de decisiones eran el pueblo o nación y el Parlamento que los representaba. La contraposición Monarquía-República ha sido, pues, una constante histórica; los reiterados alineamientos de los reyes con los sectores antidemocráticos, y su renuncia a ceder al pueblo parcelas de poder y asegurar las libertades, transformaron el conflicto sobre la soberanía en el enfrentamiento entre Monarquía y República.

El segundo caballo de batalla era la posición de la Iglesia en el sistema, aunque debe matizarse que este foco de conflicto hace su aparición, si bien que con virulencia, tardíamente: por ejemplo la Constitución de 1812 consagraba la religión católica como la del Rey y la Nación, prohibiendo todas las demás. Sólo más tarde el decidido apoyo que la Iglesia presta al Monarca absolutista la convierte, además de en uno de los contendientes, en objeto de la propia contienda.

El tercer factor de enfrentamiento, aparentemente el único cuyos rescoldos aún no se han apagado, es el constituido por los derechos de algunas nacionalidades de España a dotarse de ciertas cotas de autogobierno. La contienda —y, por tanto, también la solución— es aquí especialmente confusa, porque las dos realidades más conflictivas al respecto, Cataluña y el País Vasco, tuvieron recorridos históricos muy diferentes: en Cataluña la demanda de autogobierno, asentada en unas hondas raíces culturales y una lengua de uso generalizado que configuraban una entidad específica, se manifestó ya en la resistencia ante Felipe V y se mantuvo vigente desde entonces, y ha caminado siempre de la mano de proyectos modernizantes y con el apoyo de los sectores catalanes más ilustrados; en el País Vasco, por el contrario, la reacción foralista se confunde con el legitimismo dinástico, católico y ultramontano —Dios, Patria, Rey y Fueros— y sólo adquiere carta de relativa modernidad, ya bien entrado el siglo XX, con la aparición y crecimiento de un nacionalismo vasco políticamente representado en un partido concreto.

4. La Constitución como «trágala»

Irreconciliablemente enfrentados, los dos contendientes fueron incapaces de hallar un punto de encuentro que les permitiera convivir y dirimir sus diferencias pacíficamente. De esta suerte, decidieron cada uno de ellos imponer su proyecto, por la fuerza si necesario fuere, al otro, y negar al derrotado el pan y la sal: negarle, en definitiva, un lugar al sol para expresar su opinión e intentar atraer el apoyo popular.

Sucedió así que ninguno de los dos bandos buscaba la transacción, sino el triunfo, generalmente gracias al apoyo militar expresado en los *pronunciamientos*, una de las palabras del castellano que, como *guerrilla*, se utiliza en el original en todos los idiomas cultos. Cuando se obtenía el triunfo, se imponían totalmente las propias convicciones, sin concesión alguna a quienes habían quedado en minoría. Esta imposición se plasmaba en la Constitución, que no era el producto de un pacto, sino, ya se ha dicho, el de una imposición: es el «trágala, perro» de la canción popular. La Constitución no se concebía, pues, como el instrumento para dibujar un marco común en el que todos cupiesen, sino como el medio para imponer la propia visión del mundo, con exclusión de las ajenas. La intolerancia que prima sobre la tolerancia, la exclusión que prevalece sobre la integración, la imposición que anula la capacidad de consensuar, transaccionar y llegar a acuerdos eran, pues, los rasgos de esa irascible adolescente constitucional que fue la España de los siglos XIX y XX.

Como la Constitución no era un marco de convivencia acordado, no era posible que todos se reconociesen en ella y no era, por tanto, generalmente aceptada. La pretensión de modificar la situación cristalizaba en la voluntad de modificar la Constitución en cuanto se pudiera. La concepción de la Constitución como instrumento de poder, como árbitro y no como regla de juego, se generalizó, y provocó que todos los programas políticos cuajasen en proyectos de modificación de la Constitución. La sobrealimentación ideológica prevaleció sobre el pragmatismo, la tentación revolucionaria sobre la política gradualista, y la inestabilidad sobre la necesaria estabilidad, configurando así un país que, teniendo tras de sí un pasado como primera potencia mundial, permaneció durante casi dos siglos sin un modelo de Estado aceptado, estable y definido.

5. La plaza de la Constitución

Para los españoles, la Constitución dejó, pues, de ser lo que es, un medio para regular una convivencia pacífica que permita la permanencia y consecución de los diferentes fines de los distintos individuos y grupos, y se convirtió en un fin en sí misma.

La Constitución se vio, así, en la conciencia popular, investida de poderes mágicos o, como se ha dicho, taumatúrgicos. La impuesta por el enemigo, al ser el resultado de la voluntad de éste, era vista como la fuente y encarnación de todos los males; bastaría, pues, su derogación y la aprobación de la Constitución propia para que todos los males desapareciesen.

Este fenómeno generó en España, durante el siglo XIX, una irracional confianza en la Constitución que, paradójicamente, dio lugar con el tiempo a su devaluación: como, lamentablemente, la Constitución no hacía desaparecer los males sociales y económicos, la ingenua y desproporcionada esperanza que en la Constitución se había depositado, ignorando que una norma constitucional no implica un mundo mejor, sino que solo hace posible mejorar el mundo existente, se volvía contra la Constitución en cuanto se comprobaba que, tras su aprobación, el mundo no mejoraba milagrosamente. Y así Teófilo Gautier, poeta y novelista romántico francés que viaja por España durante esa época, repara en que en todos los pueblos hay una plaza dedicada a la Constitución y, sin embargo, «la Constitución no es en España más que una placa de yeso sobre granito... su violación o derogación no supone un trastorno sustancial de la vida política».

Cargadas de valor ideológico, productos de la imposición, privadas por definición y desde su nacimiento de la posibilidad de obtener un apoyo generalizado y convertidas en depósito de la esperanza de los más desfavorecidos, las Constituciones españolas tuvieron, con algunas excepciones, una vida corta y azarosa.

6. El reparto de culpas

Como en los libros de Historia son los vencedores quienes escriben las páginas más numerosas, y las más importantes, no es justo dejar la impresión de que los dos bandos en litigio son por igual responsables del freno histórico de nuestro proyecto democrático. Es verdad que quienes en cada momento encarnaban al progreso adoptaron en ocasiones, cuando podían hacerlo, medidas que no favorecían la integración y que, al cabo, se volverían contra ellos. Es verdad, sobre todo, que no midieron bien sus fuerzas, y que rara vez se esforzaron por ajustar sus proyectos a la base social y económica del país en que actuaban. Son, por ello, sobre todo por falta de habilidad política y excesivo doctrinarismo, parcialmente corresponsables de ese fracaso.

Pero la mayor cuota de responsabilidad corresponde a quienes lastraron el avance de España a la modernidad y perpetuaron el oscurantismo, y ello por varias razones. En primer lugar, porque el ejercicio de un poder superior apareja una mayor responsabilidad, y estos sectores tuvieron el poder durante más períodos de tiempo y, sobre todo, más largos; además, incluso en las épocas, siempre cortas, en que perdían el poder político conservaron el control del poder económico y la hegemonía social.

En segundo lugar, aunque es cierto que tanto conservadores como progresistas practicaron la imposición de sus respectivos proyectos políticos, esta imposición no tenía los mismos efectos: mientras que la de los proyectos progresistas se resumía en la supresión de privilegios de la realeza, el clero o la aristocracia, la imposición de los proyectos conservadores se traducía en la represalia —la cárcel, el exilio o el fusilamiento— y la supresión de las libertades. La desproporción es, pues, evidente. No es, por tanto, cierto que todos fueran culpables, por igual, de las mismas cosas.

En tercer lugar, corresponde a los conservadores una mayor responsabilidad histórico-política global: por más errores que cometieran los liberales o progresistas, hubieran podido ser enmendados, en tanto que el aferramiento de los conservadores a los dogmas trasnochados impidió la consolidación de la democracia y la garantía de las libertades y, por ello, el progreso de España, la aisló del mundo de la cultura y de los avances de la ciencia y la técnica, evitó su desarrollo económico y social y sumió al país en una sucesión de golpes militares, conflictos civiles, dictaduras y guerras. El triunfo conservador no fue aquí, siquiera, acompañado del éxito político y económico, como sucediera en otros países, sino de un fracaso político, económico y social de magnitudes históricas, y cuyo precio todavía hoy estamos pagando.

7. Una nación sin Estado

El resultado de ese proceso histórico es que durante los dos siglos en los que más acelerado ha sido el camino de la Historia España no contó con un Estado digno de tal nombre. En efecto, un Estado no es, al menos en términos históricos, una simple realidad jurídica: es un marco de convivencia aceptado, que cohesiona a los individuos y a los grupos sociales, los integra en una comunidad política y les ofrece un cauce para la realización de sus proyectos. Además, labora para solucionar sus problemas y, en todo caso, no les añade otros nuevos. Eso es lo que provoca la identificación entre el Estado y la comunidad.

Nada de eso ha habido en España hasta la aprobación de la Constitución de 1978: el Estado ha sido siempre patrimonializado y utilizado por un —minoritario— sector de la población, que lo ha empleado como instrumento para sus fines particulares. Lejos de ser factor de cohesión e integración, lo ha sido de enfrentamiento y confrontación. En vez de fomentar las artes, la industria y el comercio, obstaculizaba su desarrollo, aislando al país del exterior e impidiendo que se enriqueciera con los avances de la ciencia y la cultura. Inestable y siempre cuestionada su estructura estatal, o padeciendo dictaduras no presentables en la sociedad internacional, la presencia exterior de España ha sido siempre forzosamente débil. Mientras a británicos, franceses o norteamericanos por poner tres ejemplos claros, el Estado les ha proporcionado satisfacciones y prosperidad, a nuestros antepasados sólo les brindó graves sinsabores.

Capítulo II
El nacimiento del proyecto democrático

1. El final del camino histórico: República, Guerra Civil y franquismo

Todo ese penoso trayecto culmina, de la peor de las maneras posibles, en el segundo tercio del siglo XX, y en ese período hay que buscar no pocas de las claves que explican nuestro presente.

La Restauración brindó una nueva oportunidad, aún más sólida que las anteriores, para construir una casa común. El caciquismo, la incapacidad de adaptación y la intolerancia abortaron de nuevo la ocasión. La decisión de mantener todo el poder, aunque fuera excluyendo a la mitad del país, culminó en el golpe de Estado de Primo de Rivera, apoyado por el Rey. Al actuar así, Alfonso XIII convirtió en irreconciliables enemigos a todos cuantos no apoyaban la Dictadura. La alternativa democrática, que hubiese sido viable en el marco de la Monarquía Constitucional se tuvo que hacer republicana. El precio del apoyo a la Dictadura fue la caída de la Monarquía y el advenimiento de la República. Sesenta años más tarde, y en una ocasión relativamente pareja, el Rey Juan Carlos optó por apoyar la democracia. Su premio y el de todos ha sido la estabilización, en medio del apoyo popular, de la Monarquía parlamentaria.

La República nació en circunstancias especialmente difíciles. A la oposición de todos los sectores monárquicos y de la Iglesia se unía un complejo marco geopolítico, con una Revolución comunista triunfadora en Rusia, exacerbando las defensas de la aristocracia y la burguesía, y el auge del fascismo en toda Europa y, especialmente, en Italia y Alemania.

Pronto se vio que, esta vez, la cosa no iba a quedar en un pronunciamiento más. No es posible hacer aquí un dibujo, por resumido que sea, de páginas históricas tan largas como intensas. Baste decir que, arrastrados por el carro de su propia historia y contagiados de los violentos vientos que recorrían Europa, todos los actores del drama parecían empeñados en hacer su papel lo peor posible; todos hemos pagado su mala interpretación.

La Constitución republicana de 1931 fue, también, una de las más avanzadas de su tiempo; quizá, una vez más, demasiado avanzada. Fue también el producto de una imposición, la de los sectores republicanos, especialmente perceptible en los tres demonios familiares: obviamente, la forma de gobierno republicana, la regulación de la libertad religiosa y la concesión de Estatutos de Autonomía a Cataluña, País Vasco y Galicia.

Era, sin embargo, una Constitución plenamente democrática, que a todos —salvo, claro está, al Rey— daba cabida y que reconocía y protegía los derechos y libertades. Hubiera podido ser el vehículo para superar nuestro atraso. Pero los sectores monárquicos nunca la aceptaron, y decidieron acabar con ella desde el mismo día en que nació. El 14 de abril de 1931, símbolo para muchos españoles de la esperanza de incorporarse al progreso y la modernidad democráticas, fue para algunos el primer día de la conspiración.

Que todos tenían cabida en la Constitución republicana quedó demostrado cuando en 1933, la derecha ganó las elecciones. La izquierda cometió entonces un craso error: asustada por la suerte que sus correligionarios italianos y alemanes habían corrido con el triunfo del nazismo, intentó la revolución violenta. Al hacerlo, deslegitimó la República y propició la falaz legitimación del golpe de Estado militar de 1936.

Lo que pasó en la Guerra Civil y el franquismo es de todos sabido: España, que desde el siglo XVII había llegado tarde a todas sus citas con la Historia, llegó esta vez demasiado pronto a la II Guerra Mundial, y la perdió sin participar en ella. El resultado fueron cuarenta años de una dictadura regida por un militar pero gobernada por la proscripción de las libertades, la marginación y persecución de gran parte del país, la ignorancia, la inanidad, el atraso científico y el aislamiento internacional.

2. El diferencial político con Europa

La diferencia que hoy se percibe entre España y el resto de Europa es, en su mayor parte, el resultado de esos cuarenta años de oscurantismo.

Antes de ello habíamos tenido, es verdad, una turbulenta historia. Pero esa historia no difiere demasiado de la del resto de los países del mundo desarrollado, con las únicas excepciones de Gran Bretaña y Estados Unidos. Francia, Alemania, Bélgica o Italia han recorrido trayectos no muy diferentes de los nuestros. En Francia, el siglo XIX fue una sucesión de revoluciones y contrarrevoluciones, y la III República un paradigma de inestabilidad. Ambos siglos estuvieron, además, sembrados de conflictos bélicos. En Alemania, solo tras la I Guerra Mundial y la posterior revolución se crea un Estado democrático, de vida tan efímera como inestable y cuyo dramático final fue el nazismo; en Italia pasó otro tanto de lo mismo. Incluso las aparentemente tranquilas monarquías nórdicas experimentaron, hasta la II Guerra Mundial, penosos conflictos.

Nuestro diferencial político con Europa se forja fundamentalmente, pues, desde 1945. Es verdad que había ya terreno abonado, pues nuestro aislamiento hunde sus raíces en el siglo XVI, y de esa fecha data nuestro atraso cultural. Pero es entonces cuando la diferencia se torna mayor.

Los países europeos concluyeron la Guerra Mundial con sistemas democráticos modernos y sociedades cohesionadas. El impulso de la postguerra y el apoyo norteamericano, del que España quedó marginada, provocaron un notable desarrollo económico. La ciencia, la tecnología y el pensamiento avanzaron aceleradamente. Ni nuestra Universidad, inexistente y controlada por el poder político, ni nuestra industria, aislada y protegida, recibieron ese influjo. En las décadas de los cincuenta y los sesenta el desarrollo de las comunicaciones empieza a germinar la aldea global, un mundo intercomunicado del que quedamos al margen. Cuando los Estados europeos se asociaron en la Comunidad Económica Europea, nosotros sólo podíamos relacionarnos con Grecia o Portugal, que también pagaron con dictaduras el precio de su condición periférica.

Cuarenta años de dictadura han creado en la sociedad española una cultura —más bien, incultura— política que no será fácil superar. El desconocimiento generalizado de los mecanismos democráticos, la tentación de imponer siempre —incluso en minoría— las propias pretensiones, el desprecio hacia los derechos de los demás, la intolerancia hacia el que es o se siente diferente, la dificultad para defender las propias posiciones con un diálogo civilizado que no recurra al insulto, la ignorancia de lo que es habitual en otros Estados parejos o el sentimiento de sentirse acreedor de un Estado y una sociedad de los que todo se espera y con los que nunca se reconocen deudas, el desprecio por la colectividad, el desinterés por el esfuerzo individual y el recurso a culpar a factores ajenos de los propios males son algunos de esos rasgos, hundidos todos en nuestras raíces históricas.

Pero no todo es tan malo como suena. La sociedad española, el pueblo español, ha sabido superar en muy poco tiempo varias pruebas de gran dificultad: una transición pacífica hacia la democracia, una larga y grave crisis económica, la llegada al poder de un gobierno de izquierda, la apertura al exterior y la competencia en pie de igualdad con países más desarrollados, otra grave crisis económica, fuertes tensiones internacionales y un asesino azote terrorista. Hace muy pocos años, uno solo, aislado, de esos sucesos hubiera provocado una insuperable conmoción y un nuevo drama histórico. Hoy, son dificultades serias, pero solubles.

Por primera vez en nuestra Historia, una generación entera de españoles ha nacido y crecido en paz y libertad, y todo parece indicar que será seguida por otras muchas. Por primera vez en nuestra Historia es no solo posible, sino razonable, pensar que nuestra estructura constitucional va a tener una larga vida.

3. La transición pacífica: no todo estaba atado

A la muerte del General Franco, ante España se abría un sombrío horizonte. El franquismo se había dedicado, durante los últimos decenios, a construir un sistema político y jurídico pensado para perpetuar la Dictadura: en palabras del propio Franco, todo estaba «atado y bien ata-

do», y así, en efecto, parecía estar. Para muchos, la construcción de una sociedad democrática exigía la «ruptura
democrática» que, seguramente, exigiría un intenso conflicto político y social y la proclamación de la República. A
los ojos de casi todos, la desaparición del dictador abría
un incierto panorama.

Pero no fue así. Por primera vez en nuestra Historia,
fue posible el pequeño milagro de conseguir una transición pacífica, pactada y generalmente aceptada; una transición gradual, pero rápida, y presidida por el pragmatismo y la eficacia. Poco a poco, pero con celeridad y decisión, los nudos que el franquismo había diseñado se
deshicieron, y de la vieja sociedad autoritaria nació un joven proyecto democrático.

4. Los motores del cambio

Para que ese proyecto fructificase haciendo posible una
transición pacífica a la democracia fueron necesarios varios factores coincidentes. El primero de ellos fue la posición política adoptada por el Rey.

Nombrado Príncipe y sucesor suyo por el propio Franco, la mayoría temía que el Rey intentase perpetuar el
franquismo, o mantenerlo con pequeñas reformas cosmé-
ticas. Al fin y al cabo, para eso se le había nombrado. La
vieja contraposición entre Monarquía y República, que
encarnarían respectivamente a autoritarismo y democracia, se haría de nuevo inevitable.

Tampoco fue así. El Rey escogió desde el principio el
camino de la convivencia pacífica en libertad y democracia, y dio desde muy pronto señales de ello. Al actuar así
desactivó a quienes, en teoría, eran sus enemigos políticos,
e hizo posible que las fuerzas democráticas que, más por
la necesidad derivada de las posiciones antidemocráticas
de los reyes que por una profunda convicción íntima, se

habían escorado hacia el republicanismo se integraran en la Monarquía. La actitud del Rey permitió la superación de la confrontación Monarquía-República, expresión de la antítesis autoritarismo-democracia, y la aceptación generalizada de la Monarquía parlamentaria, expresión de la síntesis entre Monarquía y democracia.

Esta aceptación creció durante el proceso constituyente: mientras se elaboraba una Constitución que le privaba de todo poder político, el Rey se mantuvo exquisitamente pasivo, dejando hacer, sin interferencias, a los representantes del pueblo. Durante los siglos XIX y XX, los reyes habían tomado partido, el suyo propio —que se demostró históricamente catastrófico—, y habían luchado para mantener su poder. Con ello habían forzado al republicanismo a quienes no eran de su partido y no aceptaban el poder regio. Don Juan Carlos, muy al contrario, rehuyó la lucha por el poder y rehusó tomar partido, y ello permitió que todos aceptaran la Monarquía y construyesen la democracia. Al hacerlo así, se ganó *de ejercicio* la *legitimidad democrática* de la que carecía en origen, que le fue entregada por el pueblo al aprobar la Constitución en referéndum y resultaría después revalidada con todos los honores al hacer frente al golpe de estado del 23 de febrero de 1981. De esta forma, el Rey despejó uno de nuestros problemas históricos, y el primer demonio familiar quedó expulsado. El Rey fue llamado, por eso, el motor del cambio, y el premio de su labor es una Monarquía que, al reunir la legitimidad democrática y la dinástica, es aceptada por todos.

Pero el cambio tuvo, también, otros motores, pues por primera vez en nuestra historia moderna se conjugaron diversos factores favorables. El más potente y versátil de esos motores auxiliares fue el Presidente del Gobierno, Adolfo Suárez. Con exquisita habilidad, agudo sentido táctico, decidida prudencia y absoluto pragmatismo mantuvo siempre viva la esperanza y fue superando, sin seguir manuales inexistentes, todos los obstáculos.

Los dos grandes y clásicos partidos de la izquierda española también pilotaron el cambio. Fueron capaces de abandonar, para construir un proyecto común, banderas históricas y simbólicas, como la de la República. Supieron, sin abandonar la presión a favor del cambio, tener paciencia y no pedirlo todo al mismo tiempo. Supieron también, escuchar y pactar, aguantar provocaciones y controlar a sus bases. Su recompensa por ello fue ocupar un lugar privilegiado en el panorama político: hoy en día, son los dos únicos partidos nacionales que sobreviven de aquella época.

Los recién legalizados sindicatos colaboraron igualmente al cambio: en una penosa situación económica, evitaron una escalada de reivindicaciones y huelgas que habría desestabilizado el país. Gobierno, partidos y sindicatos firmaron en 1977 unos pactos, llamados Pactos de la Moncloa, que se han convertido en un modelo internacionalmente envidiado para situaciones similares. Esos pactos otorgaron a todos tranquilidad y satisfacciones parciales y dotaron al país de estabilidad suficiente para consolidar la democracia.

Y el pueblo español también fue motor de su propio cambio. Supo esperar, manteniendo la presión social, y depositó confianza en sus responsables políticos. Su voto en las primeras elecciones, las de 1977, arrojó un equilibrio casi mágico, pues dotó de mayoría al partido gobernante, pero no tan sólida que pudiese actuar por sí solo; situó a un gran partido de izquierda moderada y democrática como el principal grupo de oposición, y lo configuró como la alternativa democrática; otorgó a la izquierda comunista y a los partidos nacionalistas una presencia influyente, pero no decisiva, y expulsó del panorama político a los nostálgicos del franquismo. Sobre todo, se pronunció claramente por el centro y la moderación, en perjuicio de los extremos, y concentró sus votos en pocos partidos, evitando el caos de un multipartidismo desenfrenado. Su recompensa fue la creación de un sólido proyecto de convivencia pacífica.

Cuando en 1981 un grupo de nostálgicos de un tiempo que no podía ni quería volver intentó un golpe de Estado militar la sociedad democrática se vacunó contra la recurrente amenaza del golpismo militar. El Rey revalidó contundentemente su compromiso con la democracia, y los responsables políticos y la sociedad lo hicieron con él. Paradójicamente, la democracia salió robustecida del golpe militar. Y cuando en 1982 el Partido Socialista, largo tiempo proscrito, accedió al poder sin trauma alguno la democracia superó la prueba del nueve. Por primera vez, libertad, democracia, libre elección de los gobernantes y alternancia pacífica en el poder, esos sueños largamente acariciados, se hacían realidad.

5. Una Constitución para todos

La principal virtud de la Constitución española es haber superado los errores de cuantas la precedieron. Es, en primer lugar, una Constitución consensuada, entre todos pactada y por todos aceptada. Incluso en el País Vasco, en contra de lo que algunos dicen, la Constitución fue mayoritariamente votada a favor: la voluntad no se expresa con la abstención, sino con el voto, y fueron más los que votaron a favor que quienes lo hicieron en contra. No es, pues, una Constitución impuesta por un partido a los demás, sino elaborada mediante un acuerdo general.

La Constitución está adornada, además, por otras virtudes. En primer lugar, es una Constitución de su tiempo: no hay en ella anclajes en el pasado ni visiones iluminadas. Se ajusta adecuadamente a la estructura social, cultural, económica y política de la España de hoy.

Es una Constitución marcada por la defensa del pluralismo y la libertad y por otro lado, pragmática, con poca carga ideológica; por mejor decirlo, con poca carga ideológica conflictiva. En efecto, la Constitución tiene un fuerte componente ideológico en algunos aspectos como, especialmente, los derechos fundamentales; pero se trata de materias en las que hay un gran acuerdo social y muy poca conflictividad.

La Constitución ha resuelto adecuadamente, esto es, equilibradamente los viejos demonios familiares: el de la forma de gobierno, cuya solución fue favorecida por la actitud del Rey, con la Monarquía parlamentaria, que deposita en el pueblo la soberanía; el de la confesionalidad del Estado, otorgando una plena libertad religiosa en el marco de un Estado aconfesional y cooperador; el del autogobierno de las nacionalidades de España, concediéndoles amplios grados de autonomía.

Se la ha acusado, en no pocas ocasiones, de tener un gran defecto: ser demasiado ambigua. Pero esa ambigüedad es en realidad una de sus grandes virtudes. En primer lugar, sólo con la ambigüedad pudo forjarse el consenso, pues son las fórmulas ambiguas las que permitieron a todos ver reflejados, en la medida que fuese, sus presupuestos. En segundo lugar, la ambigüedad hace posible que quepan formas diferentes de entender un concepto. En tercer lugar, es la ambigüedad la que facilita que la Constitución, adaptándose a las innovaciones, perviva en el futuro.

Capítulo III
El país en que hoy vivimos: una sociedad libre, un país plural, un Estado democrático

1. Un Estado democrático

España es, hoy, un Estado democrático.

El concepto de Estado democrático está vinculado a la legitimidad del poder y a la soberanía. Hay tres fórmulas de legitimidad clásicas: la tradicional o de origen divino, típica de las Monarquías absolutas, en la que la soberanía y el poder radica en el Rey en virtud de la continuación de la dinastía; la carismática, en la que poder y soberanía corresponden a una persona a la que se considera destinada para ello, llamada Führer, Duce o Caudillo; y, en fin, la democrática, en la que la soberanía pertenece al pueblo y la autoridad emana de él y se ejerce en su nombre. Los actos de gobierno son, entonces, expresión de la voluntad popular. La legitimidad democrática, la soberanía popular, suponen que todas las decisiones emanan directamente —por ejemplo, cuando se celebran elecciones o referéndum— o indirectamente de la voluntad popular.

España es un Estado democrático, y en él la soberanía reside en el pueblo. Del pueblo emanan todos los poderes del Estado. Las leyes son aprobadas por las Cortes Generales, que representan al pueblo, y del pueblo emana también la justicia.

El rasgo esencial de nuestro sistema es, pues, la vigencia absoluta del principio democrático. Ello significa que todo ejercicio del poder ha de derivar, directa o indirectamente, de la voluntad popular; que las decisiones políticas básicas —fundamentalmente, la elección de los representantes en el Estado, la Comunidad Autónoma o el municipio, de la que derivará la aprobación de las normas y la designación de los gobernantes en esos ámbitos— han de adoptarse mediante el sufragio universal, libre, directo y secreto; y que la regla esencial para la adopción de las decisiones es la de la mayoría, de suerte que es esta mayoría quien expresa la voluntad popular. La realización de la voluntad de la mayoría es, pues, la consecuencia directa del principio democrático.

Ahora bien, aunque el principio democrático tiene en España una vigencia absoluta, la regla de la mayoría tiene matices y limitaciones. Matices porque, en no pocos casos, no basta para adoptar una decisión una mayoría ordinaria: es precisa una mayoría reforzada, o cualificada, esto es, más amplia o numerosa que la ordinaria. No basta, pues, que sean más los que votan a favor que en contra; es menester, además, que alcancen un determinado número. Ello obedece a que se considera que la adopción de determinadas decisiones muy relevantes debe responder más que a la voluntad de la mayoría, a un amplio consenso.

Así sucede, en primer lugar, con la reforma de la Constitución, pero también con la aprobación de determinadas leyes —las leyes orgánicas— o el nombramiento de determinados cargos del Estado, como los magistrados del Tribunal Constitucional, los vocales del Consejo General del Poder Judicial o el Defensor del Pueblo.

Y la regla de la mayoría absoluta también tiene limitaciones, que responden al deseo de asegurar que, por muy
mayoritaria que sea, la voluntad popular no sea arbitraria
o inicua. En algunos países la regla de la mayoría no tiene
límites. Así, en Gran Bretaña se dice que «el Parlamento
puede hacerlo todo, excepto convertir a un hombre en
mujer», esto es, todo menos lo materialmente imposible.
En España no es así, porque el soberano no es el Parlamento, sino el pueblo, que expresó su voluntad suprema
en la Constitución. Hay, pues, un ámbito acotado en el
que ninguna mayoría puede actuar. Este ámbito está determinado por la propia Constitución y, especialmente,
por los derechos fundamentales. Ninguna mayoría, por
abrumadora que sea, puede adoptar decisiones contrarias
a la Constitución o las leyes: puede reformar, sí, estas o
aquella, pero para ello debe seguir un procedimiento determinado y en ningún caso puede contravenir la Constitución. El Tribunal Constitucional y los juzgados y tribunales tienen como principal misión, respectivamente, asegurar el respeto a la Constitución y las leyes.

2. Un poder limitado por el Derecho

Pero incluso el poder democrático puede ser injusto o
arbitrario. Por ejemplo, podría suceder que la mayoría
adoptase decisiones que atentasen contra los derechos de
las minorías. Por eso es necesario limitar el poder, incluso
el poder de la mayoría. El Estado de Derecho constituye
un *límite* del poder.

El concepto de Estado de Derecho tiene su origen en
una expresión alemana —*Rechtstaat*— formulada durante la primera mitad del siglo XIX, y tiene su equivalente relativo en otra expresión inglesa —*rule of law*—. Con ellas
se quiere significar la sustitución del «gobierno de los
hombres por el gobierno de las leyes», esto es, la sustitu-

ción de la voluntad individual por la voluntad de la ley. Estado de Derecho significa, pues, que no es la sola —y mudable— voluntad de una persona o de un grupo de personas, y ni siquiera la voluntad de la mayoría, la que indica lo que se puede o se debe hacer o dejar de hacer, sino que sólo la ley, la norma jurídica, puede establecer lo que está permitido, lo que está prohibido y lo que es obligado.

La característica básica del Estado de Derecho es, pues, el *imperio de la ley*. La ley es, además, abstracta, general e impersonal: se dirige a toda la colectividad, y no a un individuo o grupo en concreto. En fin, la ley es la expresión de la voluntad popular, del pueblo soberano; como del pueblo formamos parte todos, al obedecer a la ley sólo a nosotros mismos obedecemos.

España es un Estado de Derecho. Lo que en él cuenta no es, pues, la voluntad de los gobernantes, sino la voluntad de las leyes: lo vinculante para todos es, exclusivamente, lo expresado en las leyes. Estas, naturalmente, pueden cambiarse, pero para ello ha de seguirse un procedimiento determinado.

Pero es necesario un matiz de importancia: no basta con tener leyes por ser un Estado de Derecho. En muchas ocasiones —por ejemplo, durante el franquismo sucedió— se pretende presentar como Estado de Derecho un Estado que tiene leyes. Si así fuera, todos o casi todos los países serían Estados de Derecho, pues todos o casi todos tienen leyes.

Para que un Estado sea un Estado de Derecho no es suficiente que tenga leyes: son precisas, además, otras dos condiciones. La primera es que esas leyes sean el producto de la voluntad popular, libremente expresada, y manifestada a través de la elección de quienes las elaboran. La segunda es que se respeten los derechos fundamentales de los ciudadanos. Podría añadirse, incluso, una tercera: la existencia de distintos poderes y del control de un poder independiente, el judicial, sobre los actos de los gobernantes para comprobar que se ajustan a la ley.

El Estado de Derecho impone al poder *límites materiales y formales:* materiales, porque reconoce *derechos fundamentales* de las personas, que el poder no puede vulnerar; formales, porque obliga al poder a hacer las cosas de una determinada forma como, por ejemplo, aprobando una ley.

Cuando la Constitución dice que España es un Estado de Derecho está señalando que es un Estado en el que los derechos y obligaciones están fijados por leyes elaboradas por quienes han sido libremente elegidos para ello, y que en todo caso respetan unos derechos que se consideran fundamentales. Además, está consagrada la separación de poderes y asegurado el control de los actos de los gobernantes por órganos independientes, los órganos judiciales.

Siglos de desprecio por el Derecho y por los derechos de las personas han hecho del nuestro un pueblo altamente desconfiado para con las intenciones y las actuaciones de los gobernantes. Por eso, todo se quiere regular, prever jurídicamente, porque se alimenta la sospecha de que lo no previsto dejará un resquicio por donde penetrará la arbitrariedad.

En otros países, la Constitución se limita a fijar lo fundamental, y lo demás se deja a lo que establezcan la práctica y la costumbre, los usos y las convenciones. El paradigma de este comportamiento es Gran Bretaña, donde no hay Constitución escrita y donde todo o casi todo se basa en las convenciones, desde el hecho de que la Reina se abstenga de adoptar decisiones políticas hasta que encargue formar Gobierno al *líder* del partido vencedor en las elecciones, cosa que no está escrita en ninguna parte.

El sistema español parte, por el contrario, de la desconfianza en la costumbre y las convenciones, tanto por la triste experiencia del pasado como por la circunstancia de que, en gran medida, son contrarias a la soberanía popular: las convenciones las adoptan unos pocos, mientras que la Constitución y la ley tienen su origen en la voluntad popular. El nuestro es, por eso, no sólo un Estado de Derecho, sino también un sistema de *alta densidad jurídica*: todo o casi todo está jurídicamente previsto y jurídicamente regulado.

3. Un Estado con principios: libertad, igualdad y fraternidad en una versión actualizada

Uno de los lemas más universalmente conocidos de la Historia es el nacido de la Revolución Francesa: la República de ella surgida decía proponerse instaurar la libertad, la igualdad y la fraternidad.

La libertad, es decir, la garantía de las libertades individuales —en particular, la libertad personal y la propiedad privada— era, ciertamente, uno de los objetivos de los revolucionarios liberales, probablemente el que, con todos los matices que se quieran, más pronto y en mayor medida se consiguió. Es, también, el que más vigente está hoy en los países democráticos.

La igualdad de los revolucionarios liberales no significaba, en realidad, que todos fuéramos iguales, y menos aún que todos tuviésemos lo mismo: significaba, solamente, que no podía tratarse de forma diferente a las personas según fuesen nobles, clérigos, burgueses o campesinos. Suponía, en suma, romper las barreras que dividían a las personas según el estamento en el que habían nacido, y derogar las leyes que atribuían a cada estamento derechos y obligaciones diferentes.

La fraternidad era, sobre todo, un honorable deseo: el de que los hombres libres e iguales habrían, por fuerza, de ser solidarios.

Hoy, la libertad y la igualdad están, en los Estados democráticos, generalmente aceptadas y consolidadas; su prestigio es tan universal que ningún sistema, ni siquiera los más viles, reconocen vulnerar la libertad y la igualdad;

antes al contrario, todos dicen instaurar y proteger ambas, y cuando es patente que no lo hacen no sólo lo niegan, sino que dicen defender las «auténticas».

Respecto de la fraternidad, somos más realistas, o más escépticos. La Historia ha demostrado que no basta proponérselo para ser solidarios.

La Constitución recoge la evolución histórica de estos valores, y los actualiza de acuerdo con el espíritu de nuestro tiempo. Por ello, consagra cuatro valores superiores del ordenamiento. Dos de ellos son la libertad y la igualdad; los otros, la justicia y el pluralismo.

La consagración constitucional de la versión actualizada del lema revolucionario no significa que se pueda acusar de ingenuidad a la propia Constitución: ésta sabe sobradamente que no existen hoy ni la libertad ni la igualdad reales, y que ello constituye una injusticia. Por tanto, obliga a los poderes públicos a hacer lo preciso para que libertad e igualdad sean «reales y efectivas».

Ciertamente, estos buenos deseos constitucionales no operan efectos mágicos, pero tampoco son palabras en el vacío. La Constitución, precisamente porque no es ingenua, sabe que no basta desear o declarar algo para que la voluntad se cumpla. Asume, por ello, una posición realista y gradualista: establece unos valores superiores y obliga a perseguirlos. Es una Constitución que proclama la libertad, incluso la libertad para sostener creencias autoritarias; pero no es una Constitución aséptica, sin valores. La española es una *democracia militante*, que no se conforma con hacer posibles los valores citados, sino que quiere que sean la regla de conducta. Y ésto sí que no son meras palabras en el vacío. Porque como la Constitución es vinculante, y lo es en su totalidad, estas declaraciones tienen efectos jurídicos. Así, impide que las normas jurídicas se interpreten de forma contraria a esos valores, y cuando hay varias interpretaciones posibles de las normas jurídicas es imperativo escoger, de entre ellas, la que en mayor medida satisfaga los valores consagrados en la Constitución. No hemos instaurado en la realidad, pues, esos valores; pero sí los hemos dotado de operatividad jurídica y, por ejemplo, el Tribunal Constitucional ya ha utilizado esos valores como criterios interpretativos en varias de sus sentencias.

La incorporación a nuestra Constitución de la versión contemporánea del viejo lema revolucionario tiene, sobre todo, un relevante efecto de legitimación material de las normas jurídicas: para que éstas sean conformes a la Constitución no sólo es preciso que se hayan elaborado según el procedimiento previsto, y que se hayan aprobado por quien tiene competencia para hacerlo, sino que es menester, además, que satisfagan esos valores de libertad, justicia, igualdad y pluralismo o, al menos, que no los vulneren. Los valores que asumimos tienen, por consiguiente, una eficacia especialmente negativa: podría discutirse si una norma favorece la libertad, la justicia, la igualdad o el pluralismo más que otra; pero una norma que vulnera esos valores es constitucionalmente inadmisible.

4. Una economía libre

La *libertad política,* que es la característica fundamental de nuestra organización social y estatal, apareja inevitablemente la *libertad económica.* La Constitución consagra una sociedad de libre mercado en la que los derechos a la *propiedad* y la herencia están reconocidos. No hay a este respecto, pues, duda alguna.

Lo que sí hay son límites y correcciones. Para empezar, la propia Constitución señala que la propiedad está limitada por su función social; además, añade que toda la riqueza del país, sea quien sea su titular, está subordinada al interés general. Por otro lado, proclama en numerosos apartados la redistribución de la riqueza como uno de los

objetivos de la sociedad y, para concluir, asigna a los poderes públicos la obligación de procurar que la libertad y la
igualdad sean reales y efectivas. Todo ello configura, sí,
una sociedad de economía y mercado libre, pero en la que
los poderes públicos, elegidos con el voto ciudadano, que
es igual sea cual sea la riqueza del votante, no sólo pueden,
sino que deben proponer y realizar políticas encaminadas
a corregir las desigualdades económicas y sociales y a conseguir una sociedad cada vez más igualitaria, y en la que la
riqueza de los ciudadanos o de los grupos no condicione
su libertad de actuación.

5. Un Estado social

Los modernos Estados democráticos tienen su origen
en un modelo, el del Estado liberal. Para los liberales, el
Estado debía garantizar ciertos derechos fundamentales
de la persona, básicamente la libertad y la propiedad, pero
no debía intervenir en la vida económica ni social, sino dejar que fuese el mercado quien actuase. Para los liberales,
el Estado debía ser un gendarme, limitado a garantizar la
libertad, la seguridad y la propiedad, y, sobre todo, debía
laissez faire, laissez passer, dejar hacer, dejar pasar, sin intervenir.

El liberalismo fue un factor de progreso, y permitió disfrutar las libertades. Pero las leyes del mercado, sin correcciones, daban lugar a situaciones de honda injusticia, porque quien tenía medios económicos podía imponer las condiciones, dado que no existía limitación ni protección
alguna. Largas jornadas de trabajo, el trabajo infantil, bají-
simos salarios y numerosos parados eran el resultado. Las
clases trabajadoras obligadas a laborar desde la infancia durante prolongadas jornadas y con míseros salarios, no tenían esperanza alguna de prosperar, ni para ellos ni para sus
descendientes, pues el acceso a la educación era imposible.

Ello dio lugar a que los movimientos socialistas y comunistas discutieran la validez real de las libertades. Las que ellos llamaron «libertades formales» sólo servían decían, a quienes disponían de medios económicos. Por ello, defendían las «libertades reales». El derecho al trabajo, a la vivienda, a la salud, a la educación y a un salario digno. Triunfante la revolución comunista, la puesta en práctica de estos principios llevó, en la Unión Soviética y los demás países comunistas, a la supresión de las libertades y los derechos fundamentales y al establecimiento de dictaduras.

El Estado social es el resultado positivo de la tensión entre liberalismo y socialismo y del intento de superar las negativas consecuencias de los sistemas comunistas. El Estado social pretende superar el Estado liberal, sin suprimir las libertades públicas, pero añadiendo limitaciones y correcciones a las leyes del mercado, incorporando medidas protectoras y garantizando a todos el acceso a bienes básicos: educación, sanidad, vivienda, protección social en caso de enfermedad, desempleo o situaciones similares y salarios y horarios regulados.

España es un Estado social. El Estado social es el dividendo histórico de la confrontación entre liberalismo y socialismo. Esa confrontación arrojó en algunas épocas, en ciertos lugares, dividendos negativos, bien por la consagración de un liberalismo a ultranza que deja desprotegidos a los más débiles, como en Estados Unidos, bien porque la pretensión de superar esa situación condujo, como en los países comunistas, a la supresión de las libertades.

En la mayoría de los países europeos, sin embargo, la superación de esa dialéctica se llevó a cabo no mediante la exclusión, sino mediante la integración de los elementos positivos de ambos sistemas. El Estado social es, pues, el resultado de añadir al enorme valor de la libertad la plusvalía de la protección social; a la igualdad formal, la igualdad material; a la justicia, la solidaridad. El Estado social es, por eso, un Estado caro: la integración de valores, la suma de conceptos que implica, tienen un elevado coste económico. Pero la recompensa que se obtiene a cambio es la cohesión, la integración y la paz social.

Cuando la Constitución configura a España como un Estado social y democrático de Derecho está, pues, depositando en el país en el que hoy vivimos el producto de doscientos años de progreso de la Humanidad: el Estado de Derecho resume la aportación del liberalismo inicialmente revolucionario y que luego sería moderado, y consagra la sustitución del gobierno de los hombres por el gobierno de las leyes y la garantía de los derechos de todos frente a la arbitrariedad en el uso del poder; el Estado democrático recoge la aportación del liberalismo progresista, y supone la instauración del principio democrático y, por consiguiente, del principio «un hombre, un voto» y de la ley de las mayorías, con el límite de los derechos consagrados por el Estado de Derecho; el Estado social plasma las pretensiones de igualdad y solidaridad impulsadas por los movimientos progresistas y obreros contemporáneos, y se plasma, sin merma de las libertades, en el reconocimiento de la igualdad de oportunidades y de la solidaridad de los privilegiados con los menos favorecidos.

La cristalización del Estado social en la Constitución tiene lugar principalmente —aunque no exclusivamente— en los que se denominan los *principios rectores* de la política económica y social. Se trata de «derechos» recogidos en la Constitución y que tienen un marcado carácter social, como el derecho a la salud, a la vivienda, al medio ambiente, etc. No son, como los derechos fundamentales, derechos subjetivos, exigibles ante los Tribunales, salvo si hay una ley que los regula; se llaman, por eso, derechos de *configuración legal*. Pero tampoco son elementos decorativos, pues tienen tres efectos muy importantes: tienen una eficacia *interpretativa*, pues todas las normas jurídicas han de interpretarse de conformidad con ellos; tienen una efi-

cacia *habilitadora*, ya que permiten a los poderes públicos
desarrollar actuaciones que de otra forma tal vez no pudiesen acometer, porque podrían vulnerar otros derechos
de los ciudadanos como, por ejemplo, la propiedad y la libertad de empresa; y tienen, por último, una eficacia *limi-
tadora*, puesto que impiden que los poderes públicos eli-
minen los elementos básicos del Estado social, como podría ser la Sanidad Pública o la Seguridad Social, y en este
sentido podría decirse que consagran un *statu quo* irrever-
sible.

6. Una Monarquía parlamentaria

España se organiza políticamente como una Monarquía
parlamentaria.

La confrontación entre Monarquía y República ha sido,
a lo largo de la historia de España, una de las principales
causas de nuestro turbulento transcurrir desde 1812. No
se trataba, sin embargo, de una disputa sobre la forma de
gobierno, sino sobre el poder mismo. Lo que en realidad
se enfrentaban eran las concepciones distintas del poder y
la soberanía: una, la Monárquica, tradicionalista y legiti-
mista, seguía sosteniendo que la soberanía y, por tanto, el
poder, correspondían al Rey por derecho divino; otra, la
revolucionaria, mantenía que el depositario del poder era,
la Nación, en el siglo XIX, y el pueblo, en el siglo XX. No se
trataba sólo, pues, de un debate sobre la Jefatura del Estado, sino sobre el origen del poder.

En realidad, ese debate había estado presente en casi
todos los países de Europa. Sólo los británicos habían em-
pezado, ya en 1688, con lo que ellos llaman la «Gloriosa
Revolución», una constante evolución que, lenta pero per-
tinazmente, fue despojando al Rey de su poder y entre-
gándoselo al Parlamento y al Gobierno.

En los demás países la evolución fue más tormentosa y

en no pocos de ellos, ante la resistencia del Monarca a ceder sus poderes —su soberanía— al pueblo, culminó en una República. Otros Estados fueron, también, transformándose y convirtiéndose en Monarquías constitucionales, primero, y Monarquías parlamentarias, después. Aunque estos dos términos se utilizan con frecuencia indistintamente, una y otra Monarquía no son iguales. La Monarquía constitucional supone la aceptación de que la soberanía corresponde, en principio, al Rey. El poder, por tanto, deriva de él. La Constitución limita el poder del Rey y modula su ejercicio. En la Monarquía constitucional pura el poder legislativo reside en el Parlamento, pero el poder ejecutivo corresponde al Rey. Éste designa libremente al Primer Ministro y a los ministros que no son responsables ante el Parlamento. En la Monarquía parlamentaria, sin embargo, el Parlamento —como representante, del pueblo que lo elige— es la fuente del poder: no sólo ejerce la función legislativa, sino que el Gobierno emana del Parlamento y ha de contar con su apoyo. La Monarquía parlamentaria ha evolucionado, también, hacia otra fórmula que puede denominarse Monarquía neutral, en la que el Rey no ostenta el papel de Jefe del Ejecutivo ni siquiera formalmente. El caso más extremo de Monarquía neutral es Suecia, donde en 1975 se despojó al Rey de la única función con contenido político que ejercía, la de proponer al Parlamento un candidato para Primer Ministro, y se otorgó dicha función al Presidente del Parlamento.

España ha tenido en varias ocasiones la oportunidad de conciliar pacíficamente la Monarquía y la soberanía popular, la última, quizá la más clara, en 1876. Pero la resistencia del Monarca y de los sectores más reaccionarios a ceder el poder impidió siempre esa solución que en otras partes fue posible. Esa imposibilidad obligó a los sectores democráticos a propugnar la República.

Fue necesario esperar hasta la Constitución de 1978

para que, de forma pacífica, mayoritaria y consensuada se estableciera un sistema que concilia la Monarquía y la soberanía popular, y que permite la coexistencia de un Rey, que accede a la Jefatura del Estado de forma hereditaria, con un sistema absolutamente democrático. Ese sistema se plasma en la Constitución, cuando dice que *«la soberanía nacional reside en el pueblo español, de que emanan todos los poderes del Estado»*. Sólo después se declara que «la forma política del Estado español es la Monarquía parlamentaria».

Esta fórmula ha permitido superar el conflicto histórico sobre la localización del poder, y ello ha hecho posible la aceptación de la Monarquía por quienes tradicionalmente habían sido republicanos. Quienes todavía hoy pretenden leer la Constitución a su gusto particular, y quieren ver al Rey ejerciendo poderes que no ostenta, no parecen caer en la cuenta de que la base sobre la que se asienta la Monarquía es, precisamente, la falta de poderes del Monarca.

7. Un país plural: el derecho a la diferencia

El pluralismo, el reconocimiento de la diversidad de los hombres y de los pueblos, es en verdad uno de los hilos conductores de nuestra estructura política y constitucional. Probablemente como reacción a los tiempos en que a todos los españoles se nos exigía ser de la manera en que unos pocos imponían, la Constitución refleja en todos sus poros el reconocimiento del pluralismo y la diversidad.

El reconocimiento constitucional del pluralismo supone la asunción de que la diferencia, la *diversidad,* son valores en sí, que enriquecen a la sociedad. Se plasma en la consagración del derecho a ser diferente, a ser minoritario, y, sobre todo, implica que se asume como materia de interés general la existencia de ideologías, actitudes, tendencias y lenguas diferentes; que se asume como de interés general, en definitiva, la renuncia a la uniformidad. El pluralismo implica, pues, la exclusión de la imposición de una sola forma de ser, y el reconocimiento del derecho a ser minoría y a permanecer en minoría.

El reconocimiento y la protección de la diversidad se plasma en la Constitución de distintas formas. Así, cuando configura el pluralismo como valor superior —al mismo nivel que la libertad, la justicia o la igualdad— del ordenamiento jurídico español. Para la Constitución, pues, nuestro Derecho está basado en el reconocimiento de la diversidad, en su tolerancia y en su protección. La Constitución concreta su apuesta pluralista en algunos terrenos concretos, como el de los partidos políticos, que expresan en sí mismos el pluralismo político, y los sindicatos. Pero aún cuando se acentúa en el terreno político y sindical, la apuesta constitucional por la diversidad es general. Así se pone de relieve cuando señala que el libre desarrollo de la personalidad, esto es, el derecho a desarrollar la personalidad libremente, aunque sea diferente, es, ni más ni menos, fundamento del orden político y la paz social, lo que implica situar la *autodeterminación personal* como la base del sistema político. El orden político y la paz social, utilizados antaño para reprimir y sancionar cuanto se consideraba diferente, están ahora fundados en el reconocimiento y respeto de la diferencia.

8. La unidad estatal y la diversidad nacional

La apuesta de la Constitución por el pluralismo y la integración la lleva a asumir la diversidad de los pueblos de España, de sus costumbres y de sus lenguas. Al reconocer el derecho a la autonomía no solo a las regiones, sino también a las nacionalidades, la Constitución proclama que España es un país plural.

La más clara manifestación organizativa de la consagración constitucional del derecho a la diferencia es el reconocimiento constitucional de la pluralidad nacional de España. Un reconocimiento que se asienta sobre un doble eje: por un lado, la Constitución afirma tajantemente que España es, como tal, una nación. Pero esa afirmación de la identidad de España como nación se ve complementada con otra: la de que es una nación plural en la que conviven, en una misma identidad, diversas realidades nacionales.

La Constitución empieza, por eso, afirmando que la unidad nacional, esto es, la unidad nacional de España, es indisoluble. Con ello afirma dos cosas: la primera, que España es una realidad nacional, una nación, un pueblo unido por sus características comunes; la segunda, que esa unidad es indisoluble.

Pero la propia Constitución reconoce el derecho a la autonomía de todas —es decir, varias y diferentes— las nacionalidades y regiones que la integran. Este breve párrafo dice muchas cosas. Para empezar, supone el reconocimiento de la diversidad y pluralidad de España, que no es ya «una» en el sentido de única y uniforme, sino plural y diversa. Para seguir implica que esa pluralidad es tal que engloba dos géneros diferentes de realidades: la de las nacionalidades y la de las regiones. La primera expresión, nacionalidades, alude obviamente a aquellas zonas, territorios o poblaciones en los que más marcada resulta la conciencia de una identidad nacional coexistente con la española. Es, por lo tanto, un reconocimiento *político*, *de identidad nacional*. Las regiones, por el contrario, son zonas, territorios o poblaciones que reúnen, sí, características específicas, pero no tan marcadas que hagan surgir una identidad nacional propia.

Cuando la Constitución distingue entre nacionalidades y regiones está plasmando el llamado *hecho diferencial*: la distancia existente entre quienes forman una nacionalidad integrada en la nación española y quienes configuran una región de España.

Por último, esta expresión constitucional reconoce un derecho, el derecho a la autonomía, que se reconoce «y garantiza». La Constitución asume, así, un triple fundamento: la unidad de la nación española, el reconocimiento de su diversidad y la garantía del derecho a la autonomía.

Esta es la solución constitucional a un dilatado problema histórico que parte de una antigua demanda de autogobierno de dos territorios españoles, Cataluña y el País Vasco —a los que hay que añadir Navarra— que habían gozado, tiempo atrás, de regímenes particulares. A la demanda de autonomía basada en razones históricas y especialmente enraizada en las regiones citadas, se unió otra, no histórica pero también política y generada en todas las regiones españolas: la de la descentralización. Esta exigencia descentralizadora parte de la base de que en el Estado actual, que tiene que adoptar decisiones de las índoles más diversas —desde la reparación de una pequeña carretera comarcal hasta la determinación de las pensiones de jubilación, por ejemplo— es imposible que haya un solo centro de decisión que, por definición, habrá de estar alejado. Por ello, se exige que haya más centros de decisión y que éstos estén más cercanos a los ciudadanos para así poder conocer adecuadamente los problemas y resolverlos antes y en mejor sintonía con la voluntad general. Además, esta fórmula permite, también, incrementar la participación de los ciudadanos, a través de la elección de esos órganos más cercanos a ellos, en el gobierno de su comunidad.

Para resolver estas necesidades hay varias soluciones posibles. La más conocida es la del *Estado Federal,* en la que el país está compuesto, jurídicamente, por una pluralidad de Estados que constituyen una unión de Estados denominada Federación. La Federación suele ostentar exclusivamente los poderes más genéricos —defensa, relaciones exteriores, moneda y política económica— correspondiendo a los Estados federados los demás. La mayoría de los Estados federados —por ejemplo, Estados Unidos o la República Federal de Alemania— tienen su punto de partida en distintos Estados inicialmente separados que decidieron «federarse». Por ello, los Estados previamente existentes que buscan fórmulas de autogobierno y descentralización suelen acudir a otros sistemas, como el del llamado *regionalismo.* Este sistema suele tener el inconveniente de que los poderes atribuidos a los entes regionales son, en realidad, escasos.

La Constitución optó por una solución equilibrada: por una parte, reconoció a las «nacionalidades históricas» el derecho a disponer de amplios niveles de autogobierno; por otra, otorgó a la totalidad de los territorios españoles la posibilidad de acceder a la autonomía. La diferencia entre unas y otras Comunidades Autónomas, que se manifiesta en sus distintas competencias y en la cooficialidad de la lengua propia, refleja el llamado «hecho diferencial»: la especial conciencia de pertenecer a un grupo nacional existente en esas Comunidades.

La organización de España en Comunidades Autónomas supone una auténtica revolución histórica: por primera vez desde Felipe V —en realidad, por primera vez desde que Carlos V derrotara a los comuneros en Villalar— el poder en España deja de estar centralizado y se encuentra disperso: los órganos de las Comunidades Autónomas, libremente elegidos por quienes en ellos residen, gozan de muchos y muy importantes poderes.

Ello se traduce en que las Comunidades Autónomas disponen de la potestad de configurar, en numerosos terrenos de gran importancia, políticas propias y distintas a las de las demás Comunidades Autónomas. Esta facultad implica, también, una mayor responsabilidad, de los ciudadanos al elegir a los gobernantes y de éstos al actuar. Dicho de otra forma, la autonomía supone que, correlativamente, la incidencia del Gobierno central en la marcha de cada Comunidad Autónoma es más limitada que antes y, por tanto, también más limitada su responsabilidad.

En la actualidad, el sistema autonómico español se asemeja a un Estado Federal en todo menos en dos cosas: en sus orígenes históricos, que no pueden cambiarse, y en su nombre y algunas estructuras, que sí pueden alterarse. Pero desde el punto de vista del contenido, de la realidad, la distribución del poder en España está más cerca de la que existe en los Estados Unidos o Alemania que de la realidad británica o italiana, dos países regionalizados en distinta medida.

La configuración autonómica ha permitido superar nuestro último demonio familiar. Es cierto que aún afronta problemas, pero los conflictos son consustanciales a toda vida en común; lo relevante es que esas controversias están encauzadas en un marco generalmente aceptado. El cambio de tercio que la Constitución ha operado aquí puede definirse muy sencillamente: de la conciencia de que el problema era España, y de la discusión sobre ello, se ha pasado a discutir sobre la financiación de la sanidad o la corresponsabilidad fiscal. Todas estas materias serán muy importantes, nadie lo duda, pero tampoco es dudoso que no ponen en cuestión ni la convivencia pacífica, ni la estabilidad ni la identidad del Estado.

9. Lenguas y banderas: «Jo vinc d'un silency...»

Los derechos a la propia bandera y a aprender y hablar la propia lengua expresan mejor que nada, simbólica y lingüísticamente, la pluralidad del país, la libertad de la sociedad y el derecho a la diferencia. Al permitir el pluralismo lingüístico y simbólico, la Constitución explicita la diversidad de España.

Por lo que a las *banderas* respecta, la Constitución fija la roja, amarilla y roja como la española y, al propio tiempo,

prevé que las Comunidades Autónomas podrán reconocer o crear, y usar, su propia enseña. La Constitución hace
así de las banderas, que antes eran motivo de exclusión,
elemento de integración.

En cuanto a las *lenguas*, la Constitución proclama el
castellano como el idioma oficial de España, estableciendo el derecho de todos a usarlo en cualquier parte del territorio nacional y el correlativo deber de conocerlo. Pero
la libertad y el pluralismo reconocidos y garantizados en la
Constitución se extienden al reconocimiento como oficiales, junto al castellano, de las lenguas propias de las Comunidades Autónomas cuando así lo dispongan sus Estatutos de Autonomía. La cooficialidad implica el derecho a
hablar la propia lengua; aún más, al derecho a usarla.

El largo período de proscripción de las lenguas distintas al castellano y la intolerancia de quienes siempre han
negado y siempre negarán el derecho a la diferencia ha
dado lugar a no pocos conflictos con las lenguas. Pero algunas cosas están claras: la primera, que la Constitución
reconoce el derecho a hablarlas y usarlas; la segunda que,
por tanto, reconoce el derecho a enseñarlas; la tercera,
que eso puede implicar, si los poderes públicos lo deciden, que sea necesario conocer la lengua propia de una
Comunidad Autónoma para obtener un título educativo
de esa Comunidad.

La cooficialidad de una lengua propia ha de tener, por
fuerza, consecuencias prácticas. Estas consecuencias derivan de que, si bien todos tenemos derecho a expresar-
nos —y, por tanto, a estudiar— en castellano, quienes residen en una Comunidad Autónoma tienen, también, derecho a hablar —y, por ello, a estudiar— su lengua
propia. Pero para que puedan ejercer ese derecho será
menester que quienes, en su Comunidad Autónoma, les
hablen o les escuchen, si se relacionan con la Administración, o les enseñen, puedan hablar dicha lengua. La cooficialidad de la lengua puede, pues, traducirse en consi-

derarla un mérito o hasta un requisito en la Administración y la enseñanza.

La política educativa es parte de la política general. En ninguna parte está inmutablemente escrito que, para obtener un título, haya que saber matemáticas o física. De hecho, han sido suprimidas como obligatorias materias como el latín o el griego, que hasta hace poco parecían esenciales. Hoy, todo el mundo considera natural que se exija un idioma extranjero para superar la Enseñanza Primaria. Desde esta perspectiva, es muy poco o nada dudoso que si algún conocimiento puede y hasta debe imponerse en unos planes de estudio es el conocimiento de la lengua oficial, sea o sean éstas las que sean. Es verdad que la Constitución no obliga a ello, como tampoco obliga, por ejemplo, a saber matemáticas, o física, o geografía, o filosofía, para obtener ese título. Pero si permite que se exija acreditar el conocimiento de todas esas materias para acceder al título, con mayor razón permite que se exija conocer lo que la propia Constitución declara lengua oficial.

Al decidir si establecen o no una lengua cooficial propia, y al elaborar la política de protección, uso y difusión de esa lengua, las Comunidades Autónomas hacen uso de la facultad de configurar políticas propias acordes con sus realidades específicas que es consustancial a la autonomía política, y que sólo tiene un límite: la obligación constitucional de mantener la cooficialidad —y, por tanto, los derechos a aprender y hablar— del castellano. Si ese límite se respeta, serán los electores quienes deberán manifestar su acuerdo o desacuerdo con las políticas seguidas.

LA ESTRUCTURA DEL PODER

Capítulo IV
El pueblo soberano

1. El pueblo y el poder

En una democracia moderna como la española, el principal órgano del poder, la fuente última —o, más bien, primaria— de todo poder es el pueblo. En una democracia, el pueblo es el soberano, y todas las normas jurídicas y los cargos y órganos que ejercen poder emanan de la voluntad popular, directa o indirectamente.

Hoy, ésto puede parecer una elemental obviedad, algo que ni siquiera debe ser recordado. Sin embargo, no lo es. Durante mucho tiempo, en realidad durante casi toda la Historia, el pueblo ha estado alejado del poder o, mejor dicho, sometido al poder, a un poder ejercido por otros. Desde luego, eso ha sido así en los países, como España, que han atravesado largos periodos dictatoriales; pero, durante mucho tiempo, también en las llamadas democracias liberales.

A lo largo de la Historia, lo más frecuente es que el poder estuviese depositado en manos de unos pocos —lo que se denomina *oligarquía*— o en manos de uno solo, en el régimen conocido como *monarquía*. Las revoluciones francesas y americana —y antes, parcialmente, inglesa— suponen la sustitución del monarca absoluto, aliado con el clero y la nobleza, como dueños del poder, por la burguesía liberal. Por eso, esos regímenes nacen y resisten allí donde existe esa burguesía —Inglaterra, Francia, Estados Unidos— y mueren en los países, como España, en donde no existe o no tiene suficiente fuerza.

En la democracia liberal, el Rey es sustituido, como fuente de poder, por *la nación*. Esta es considerada no solo como conjunto de ciudadanos, sino también como la heredera de un pasado y como cuerpo orgánico de un conglomerado formado por un conjunto de características comunes como la historia, la lengua, la raza o la religión es la dueña de su destino y, por tanto del poder.

El ejercicio del poder por la nación es la *soberanía nacional*. Pero la nación es un ente orgánico que tiene que expresarse por personas. Para quienes defendían la soberanía nacional, expresar la voluntad nacional —esto es, ejercer el poder— era, por tanto, algo obligado, una *función*. Y, por ello, debía ser llevada a cabo por los más capacitados: los más cultos o los más ricos, ya que, al fin y al cabo, ellos son los que saben o los que tienen algo que perder. La conclusión de esta teoría —que aún hoy, casi doscientos años después, algunos parecen defender en España, por ejemplo, cuando se habla del llamado «voto cautivo»— es que sólo algunos pueden decidir el destino de la sociedad; por tanto, sólo votan los propietarios que pagan impuestos —«sufragio censitario»— o los que tienen formación —«sufragio capacitario»—, o bien el voto de unos —«voto múltiple»— vale más que el de otros. Incluso en un país de teórica tradición democrática, como Inglaterra, sólo votaban, hasta hace relativamente poco, los propietarios, y en Estados Unidos estas técnicas han sido utilizadas para impedir el voto de los negros.

2. El pueblo en el poder: el principio democrático

La teoría de la *soberanía popular*, sin embargo, considera que todos están igualmente interesados en los asuntos públicos, puesto que la gestión de la cosa pública afecta a todos. Por consiguiente, contempla la facultad de decidir el destino de la sociedad como un derecho de las personas que la componen. El voto es, por tanto, un *derecho* de todos, cualquiera que sea su riqueza y su formación, y todos los votos tienen el mismo valor, ya que a todos incumbe lo que con ellos se decida.

La teoría de la soberanía popular es inseparable del *principio democrático*. Este principio implica tres cosas básicas: la primera, que toda decisión general que afecte al destino colectivo ha de ser decidida por los ciudadanos; la segunda, que todos los cargos que ejercen poder real han de ser elegidos por los ciudadanos; la tercera, que quien adopta estas decisiones es la mayoría de los ciudadanos.

El punto problemático es el último: ¿por qué ha de plegarse la minoría a las decisiones de la mayoría? Porque es imposible que todo el mundo esté de acuerdo en una decisión. Ya que es imposible, algunos habrán de someterse a la decisión de otros y, por tanto, su opción será sacrificada. El principio democrático considera que es preferible que los sacrificados sean los menos posibles; por tanto, habrá que adoptar la decisión de los más.

La Constitución española consagra la soberanía popular, pues la soberanía nacional reside en el pueblo, del que emanan todos los poderes del Estado; y, al establecer que el poder emana del pueblo, consagra también el principio democrático.

3. Soberanía directa e indirecta

Como todos los sistemas democráticos modernos, España se configura como una *democracia representativa*. Este concepto tiene su origen en la constatación de que la democracia directa, esto es, el ejercicio continuo del poder por todos los gobernados, es, hoy por hoy, imposible. Quizás era posible en las ciudades de la Antigüedad, donde eran muy pocos los auténticos ciudadanos —pues las mujeres y los esclavos, por ejemplo, no eran tenidos por tales— y los asuntos a tratar eran de una complejidad relativamente pequeña. Desde que se formaron los Estados modernos, territorialmente extensos, con un gran número de ciudadanos y con mayor variedad de materias —comercio, navegación, leyes civiles y penales, etc.— sobre las que decidir, resultó claro que era imposible practicar la democracia directa.

La forma ideal de ejercer la soberanía es, en teoría, la *directa*. En ella es el pueblo quien adopta directamente las decisiones. El ejercicio directo de la soberanía presenta, sin embargo, no pocas dificultades. Tradicionalmente, uno de los más importantes ha sido su articulación práctica, ya que era imposible organizar un sistema para que millones de personas decidiesen, repetidas veces, sobre multitud de materias. Hoy en día los medios disponibles harían seguramente posible, al menos en los países desarrollados, esta utopía histórica; pero su realización sigue siendo imposible porque en la actualidad las decisiones a tomar son tantas, y tan complejas, que la puesta en práctica del sistema sería inviable. Se produce así una paradoja histórica: cuando la escasez y sencillez relativas de las materias lo permitían, los medios disponibles no lo hacían posible, y cuando los medios lo permiten la complejidad es tal que lo hace inviable.

Muchos sistemas prevén fórmulas de ejercicio directo de la soberanía. El más conocido es el referéndum, que supone que son los ciudadanos quienes se pronuncian directamente por una opción y en algunos países, como Italia o Suiza, puede ser utilizado para gran cantidad de materias. Pero el referéndum alberga una gran trampa: reduce las opciones a dos, cuando normalmente son muchas más, simplificando artificialmente una realidad forzosamente compleja; además, favorece la explotación de las pulsiones más bajas de los seres humanos y, por eso mismo, se presta considerablemente a la manipulación; propicia, también, las reacciones viscerales o, simplemente, favorables a quienes votan en el referéndum, y así los suizos rechazaron reiteradamente en referéndum el voto femenino.

En España existen fórmulas de ejercicio directo de la soberanía. La más conocida es el *referéndum.* Hay dos tipos de referéndum, uno puramente consultivo y otro decisorio. Este último está reservado a los supuestos de reforma de la Constitución o de los Estatutos de Autonomía que fueron, también, aprobados mediante referéndum.

Pero el que obedece a lo que normalmente llamamos referéndum está, en nuestro sistema, seriamente limitado, seguramente por el recuerdo de la forma en que se utilizó durante el franquismo para intentar legitimar el régimen. Por eso, la convocatoria del referéndum sólo la puede realizar el Presidente del Gobierno, de manera que no cabe, como en Italia o Suiza, un referéndum «contra» el Gobierno; y ni siquiera la puede realizar por su sola voluntad, pues precisa la previa aprobación del Congreso, lo que excluye también un posible referéndum plebiscitario del Presidente contra el Congreso. Por último, el referéndum es puramente *consultivo*, de manera que la posición mayoritaria no obliga jurídicamente, aunque políticamente sea difícil ignorarla. Hay otros mecanismos que, en cierta forma, pueden considerarse como formas de ejercicio directo de la soberanía, como el jurado o la inciativa legislativa popular.

En todos los países democráticos la fórmula más habitual de ejercicio de la soberanía es la *indirecta*, a través de *elecciones* en las que los ciudadanos eligen a sus representantes, que también arrojan una paradoja: se ejerce directamente la soberanía para designar a unos representantes, o sea, para que sean otros quienes la ejerzan en nombre de los demás; por eso Rousseau decía que los ingleses sólo eran libres una vez cada siete años, cuando elegían a los parlamentarios, y que el resto del tiempo eran esclavos. Las elecciones son un mecanismo directo para ejercer indirectamente la soberanía: son los representantes elegidos los que realmente adoptan las decisiones en nombre o representación de quienes les eligieron.

4. Representación, elección, mayoría y minorías

Surge, así, la democracia representativa: los ciudadanos eligen periódicamente a unos representantes para que, en su nombre, decidan sobre los asuntos públicos.

En la democracia representativa hay varios conceptos clave. El primero de ellos es, desde luego, el de *elección*: no hay auténtica representación —y, claro es, no hay democracia— si los representantes no son elegidos por el pueblo. No hay más representación que la elegida y, mientras dura su mandato, esa, la libremente elegida, es la única representación válida. No hay, pues, otra representatividad, como puede ser la de la opinión pública, porque ésta no se elige: cada uno tiene su propia opinión, y cada uno puede pensar que hay una opinión mayoritaria —pues no otra cosa que opinión mayoritaria, dominante o general quiere decir opinión «pública»— pero sólo unos pocos han sido elegidos para representar *válidamente* la opinión de *todos*. Y elegidos quiere decir *libremente* elegidos, esto es, elegidos entre varias opciones posibles. La democracia representativa implica, pues, que quien quiera ser representante pueda aspirar a serlo, y que quien lo desee lo vote.

Un segundo concepto clave es el de *mandato*. En los Parlamentos antiguos existía el *mandato imperativo*, que consistía en que los electores decían al elegido lo que tenía que hacer, y éste estaba vinculado a las instrucciones recibidas. La Constitución prohíbe este tipo de mandato, y consagra el *mandato representativo*: el representante, precisamente por serlo, no está vinculado por un mandato concreto, sino que decide libremente, cuando es necesario, entre las opciones de que dispone. Cuando la actuación del representante se demuestra poco afortunada, la reacción del representado no puede ser más que una: no volverle a elegir, cuando se presente la ocasión para ello; pero mientras dure su mandato sigue siendo su representante.

En tercer lugar, la democracia —representativa o no— funciona sobre la base del concepto de *mayoría*. En la democracia la mayoría impone su voluntad. En realidad, la regla de la mayoría es consecuencia directa de la de la elección: sólo tiene sentido inclinarse por una opción desde el entendimiento de que la que cuente con más apoyos será la que se imponga, pues si todos estuviésemos de acuerdo la elección sería innecesaria, y si no fuese a aplicarse la decisión mayoritaria sería inútil.

Por último, la democracia representativa se basa en el concepto de la imputación. Eso quiere decir que aunque en la práctica las decisiones hayan sido adoptadas por la mayoría, tales decisiones se imputan a todos, a la colectividad. Por tanto, aunque políticamente la minoría siempre podrá decir que se pronunció en contra de una determinada decisión, tal decisión se imputa jurídicamente a todos, y a todos obliga.

5. Representación y ejecución

Los representantes se agrupan en órganos colegiados, que se denominan de muy distintas maneras: Ayuntamiento, Cortes, Congreso, Senado, Junta General, etc. Para que efectivamente puedan representar a todos o casi todos, los órganos representativos han de ser numerosos: la representación —sobre todo, la de las minorías— es menor cuanto más pequeño es el número de representantes.

Pero un órgano numeroso está poco capacitado para llevar a cabo algunas tareas, como la gestión y la adopción de decisiones rápidas. Por ello, en casi todos los sistemas se suele asignar a unos órganos la función de representar, y a otros la de ejecutar o gobernar. En los sistemas parlamentarios, como España, es el propio órgano representativo el que —con mecanismos que varían según los países— elige a los órganos ejecutivos. Así, el Ayuntamiento en Pleno elige al Alcalde y a los Concejales Delegados de Área; y el Congreso designa al Presidente del Gobierno.

Cuando elegimos a nuestros representantes tomamos, en realidad, una opción con varias consecuencias: por una parte, elegimos, obviamente, a quienes nos representan; pero en cuanto que nos representan, ejercerán distintas funciones y, entre ellas, aprobarán las normas generales —en el ámbito nacional y autonómico, las leyes— que regirán nuestra vida y designarán al Gobierno. Así pues, al emitir nuestro voto hacemos, en un solo acto, varias cosas: por una parte, elegimos a quienes con carácter general, nos representan; por otra parte, elegimos también a quienes aprobarán las leyes; por último, elegimos indirectamente a quienes nos gobernarán.

Representación y gobierno son, sin embargo, cosas distintas. En España, la representación del pueblo español la tienen en exclusiva las Cortes Generales. El Rey representa al Estado, y el Gobierno ejerce funciones ejecutivas y de gobierno, por designación de las Cortes Generales.

6. Un soberano y tres —o cuatro— poderes

El Estado realiza muy diferentes funciones, básicamente tres: aprueba normas, las ejecuta y juzga si se han aplicado y cumplido correctamente y, en consecuencia, resuelve los conflictos.

Como las funciones son diferentes es preciso lograr una cierta especialización, ya que, por ejemplo, juzgar no es lo mismo que emitir deuda pública. Además, la eficacia exige que cada uno se encargue de una sola cosa. Por último, la experiencia demostró que acumular todas las funciones en una sola mano es peligroso porque, además de producir ineficacia, provoca una acumulación de poder excesiva e indeseable.

Por eso los sistemas constitucionales atribuyen cada una de esas funciones a diferentes órganos, o conjuntos de órganos. Así, la función legislativa se atribuye a los Parlamentos, la ejecutiva al Gobierno y la judicial a los órganos jurisdiccionales. Al conjunto de órganos que tienen atribuida una misma función se los denomina *poder*. Surgen, de esta suerte, el *poder legislativo,* encargado de aprobar las leyes, el *poder ejecutivo*, cuya labor es ponerlas en práctica, y el *poder judicial*, que debe aplicarlas y dirimir los conflictos. Cada uno de ellos está formado por el conjunto de órganos que realizan la misma función estatal: el legislativo, por el Congreso y el Senado y, dentro del ámbito de su territorio, los Parlamentos de las Comunidades Autónomas; el poder ejecutivo, por el Gobierno y la Administración, y por los ejecutivos autonómicos; y el poder judicial por la totalidad de los juzgados y tribunales españoles.

A estos tres poderes clásicos podría añadirse, en España y en otras democracias, un cuarto poder: el *poder constitucional*. En efecto, el Tribunal Constitucional realiza funciones específicas, distintas de las de los otros tres poderes, y de tal entidad que permiten calificarle como de auténtico poder del Estado.

Todos los poderes del Estado son *independientes* entre sí, en el sentido en que realizan con autonomía y sin interferencias sus propias funciones. Todos ellos están en el mismo plano, sin que uno sea superior o inferior a otro: entre ellos existe una *relación horizontal*, de igual a igual, sin dependencia jerárquica alguna. Y todos ellos emanan del pueblo.

A la cabeza de cada poder del Estado hay un órgano, al que se denomina *órgano constitucional*. A veces, como sucede con las Cortes, el órgano coincide plenamente con el poder que encabeza; pero otras veces, como sucede con el Consejo General del Poder Judicial, ni siquiera forma parte de ese poder, como veremos en su momento. Se los denomina órganos constitucionales porque están directa y expresamente previstos en la Constitución, y ella misma regula su composición y funciones. La relación entre los órganos constitucionales es también, por eso mismo, horizontal, y no jerárquica, pues todos ellos traen causa directa de la Constitución.

7. Cargos y funciones

El acceso a los *cargos públicos* no puede tener lugar, por tanto, más que por una decisión democrática, directa o indirecta, de la mayoría. Esto es así en todos los casos, incluso en el de los futuros reyes: si acceden a la Jefatura del Estado será porque así lo establece la Constitución aprobada por el pueblo.

Por esa misma razón, cuando alguien accede a un cargo público debe poder permanecer en él hasta que expira su mandato, salvo que se cumplan las condiciones que la ley dispone para su cese en el cargo. Y debe permanecer en el cargo no sólo por su posible interés personal en ello, sino porque, en el fondo, esta es la única forma de respetar la voluntad de quienes le eligieron para desempeñar el cargo.

Distintas de los cargos son las *funciones públicas*; aunque todo cargo público ejerce una función pública, no toda función pública supone un cargo público. La diferencia es que el cargo público es designado, directa o indirectamente, de forma democrática, en tanto que la función pública es un empleo en una Administración pública.

El principio democrático se manifiesta también en que el acceso a la función pública está abierto a todos o, dicho de otra forma, no está reservado a nadie —nobles, cristianos, etc.— como sucedía tiempo atrás.

Según la Constitución, el acceso a las funciones públicas debe regularse en condiciones de igualdad para todos los ciudadanos —esto es, sin que nadie lleve ventaja por su extracción social o su posición económica— y atendiendo exclusivamente a los principios de *mérito y capacidad*. Eso quiere decir que se accede a la función pública tras la superación de unas pruebas objetivas encaminadas, precisamente, a medir los méritos y la capacidad de los concursantes.

8. Pueblo y electorado: el voto popular

Aunque se habla del pueblo, no es en realidad todo el pueblo quien adopta las decisiones, sino sólo aquella parte que cumple las condiciones exigidas para votar, esto es, el electorado o *cuerpo electoral*.

El electorado está compuesto por todos los españoles mayores de edad que no han sido incapacitados por sentencia judicial y están incluidos en la lista de los que pueden votar, que se denomina *censo electoral*. En otras partes —por ejemplo, en Estados Unidos— el ciudadano que se propone votar debe preocuparse de su inclusión en el censo; en España eso no es necesario, lo hace la Administración, y el ciudadano que deba estar incluido en el censo y no figure puede reclamar.

La pertenencia a la Unión Europea tiene también consecuencia en algunas elecciones, porque en las elecciones municipales y al Parlamento Europeo pueden votar y presentarse en España los ciudadanos de otros países comunitarios residentes en España.

En España, el voto —el sufragio— es *universal*, esto es, corresponde a todos los ciudadanos mayores de 18 años, sin que nadie pueda ser excluido salvo por incapacitación; es en general *directo*: la mayor parte de nuestros representantes —diputados, senadores, parlamentarios autonómicos y concejales— son directamente elegidos por los ciudadanos, y sólo algunos —diputados provinciales o senadores de designación autonómica— indirectamente. Es *libre*, es decir, que nadie puede dar instrucciones a otro ciudadano sobre el sentido de su voto, o recompensarle, amenazarle o coaccionarle para que vote de determinada forma; si así lo hace comete un delito electoral; es, además, *igual*, de suerte que el sufragio de todos los ciudadanos tiene el mismo valor, con independencia de sus condiciones personales, sociales, culturales o de otro género, aunque luego veremos que, en la práctica, el valor del voto a los efectos de obtener un diputado es diferente según las circunscripciones —provincias— donde se ejerza. Y es, en fin, *secreto*, esto es, que nadie puede averiguar el sentido del voto de un ciudadano, al objeto de evitar presiones o coacciones. Descubrir el voto ajeno es, igualmente, un delito, aunque la mayor protección del secreto del voto exigiría la obligatoriedad de usar las cabinas electorales para introducir las papeletas, lo que ahora es voluntario.

Capítulo V
Los instrumentos de la soberanía popular

1. Los partidos políticos

Constituyen uno de los entes más atacados en todos los países democráticos y, sin embargo, no es que sean consustanciales con la democracia: es que son *indispensables* para que la democracia pueda existir.

Comos hemos visto, la democracia consiste en que sea la mayoría la que elija entre las diversas opciones posibles. Pero es seguro que cada uno de nosotros tendríamos, aún sin saber de lo que hablamos, una solución para cada problema. Muchas de esas soluciones serán incoherentes, irrealizables o incompatibles entre sí. Además, nadie podría elegir entre cuarenta millones de propuestas distintas entre sí.

Los partidos políticos cumplen, pues, una primera e indispensable función: la de *agregar* y ordenar las diferentes propuestas existentes para solucionar los distintos problemas. Así, se consigue pasar de cuarenta millones de programas a tan solo ocho o diez; la elección es entonces posible.

Por otro lado, los partidos, al menos algunos de ellos —los que tienen posibilidad de ganar las elecciones, gobernar y poner en práctica su programa; los que saben que no van a gobernar no se molestan en hacerlo, y prometen lo imposible— *estructuran y racionalizan* las propuestas, haciéndolas realizables, coherentes y compatibles entre sí. Esa estructuración está, desde luego, *ideologizada*, porque establece las *prioridades* que son inevitables en la tarea de gobierno: para unos lo más importante —lo prioritario— será, por ejemplo, reducir los impuestos, aunque ello impida mejorar la educación o la sanidad; para otros, mejorar estos u otros servicios será lo prioritario, aunque para ello sea menester mantener o incluso aumentar los impuestos. Al realizar esta labor, los partidos recogen las *demandas* de los ciudadanos, y las diferentes sensibilidades o ideologías de éstos: canalizan, en suma, las *aspiraciones* de los diferentes grupos sociales, y las dan forma política, de manera que queden recogidas en un programa de gobierno viable. Por eso, porque canalizan las aspiraciones de los ciudadanos, son indispensable para la democracia, y por eso mismo, no por deporte, lo primero que hacen las dictaduras, y proponen los autoritarios, es suprimir los partidos políticos: porque sólo así pueden hacer su voluntad sin alternativas reales.

Por ultimo, los partidos políticos, al menos los serios, cumplen, en una sociedad tan compleja como la actual, otra misión de gran relevancia, derivada de las anteriores: la *pedagógica*, que consiste en mostrar a la ciudadanía, aunque sea impopular y pueda costar votos, la imposibilidad o los inconvenientes de llevar a cabo determinada actuación. En cuanto que están dirigidos por profesionales de la política, los partidos deben ser el depósito de la calma y la sensatez cuando se desbordan las pasiones populares, ejerciendo una tarea antidemagógica y llevando a los ciudadanos al mundo de lo posible.

Los partidos políticos son en una democracia, en suma, los *instrumentos de la soberanía popular* o, como dice la Constitución, los instrumentos para la formación y expresión de la voluntad popular y para la participación política. Son ellos los que sirven de cauce para recoger las demandas de algunos ciudadanos o sectores, para canalizarlas y para ofrecerlas a la totalidad de los ciudadanos a fin de que éstos, aportando o negando su voto, las acepten o las rechacen, haciendo así efectiva la decisión en que consiste la soberanía. No hay democracia sin partidos, y sólo cabe desconfiar de quienes propugnan su desaparición o su postergación, o de quienes, como ahora sucede con frecuencia, pretenden que prevalezcan los «independientes», es decir, personas que no presentan ni asumen un proyecto racional, coherente y estructurado.

2. Los partidos y la democracia

Por todas estas razones y otras muchas, los partidos son indispensables en una sociedad democrática. En realidad, lo son en todas partes, pues en todas partes los hubo, los hay y los habrá, ya que siempre hay partidarios de unas u otras opciones, que tienden a agruparse y coordinarse. La única diferencia es que todos sean legales y puedan actuar o que sólo lo sea uno o unos pocos; que su actuación sea pública y transparente o que sea secreta y clandestina, que sea legal o que sea perseguida.

Como los partidos son necesarios para la democracia, ésta no sólo los tolera, sino que los ampara y los estimula, sobre todo en Europa. En España, fundar un partido político es la cosa más fácil que hay: sólo es preciso inscribirlo en el Registro correspondiente, aportando los Estatutos y el nombre, aunque éste no puede coincidir con ninguno

de los ya existentes. Con ese solo requisito basta para poder presentarse a unas elecciones.

Y también basta con eso para tener algunos derechos.
En Estados Unidos, por ejemplo, los partidos no reciben
dinero público. Ello hace que sólo quienes poseen las
enormes sumas necesarias para pagar una campaña política puedan concurrir a las elecciones. Además, los partidos
dependen de las cantidades que les entregan empresas y
particulares y, por tanto, están en sus manos, ya que quien
paga manda. Para evitar ésto, en la mayoría de los países
europeos desarrollados los partidos reciben ayuda pública
de distintas formas: financiación, locales o propaganda
gratuita, etc.

Naturalmente, que sean necesarios para la democracia
no significa que sean perfectos. En ningún sitio lo son. Todos ellos son mejorables. Es verdad que en la mayoría de
ellos hay poca democracia interna y escasa transparencia;
más, sin embargo, que en las estructuras —la Iglesia o las
empresas de medios de comunicación, por ejemplo— que
les acusan de ello. Además, si se pretende que los partidos
cumplan sus funciones de agregar, racionalizar y estructu-
rar, si se desea que sean instrumentos de la soberanía popular y no de uno u otro personaje notable, es preciso
cierto grado de disciplina. Hay que recordar que en general —exceptuando los casos de dos o tres líderes carismá-
ticos y conocidos— son los partidos los que hacen las
campañas electorales y obtienen los votos; éstos, por tanto, pertenecen más a los partidos que a sus destinatarios.
Por eso Gladstone, un gran político inglés, dijo en cierta
ocasión, cuando la posición de su partido se oponía a lo
que él pensaba: «prefiero votar como un caballero lo que
me dice mi partido que votar como un canalla lo que me
dicta mi conciencia».

Es cierto que muchos partidos son demagógicos, y sólo
persiguen el voto popular, aún sabiendo que sus promesas
son irrealizables, pero no cabe olvidar que no es la prome-

sa, sino el voto ciudadano el que les da poder; por tanto, solo los ciudadanos que voten a esos partidos, y no la democracia o el pluripartidismo, serán responsables de lo que hagan. Pretender que como los ciudadanos podrían votar a fuerzas políticas que presentan propuestas irreales o indeseables han de suprimirse los partidos políticos es, simplemente, considerar a los ciudadanos como personas incapaces de elegir racionalmente.

3. Tener dos o más partidos

Se denomina sistema de partidos a la forma en que se relacionan el elctorado, los partidos políticos, las mayorías parlamentarias y los gobiernos que surgen de ellas.

Hay distintas formas para catalogar los sistemas de partidos, pero pueden utilizarse dos criterios básicos. El primero y más habitual es el número de partidos; no el número teórico, oficial, de partidos, que es irrelevante, sino el número de partidos con posibilidades reales de ganar unas elecciones. Según este criterio hay dos sistemas básicos: el bipartidista y el multipartidista. La frontera que separa un sistema de partidos de otro se establece entre los números 2 y 3 por una sencilla razón: si sólo hay dos partidos, uno de ellos tendrá siempre la mayoría absoluta, esto es, contará con algo más de la mitad de los parlamentarios. Por consiguiente, podrá formar Gobierno, y gobernar, sin necesidad de pactos. Con tres o más partidos, sin embargo, es más que probable que esta regla no se verifique.

Uno y otro sistema tienen ventajas e inconvenientes. El bipartidismo favorece la estabilidad gubernamental y la relación directa entre la voluntad del electorado y el Gobierno resultante, en tanto que el multipartidismo disminuye ambas cosas, puesto que en un sistema multipartidista será muy frecuente que la formación y la estabilidad del

Gobierno dependan de los pactos entre los partidos. A cambio, el bipartidismo deja sin representación a amplios sectores del país —los no encuadrados en los dos partidos mayoritarios— en tanto que el multipartidismo posibilita una mejor representación. En fin, el bipartidismo es más propenso a la bipolarización o la confrontación y es, por ello, peligroso allí donde el sistema democrático no está consolidado; el multipartidismo, al aumentar los actores políticos, tiende a diluir la confrontación.

Otra de las formas más relevantes de definir los sistemas de partidos atiende no a su número, sino a la relación entre sus votos y su posición política. Así, habría dos sistemas de partidos básicos: aquellos en los que el voto se concentra en los extremos políticos y en los que, por consiguiente, la extrema derecha y la extrema izquierda —o los grupos más cercanos a ellas— son los más votados, y aquellos otros en los que el voto se concentra en el centro, recibiendo los extremos un apoyo residual.

4. Traducir votos en escaños

Cuando se trata de elegir a una persona, como sucede en los Estados Unidos con el Presidente, determinar el resultado de una elección es sencillo: se cuentan los votos y el que más obtiene es el ganador, aunque en no pocos sistemas sea preciso, al menos en la primera ronda o *vuelta*, obtener un determinado número de sufragios o, en otro caso, acudir a una segunda vuelta, que se disputa sólo entre los candidatos que más votos obtuvieron en la primera.

Cuando se trata de elegir a una Cámara o pluralidad de personas, sin embargo, la cosa es más complicada, puesto que la Cámara tiene un número de componentes superior a uno pero, obviamente, no infinito. Por ejemplo, el Congreso de los Diputados español puede tener, según la Constitución, entre 300 y 400 miembros —en la actualidad son

350— cada uno de los cuales ocupa un asiento que se denomina *escaño*; por tanto, hay que determinar cuáles de entre los que han obtenido votos son los elegidos. Dicho en otros términos, hay que traducir los votos en escaños.

Esta traducción se complica porque generalmente el país se divide en distintos territorios, denominados circunscripciones, aunque no siempre sucede así: por ejemplo, en Israel todo el país es una sola circunscripción, y también lo es en España en las elecciones al Parlamento europeo. El motivo de dividir el territorio en distintas circunscripciones es asegurar que todos los habitantes del país tengan sus representantes, residan donde residan. Si no se hiciese así, sería muy posible que las ciudades muy pobladas —y que, por lo tanto, ofrecen más votos— tuviesen mucha representación, y que las zonas menos pobladas apenas tuviesen alguna. La división en territorios es también consecuencia del lejano origen medieval de los Parlamentos. Por último, con ello se intenta establecer una vinculación entre representantes y representados, que resulta más fácil cuanto menor sea la relación numérica entre representantes y representados. En un país del tamaño de España, esta vinculación sería casi imposible si todo el territorio nacional fuera una sola circunscripción.

Para traducir los votos en escaños hay dos sistemas básicos, que permiten muchas variantes. El primero de ellos es el *mayoritario* que generalmente es *uninominal*, esto es, se elige a un solo parlamentario. Consiste en que el territorio se divide en tantas circunscripciones como parlamentarios hay; en cada una de ellas consigue el escaño el que más votos obtiene. Otro sistema —en realidad, otros muchos sistemas— son *proporcionales*. Aquí, las circunscripciones son más grandes —agrupan varias uninominales— y no se elige un parlamentario, sino varios, en cada una. Pero tampoco obtienen *todos* los escaños los que más votos reciben, sino que los escaños se atribuyen *en proporción* a los votos recibidos.

Estos sistemas proporcionales son, por definición, de *listas* electorales: cada partido presenta varios candidatos. Estas listas pueden ser *bloqueadas*, como en España, o no serlo. En las listas bloqueadas es el partido el que elabora el orden de los candidatos, de manera que estos van obteniendo un escaño, según ese orden, a medida que su partido recibe votos. Eso quiere decir que, en gran medida, es el partido, y no el elector, el que determina quién será elegido: son los candidatos situados —por el partido— en los primeros lugares de la lista los que cuentan con posibilidades de salir elegidos, mientras que los que figuran en los últimos lugares lo hacen a efectos puramente decorativos Si no son bloqueadas, significa que los electores pueden manifestar su preferencia por algunos de los candidatos que figuran en la lista, de manera que son en definitiva los electores los que, en teoría, determinan quién sale elegido; en teoría, porque la experiencia demuestra que muy pocos electores cambian el orden de la lista. Además, la lista desbloqueada obliga a competir entre sí a los propios compañeros de partido, lo que dificulta la cohesión de los partidos, favorece a quienes dispongan de medios para sufragarse su propia campaña electoral, para así sobresalir sobre sus compañeros y, como la experiencia italiana demuestra, propicia la corrupción, para conseguir medios con los que hacer frente a esa campaña personal.

Se habla con mucha frecuencia de las listas *abiertas y cerradas*, dando a entender que las primeras son las que permiten al elector decidir; no es verdad. En un sistema proporcional, si hay un solo voto —en algunos países, como Alemania, hay dos— las listas han de ser cerradas: es imposible que un elector pueda dar parte de su voto a un miembro de un partido y otra parte a un candidato de otro. Por ello, es seguro que quienes se pronuncian contra las listas cerradas y a favor de las listas abiertas no saben de qué hablan: o hablan en realidad de listas *desbloquea-*

das, lo que es muy distinto de listas abiertas, o hablan de un sistema con varios votos, como el alemán.

Ambos sistemas tienen, una vez más, ventajas e inconvenientes. El sistema mayoritario propicia una mayor vinculación entre el representante y sus representados, algo claramente positivo. Como consecuencia, otorga al representante mayor autonomía frente a su partido, puesto que el elector no vota una lista, sino directamente a su representante. Esto es en principio positivo, pero puede tener efectos negativos para la estabilidad del sistema, que siempre es mayor si existen partidos cohesionados. Además, favorece la existencia de partidos fuertes y las alianzas entre los partidos. Por último, el sistema mayoritario establece una fuerte relación entre la voluntad popular mayoritaria y el Gobierno resultante de las elecciones, pues generalmente —aunque no siempre— el vencedor de las elecciones consigue mayoría absoluta y, por tanto, puede formar Gobierno sin necesidad de pactos. En el otro platillo de la balanza, el mayor inconveniente del sistema mayoritario es que distorsiona la representación de la población: que quien gana, aunque sea por un solo voto, se lo lleva todo, y quien pierde, aunque sea por un voto, se queda sin escaño. Puede suceder, por tanto, que amplias capas de la población queden sin representación, o con una representación muy inferior a la que les correspondería por sus votos. Incluso, puede pasar —y en Gran Bretaña ha acontecido en alguna ocasión— que gane políticamente las elecciones, esto es, que obtenga un mayor número de escaños parlamentarios, quien no ha obtenido el mayor número de votos; puede suceder, pues, que quien obtenga el mayor número de votos pierda las elecciones en términos parlamentarios. Por último, hace casi imposible la existencia de los pequeños partidos y dificulta la aparición de otros nuevos.

El sistema proporcional elimina estos inconvenientes. Su objetivo es que la operación de traducir los votos en es-

caños parlamentarios refleje lo más exactamente posible
el deseo de los electores; su propósito, gráficamente expresado, es que el Parlamento sea un modelo a escala reducida del país. Es, por ello, más justo que el mayoritario,
pues tiende a otorgar a cada partido la representación que
le corresponde. En esa medida, es también más funcional,
porque hace posible la representación en la Cámara de
todos los sectores sociales. Aunque, como hemos visto en
España, es posible alcanzar una mayoría absoluta con un
sistema proporcional, incluso repetidamente, el mayor
inconveniente de este sistema es que dificulta las mayorías absolutas y, por tanto, hace más difícil, en principio,
la estabilidad gubernamental. Además, y en la medida en
que dificulta las mayorías absolutas, aleja la formación
del Gobierno de la voluntad de los electores y la hace depender de la voluntad de los partidos, pues con mucha
frecuencia se formará uno u otro Gobierno dependiendo
de los pactos entre los partidos. Por último, el sistema
proporcional exige que se vote no un nombre, sino una
lista de nombres. Ello aleja al representante del representado y confiere a los partidos, y a sus direcciones, un poder superior, en general, al que tienen en los sistemas mayoritarios.

Suele establecerse una relación entre el sistema electoral y el sistema de partidos, relación que consiste en que el
sistema mayoritario propicia el bipartidismo, mientras
que el sistema proporcional favorece el multipartidismo.
Es poco dudoso que existe una conexión entre sistema
electoral y sistema de partidos, pero no tan directa o estricta como la citada. El sistema electoral mayoritario favorece, desde luego, la formación de grandes bloques
pero, como se ha demostrado en Francia y, mucho más recientemente, en Italia, ello puede materializarse en coali-
ciones electorales, sin que disminuya, por tanto, el número de partidos. El sistema proporcional, en la medida en
que permite que los partidos pequeños obtengan repre-

sentación, favorece el multipardismo; pero, como se demostró en España, eso no significa necesariamente una gran proliferación de partidos, pues es posible que el elector concentre sus votos en muy pocos partidos.

5. Cómo elegimos a nuestros representantes: proporciones...

En España, casi todos los representantes —diputados, parlamentarios autonómicos y concejales— son elegidos por un sistema proporcional. En el caso del Congreso de los Diputados es la Constitución la que así lo prevé, de manera que para modificar el sistema electoral sería preciso reformar la Constitución. Además, la Constitución impone también otros criterios: señala un número mínimo y máximo de diputados, establece que la circunscripción electoral será la provincia y exige que cada provincia tenga un número mínimo de representantes, que la ley electoral fija en dos; éste es, desde luego, el número matemático preciso para que el sistema sea proporcional, como quiere la Constitución.

La ley actual fija el número de diputados en 350, justo el término medio de la previsión constitucional. Esos trescientos cincuenta diputados se reparten entre las distintas provincias en proporción a su población, respetando el mínimo citado de dos por provincia. Hay previsiones especiales para las Islas Baleares y Canarias, Ceuta y Melilla.

Los partidos políticos presentan en cada circunscripción electoral una lista que incluye tantos candidatos como puestos a cubrir, más tres suplentes. Los candidatos que figuran en la lista están ordenados numéricamente, de manera que uno ocupa el número 1, otro el 2, y así sucesivamente hasta alcanzar el número de escaños que se eligen por la circunscripción.

Los ciudadanos votan eligiendo una de esas listas. Concluida la jornada electoral, se recuentan, en cada provincia o circunscripción, los votos obtenidos por cada lista.

Es entonces cuando llega el momento de traducir los votos en escaños, esto es, de repartir los diputados que corresponden a cada provincia entre las listas que han obtenido votos. Para ello se realiza una operación matemática ingeniada por un belga que se llamaba D'Hondt.

Esta operación consiste en dividir el número de votos obtenido por cada lista por uno, dos, tres, etc. ... hasta llegar al número de diputados que corresponden a la provincia. Esta división arroja los llamados «cocientes» electorales.

Una vez que se han obtenido los cocientes, lo que resta es sencillo: se asigna el primer diputado a la lista con mayor cociente, y se elimina este cociente; al segundo diputado al segundo mayor cociente, que también se elimina; al tercer diputado al tercer cociente, y así sucesivamente, hasta asignar todos los diputados que corresponden a la provincia o circunscripción. Dentro de cada lista, los diputados se designan por el orden que ocupan en ella, esto es, el primer escaño al número uno, el segundo al número dos, y así sucesivamente..

Como el sistema es proporcional cada lista —cada partido o coalición— obtendrá diputados en proporción a los votos obtenidos. Sin embargo, el carácter proporcional del sistema es matizado por varios factores. El primero de ellos es el tamaño del Congreso: la proporcionalidad es más alta cuanto mayor es el tamaño de la Cámara elegida. Nuestro Congreso no es excesivamente grande, lo que disminuye la proporcionalidad. El segundo factor, el más importante, es el tamaño de las circunscripciones que, salvo en las provincias muy pobladas —que son pocas— son pequeños. Esto, sumado al mínimo de diputados por provincia, provoca que aunque el voto sea igual, el valor real del voto no sea igual: para obtener un diputado en Madrid o Barcelona hacen falta muchos más votos que para

alcanzarlo en Soria o Teruel. Por consiguiente, las pequeñas provincias están más representadas en el Congreso de
lo que corresponde a su población —sobrerrepresenta-
das— y las provincias más pobladas están infrarrepresen-
tadas. Por último, la propia fórmula matemática utilizada
disminuye el carácter proporcional del sistema.

En suma, elegimos nuestro Congreso, de forma proporcional, pero con un sistema que favorece a los partidos
grandes y perjudica a los pequeños, sobrerrepresenta a las
pequeñas poblaciones e infrarrepresenta a las grandes. De
ahí que, aún siendo un sistema proporcional, se disminuyan los efectos característicos de tales sistemas: es en resumen, el más mayoritario de entre los sistemas proporcionales o, si se quiere de otra forma, el menos proporcional
de los proporcionales.

6. ...y mayorías

En el Senado el procedimiento es completamente distinto. Para empezar, no todos los senadores son directamente elegidos por los ciudadanos. El carácter —hasta
ahora sólo teórico— de Cámara territorial que la Constitución asigna al Senado redunda en que una parte de los
senadores son elegidos por los Parlamentos de las Comunidades Autónomas. Por tanto, los ciudadanos sólo elegimos a estos senadores, indirectamente, cuando elegimos a
nuestros parlamentarios autonómicos.

Respecto de los senadores que elegimos directamente,
además, el sistema electoral es totalmente diferente al del
Congreso. En efecto, el número de senadores no depende
de la población, sino que cada provincia elige, indepen-
dientemente de la población que tenga, cuatro senadores,
con especialidades en las Islas y Ceuta y Melilla. Por último, los senadores no se eligen por sistema proporcional,
sino mayoritario. No hay, pues, lista de partido, sino que

quien quiera puede presentarse a senador; de entre todos los presentados, los electores deciden a quienes votan, que pueden pertenecer a distintos partidos o a uno solo. Concluida la jornada electoral, se recuentan los votos y los cuatro candidatos que más votos hayan obtenido resultan proclamados senadores. Hay una corrección al voto mayoritario, sin embargo: para asegurar una representación de las minorías, aunque sea mínima, cada elector sólo puede votar a tres senadores; por tanto, al menos un senador, el cuarto, corresponderá a la minoría.

7. El mapa político español

¿Con cuál de los sistemas de partidos antes vistos se corresponde el español? Desde la perspectiva cuantitativa no es, o no es exactamente, un sistema bipartidista, puesto que siempre ha habido en el Congreso más de dos partidos con una representación significativa. Ahora bien, desde el punto de vista de las posibilidades reales de formar Gobierno —esto es, de ser poder o alternativa de poder— siempre se ha reducido a dos el número de partidos en condiciones o con posibilidades de hacerlo. De ahí que se haya hablado con frecuencia de un bipartidismo imperfecto, o corregido.

Sin embargo, el bipartidismo resulta insatisfactorio para definir el sistema español. Que no hay dos partidos que dominen en exclusiva, monopolicen o hegemonicen el sistema español es cosa que queda clara desde el momento en que uno de los dos partidos a los que suponía eje del sistema, la UCD, desapareció sin dejar rastro. Además, los partidos periféricos —PP y, antes, PCE, ahora IU— han modificado sucesivamente su envergadura parlamentaria de forma muy notable, hasta el punto de que quien fue en su momento residual o testimonial —el PP— pasó a ser alternativa de Gobierno. Por último, y aunque entre los dos grandes partidos y los demás exista una gran distancia en votos y número de parlamentarios, la presencia política de estos otros grupos parlamentarios es muy superior, por lo que representan —la izquierda ex comunista o los nacionalistas— a su estricta fuerza numérica.

No cabe, pues, hablar de bipartidismo en España. El modelo español es, sin duda, un modelo multipartidista, aunque caracterizado por la existencia de dos partidos políticos cuya fuerza es muy superior a la del resto.

Con todo, la característica más destacada del sistema de partidos español no es el número de partidos, sino la existencia de dos partidos nacionalistas, CiU y PNV, de implantación reducida a solo determinadas zonas del país pero con una presencia política cualitativamente muy considerable. Esa fuerte presencia política deriva, sin duda, de tres factores: en primer lugar, ocupan en el arco parlamentario español una posición central, intermedia entre los dos grandes partidos, lo que les permite aproximarse a cualquiera de ellos. Se da, así, la circunstancia muy peculiar de que el centro político, habitualmente ocupado por partidos nacionales, está en España protagonizado por partidos nacionalistas. En segundo lugar, estos partidos representan a un gran porcentaje de los electores de dos zonas que, por sus dimensiones demográficas, económicas, sociales y políticas, revisten gran importancia en el panorama español. Por último, esos dos partidos gozan, en sus respectivas nacionalidades, de una posición política hegemónica. Todo ello les confiere una relevancia muy superior a su fuerza parlamentaria nominal.

El sistema español puede, pues, calificarse como un multipartidismo con dos ejes que se cruzan: por una parte, un eje compuesto por dos grandes partidos; por otra parte, un segundo eje caracterizado por la presencia, relevante en el ámbito estatal y hegemónica en el autonómico, de fuerzas nacionalistas. A ello hay que añadir que, al menos hasta el presente, es —sin duda, afortunadamente—

un sistema muy poco polarizado, pues la gran mayoría de los votos se concentra en el centro del espectro político, siendo los votos que obtienen los extremos relativamente residuales. Además, el elector español es partidario de otorgar eficacia a su voto: el número de votos entregado a partidos sin representación parlamentaria, o con una muy pequeña, es muy bajo en comparación con otros países que cuentan con sistema proporcional.

Todo ello configura en principio, y permite prever para el futuro, un sistema político bastante estable, centrado y poco propenso a los extremismos, dominado por dos grandes partidos —uno de derecha y otro, el Partido Socialista, de izquierda moderada— y complementado por dos partidos nacionalistas de carácter centrista, con los que seguramente habrá de coaligarse quien desee gobernar, y con otro partido a la izquierda del socialista que recogerá a aquellos a quienes parezcan insuficientes o lentas las políticas socialistas.

Capítulo VI
La democracia y el Parlamento

1. La expresión de la democracia

Si los partidos políticos son los instrumentos fundamentales de la democracia, el Parlamento es su expresión.
Los parlamentos tienen un origen muy antiguo. Nacieron ya en la Edad Media, y de ahí que casi todas las palabras que se utilizan para designarlos sean términos anti-
cuados: Cortes en Castilla, Aragón, Cataluña y Valencia,
Dieta en los países nórdicos y germánicos, Duma en los
eslavos; también antiquísimo es el origen de la palabra Senado, que se remonta a los tiempos de Roma. Todas esas
palabras aluden a los órganos en los que se reunían en
Junta General —el nombre, aún hoy, del Parlamento vasco— para tratar sus problemas y hablar —de ahí el término «parlamento», de «parlar» —los representantes de las
capas sociales, ciudades y villas. La palabra «Cortes» procede, probablemente, de que las reuniones se celebraban

donde el Rey se encontraba, por lo que, en definitiva, los parlamentarios seguían al Rey como si fueran su corte.

Los Parlamentos antiguos tenían muy pocos poderes. En realidad, su función básica era hacer oír al Rey, que tenía todo el poder, la voz de su pueblo, expresándole opiniones, quejas y peticiones. Posteriormente, algunos Parlamentos, como el inglés, asumieron el poder de autorizar los impuestos que el Rey cobraba a sus súbditos, implantando el principio *no taxation without representation*: no hay impuestos válidos si no los aprueban los representantes. A través de ello, los parlamentos que asumieron esta función captaron, también, un considerable poder político, porque el Rey necesitaba, para hacer su política y sus guerras, medios económicos y no podía obtenerlos ni, por consiguiente, sostener sus ejércitos, si no conseguía que el Parlamento aprobase sus ingresos. Los parlamentos pudieron así, mediante *the control of the purse and the control of the sword*, el control de la bolsa y el control de la espada, controlar en parte la acción del Rey. A ello se fueron, poco a poco, añadiendo otros poderes: en Inglaterra, merced a un proceso histórico evolutivo que tiene su punto de arranque en la Revolución de 1688, y en los países del continente tras el triunfo de las revoluciones liberales y la implantación de sistemas constitucionales.

Aquellos parlamentos medievales, sin embargo, poco o nada tenían que ver con los de hoy. Sus funciones se limitaban a lo mencionado, y los representantes no eran, en realidad, tales sino mandatarios: estaban ligados por un *mandato imperativo*, esto es, tenían órdenes de exponer una determinada opinión y de no excederse de ciertos límites. A más de un procurador en Cortes se le cortó la cabeza porque sus representados consideraron que se había excedido del mandato que le habían otorgado.

La evolución posterior de los parlamentos los configuró, simultáneamente, como el germen, la base y la expresión de la democracia. No pocas de las costumbres o expresiones habituales de la actualidad proceden de los usos parlamentarios. Por ejemplo, las expresiones *derecha* e *izquierda* provienen de que, en la Asamblea francesa, los progresistas estaban situados a la izquierda del Presidente, y los conservadores a su derecha, por lo que el Presidente se dirigía a ellos preguntandoles que opinaban «en los bancos de la derecha» o de la izquierda.

Igualmente, la *arquitectura* de los edificios parlamentarios suele reflejar el esquema político. Por ejemplo, la distribución semicircular o en *hemiciclo*, la más habitual, se corresponde con sistemas multipartidistas, mientras que la formación *rectangular* es característica de los bipartidistas, donde solo hay dos bandos enfrentados, el Gobierno y la oposición. Es, por ejemplo, el diseño británico, cuyos bancos están enfrentados y separados, según se dice, por la distancia a la cual dos caballeros no podían, en caso de altercado, llegar a cruzar sus espadas. Por otra parte, la situación en la Cámara revela el carácter del sistema: por ejemplo, el *banco azul*, en el que se sienta en España el Gobierno, durante el franquismo estaba en la Presidencia, y en los períodos democráticos en el semicírculo; y la forma en que el Gobierno se coloque en el banco azul indica su orientación política, ya que según sea ésta el Presidente se sitúa a la derecha o a la izquierda. De igual forma, el franquismo sentaba a los procuradores por orden alfabético, para evitar la plasmación de facciones, corrientes o partidos, mientras que en la democracia los escaños de los parlamentarios de un mismo grupo parlamentario están agrupados.

2. Una borrachera de parlamentarismo

Los poderes de los parlamentos constitucionales de los siglos XIX y XX varían según los países. Una cosa era, sin embargo, general: los parlamentarios actuaban individual-

mente. Los partidos políticos no tenían fuerza, y cada parlamentario, que había obtenido, él solo, sus propios votos,
decidía el sentido de su actuación. La vida parlamentaria
era, por eso, muy difícil, pues no era fácil organizar ni prever las sesiones. Como, además, el Gobierno dependía del
Parlamento y bastaba que el Gobierno perdiera una votación para que se considerara que había perdido el apoyo
del Parlamento, y que la perdiera o no dependía del hu-
mor de los parlamentarios —o de sus deseos de que el
Gobierno cayese para tener posibilidad de ser ministros
en el nuevo— la inestabilidad era notable, y no era infrecuente que los gobiernos durasen unos pocos meses. Por
lo demás, en esa época se aprobaban pocas leyes, pues el
Estado intervenía poco en la vida económica y social, y los
problemas que se afrontaban no eran complejos en dema-
sía. En estas condiciones, la situación se caracterizaba porque el Parlamento era, realmente, el eje en la vida política,
por la desestructuración de la vida parlamentaria y por la
inestabilidad gubernamental.

Toda esta época fue muy divertida. Los gobiernos caían
con gran frecuencia para ser sustituidos por otros cuya
duración en el cargo no iba a ser mayor. Los debates parlamentarios, vivos y chispeantes, recogían piezas de gran
valor retórico: la oratoria era cultivada, y los enfrenta-
mientos personales entre los parlamentarios, sazonados
por la ironía, el sarcasmo y la mordacidad les otorgaban
una gran popularidad. La Francia de la III República, o la
España de la Restauración y la I y II Repúblicas son buen
ejemplo de cuanto aquí se dice. Salmerón, Castelar, Pí y
Margall, Cánovas, Sagasta y Azaña, entre otros, provocaban entusiasmos enfrentados cada vez que ocupaban el
atril de oradores, y eran muy populares.

Pero ésta borrachera ocasionó, también, indigestiones y
resacas de entidad. La coincidencia de la inestabilidad gubernamental, provocada por el individualismo y el frac-
cionamiento partidario y la ausencia de mayorías claras,

con graves crisis económicas —las más agudas, las de 1915 y 1930— dio lugar a graves situaciones económicas, con muy importantes secuelas, entre las que el desempleo, la hiperinflación y la proletarización de las clases medias eran las más importantes. Los movimientos políticos totalitarios encontraron, por ello, en el desprestigio de las instituciones el terreno abonado para la lucha contra lo que ellos llamaban «la decadente democracia liberal». El comunismo aprovechó la crisis económica de los años quince y la I Guerra Mundial para implantar su dictadura; el fascismo y el nazismo utilizaron para alcanzar el poder en Italia, Alemania y España la debilidad de unas instituciones socavadas por su incapacidad estructural para hacer frente a los problemas reales.

3. La racionalización del parlamentarismo

Tras la II Guerra Mundial los legisladores tomaron nota de las dificultades atravesadas y de sus causas. La obsesión de la postguerra era, pues, evitar la inestabilidad y debilidad de las instituciones y el vacío de poder. Para ello, se utilizaron diversos mecanismos. Todos ellos tienen una cosa en común: aún manteniendo el principio, esencial en un régimen parlamentario, de que el Gobierno ha de contar con el apoyo del Parlamento, intentan ordenar la vida parlamentaria y evitar las consecuencias dañosas de la ausencia de mayorías claras.

Esta tarea se vio facilitada por factores externos. En primer lugar, los partidos políticos evolucionaron mucho. La mayoría de los antiguos partidos políticos no eran propiamente lo que hoy conocemos como tales, sino organizaciones de «notables» —hombres conocidos, generalmente por su fortuna, su título nobiliario, sus méritos académicos o su posición social— que no tenían entre sí grandes lazos en común. Los medios económicos de los notables les permitían dedicarse a la política, una actividad entonces no remunerada, y costearse sus campañas. Como consecuencia, los notables no estaban sometidos a disciplina política alguna, y obraban según su leal saber y entender y, en no pocos casos, según sus intereses.

La aparición de los partidos obreros —el SPD en Alemania, el Partido Laborista en Gran Bretaña, el Partido Socialista o SFIO en Francia, el PSOE en España— cambia ya el panorama. Los militantes de estos partidos no disponían de medios económicos y dependían, por ello, del partido, tanto para hacer campaña como para sobrevivir. Además, tenían un programa político claro y común. Como consecuencia, estos partidos actúan como agrupaciones de masas, con decenas de miles de militantes permanentes, organizados, cohesionados, y con una fuerte disciplina. Estos partidos actúan en el Parlamento de forma también organizada, a través de lo que se llama el Grupo parlamentario, constituido por los diputados del partido que han sido elegidos. Tras la II Guerra Mundial, los grandes partidos de la derecha europea —las Democracias Cristiana alemana o italiana o el RPR francés— siguen ese modelo, obligados por la dificultad de llegar a todas partes, por la evidencia de que cierta dosis de disciplina es positiva y por el alto coste de las campañas electorales.

4. El Parlamento de hoy: un gran teatro...

La organización y estructuración de la vida política en torno a grandes partidos dotados de disciplina cambia ya, pues, el panorama. Pero hay otro factor. La vida política se hace muchísimo más compleja, y el intervencionismo provoca que el Estado esté presente en casi todo. Hace apenas unos decenios, nada impedía a los grandes parlamentarios hablar un día de la propiedad en el Código Civil, al día siguiente de la libertad religiosa y un tercero del

Código Penal: una somera formación jurídica, de la que disponía la mayoría, y una dosis de recursos oratorios eran suficientes. En nuestros días, ni la mejor formación ni la más florida oratoria apoderan a un diputado para hablar hoy del delito urbanístico, mañana de los coeficientes de caja de las Cajas de Ahorros y pasado mañana de la reconversión industrial o el tratamiento de los residuos industriales. Entre los parlamentarios se verifica, pues, una racionalización del trabajo, de suerte que cada uno se ocupa de unas pocas materias y delega en sus compañeros el análisis de las demás.

Así pues, el Parlamento de hoy ya no es el que era en cuanto a lo que en él se debate: ya no es el de los grandes debates personales sobre temas de interés nacional sino otro distinto que, la mayor parte del año, trata materias desconocidas para casi todos, incluso para los parlamentarios no especializados en ellas.

Y tampoco es el que era por las formas de los debates. Los diputados no intervienen ya libremente, sino que otros lo hacen en nombre de su grupo. Son tantas y tan complejas las leyes a aprobar que, si todos expresaran su opinión, nunca llegarían a ver la luz. Así pues, en los debates sólo toma la palabra un diputado por cada grupo, y ésto, en no pocas ocasiones, ya es mucho. Cuando se trata de una materia sin mayor importancia, es normalmente el propio diputado especialista, con un equipo de asesores, el que fija la posición de su Grupo Parlamentario. Cuando la decisión es importante, la adopta la dirección del Grupo Parlamentario que, normalmente, está —o debe estar— en perfecta sintonía con la dirección de su partido.

5. ...con un guión estricto...

Todos estos factores —deseo de evitar la inestabilidad política, generalización de partidos políticos organizados y complejidad de la tarea parlamentaria— dieron lugar a un fenómeno que se llamó *parlamentarismo racionalizado*. Este tipo de parlamentarismo, seguido por la Constitución española, se caracteriza porque cuenta con instrumentos diseñados para asegurar la estabilidad política, traducida en la estabilidad del Gobierno, y para alcanzar la eficacia de las labores parlamentarias.

Para asegurar la estabilidad del Gobierno y evitar que éste caiga por disputas sin importancia se crearon varios mecanismos. Antiguamente, se entendía que el Gobierno debía dimitir, prácticamente, por cualquier votación perdida en el Parlamento que tuviera una importancia mínima. Eso facilitaba que, al calor del debate, los diputados irritados con el Gobierno votasen en su contra en una materia cualquiera y forzasen su caída. Hoy, tal cosa no es posible en la mayoría de los países y, desde luego, no en España: para que el Gobierno caiga no basta que pierda cualquier votación, sino que es preciso que pierda una concreta, específicamente destinada a manifestar que ha perdido la confianza parlamentaria y que, según quien la provoque —la oposición o el propio Gobierno— se llama *moción de censura* o *cuestión de confianza*. En realidad, para derribar al Gobierno ni siquiera basta ganar la moción de censura: hay que ganarla, además, por mayoría absoluta. En algunos casos, como el alemán y el español, se exige también otra condición: se debe presentar un candidato para sustituir al Presidente del Gobierno censurado, candidato que es automáticamente nombrado si la moción prospera. Este mecanismo tiene el objeto de evitar los efectos negativos de una situación perniciosa pero antes frecuente: que los parlamentarios coincidan en que no quieran que siga el Gobierno, pero no se pongan de acuerdo sobre un nuevo Gobierno. Para evitar esa situación de *vacío de poder*, que puede provocar no pocos problemas, se diseña ese mecanismo al que se denomina *moción de censura constructiva* porque, a la caída del Gobierno censurado, une la construcción —la investidura— de otro nuevo Gobierno.

Pero además de estos mecanismos previstos para situaciones esporádicas, el nuevo parlamentarismo racionalizado organiza la vida cotidiana de la Cámara. Así, especifica las prioridades —los proyectos de ley del Gobierno—, reserva tiempos concretos —por ejemplo, para el control parlamentario—, determina quiénes pueden intervenir en los debates —generalmente, un turno a favor y otro en contra en cada materia y los portavoces de los grupos parlamentarios— y así tantas otras cosas. El parlamentarismo moderno, al que se ajusta el modelo español, es aún más que el parlamentarismo racionalizado: es un *parlamentarismo estructurado*, donde todo o casi todo está previsto y regulado.

Esto es lo que explica esa imagen tan frecuentemente difundida como poco comprendida, la de los parlamentarios que, sin tener aparentemente ni idea de qué va la cosa, votan, pulsando un mecanismo electrónico, siguiendo las instrucciones que les imparten sus dirigentes.

Esta situación es a veces caricaturizada; pero bien se ve que quien no sabe de qué va la cosa es el autor de la caricatura. En primer lugar porque, en un sistema parlamentario, la buena marcha del sistema es como una mesa asentada sobre tres patas: el Gobierno, el partido del que surge y el Grupo Parlamentario que lo apoya; la coordinación entre estos tres puntos es fundamental para que todo vaya bien.

En segundo lugar, es imposible que todos los parlamentarios sepan de todo, y ni siquiera de varias materias; bastante es que conozcan a fondo los asuntos de su competencia. Si todos o muchos de ellos intervinieran en todas las sesiones, o en muchas, ello no sería motivo para elogiarles por su improbable saber enciclopédico y su omnipresencia verbal, sino más bien para desconfiar de lo que dicen, porque sería dudoso que supiesen de lo que hablan. Así se pone de relieve en las intervenciones de los di-

putados con grupos más pequeños. Porque, en efecto, los
grupos grandes, con más de una veintena o treintena de
parlamentarios, cuentan con la posibilidad de repartirse el
trabajo entre ellos; los grupos pequeños, con pocos parlamentarios, obligan a sus parlamentarios a ser omnipresen-
tes y polifacéticos y, con demasiada frecuencia, a realizar
también, seamos indulgentes, representaciones poco afor-
tunadas.

La especialización es en la vida parlamentaria, pues, al
menos tan importante como en las demás profesiones. A
ningún médico se le pide que sea un buen abogado, ni siquiera a un ginecólogo que sepa tratar una fractura ósea,
ni a un mecánico que sepa llevar las cuentas de un banco.
¿Por qué, pues, habríamos de pedirle a un parlamentario
que sepa de medicina cuando de aprobar la Ley General
de Sanidad se trata, de economía cuando se afronta la Ley
de Ordenación Bancaria, de alquileres y vivienda si se
ocupa de la de Arrendamientos Urbanos y de Derecho
cuando se aborda el Código Penal? En la vida normal tenemos por prudente al que sólo habla de aquello que conoce, y calla si se trata algo que ignora. ¿Por qué, entonces, habremos de calificar como autómatas a quienes no
hacen otra cosa que seguir criterios de especialización, y
confían, para regular algo que desconocen, en sus compañeros más avezados en esas lides?

Como saber de todo no es posible, los parlamentarios
—al menos los prudentes— no lo pretenden. Los ciudadanos les ayudamos a ello, porque con nuestros impuestos
se pagan unas cantidades que las Cortes Generales entregan a los Grupos Parlamentarios. Con ellas, los Grupos
contratan personas —a veces fijos, como si fueran funcionarios; a veces, ocasionales, para una materia determinada— que comparten su ideología y orientación política
para que les asesoren en materias complicadas.

Con todos esos mimbres la dirección del Grupo Parlamentario adopta, en definitiva, una decisión, y esta deci-

sión marca el sentido del voto de todos los parlamentarios del Grupo. En Inglaterra existe una figura, denominada *whip*, que significa *látigo*, para asegurarse de que todos los parlamentarios votan lo que se les ha indicado; el *whip* tiene gran importancia —tanta que el principal del partido del Gobierno tiene categoría de ministro— porque es quien controla al Grupo Parlamentario y olfatea por dónde respiran sus diferentes miembros, la lealtad o deslealtad, la sintonía o la falta de ella, para con el Gobierno, algo especialmente importante en un sistema, como el inglés, donde el Primer Ministro depende sobre todo del apoyo de su Grupo Parlamentario. La prueba de que en España también es relevante es que en todos los Gobiernos suele existir un ministro encargado de las relaciones con las Cortes, que realiza esa labor auxiliado de los directivos del Grupo Parlamentario que apoya al Gobierno.

6. ...donde se representan funciones importantes...

La prudencia del parlamentario no especialista y la calidad de la dirección son, además, especialmente exigibles en un lugar como el Parlamento, puesto que lo que allí se hace en general, y las leyes en particular, tiene enorme repercusión en nuestra vida particular y, desde luego, en nuestra vida colectiva. Basta decir que las leyes de Presupuestos, que se aprueban anualmente, fijan los sueldos de los funcionarios —¿quién no conoce a alguno?— y las pensiones de los jubilados —¿quién no tiene cerca a alguno? Determinan, también, qué carreteras, puentes, juzgados o cárceles se harán, cuantas plazas de maestros, policías o jueces se convocarán —y, por tanto, determinan si a quienes preparan oposiciones a esos puestos les será más fácil superarlas o no— cuánto nos costará que nuestros hijos vayan a la Universidad y, naturalmente, cuánto tendremos que pagar, con nuestros impuestos, para ello. Por determinar, los Presupuestos condicionan hasta el rancho de quienes hacen el servicio militar o cumplen condena en la cárcel, y hasta el sueldo de los sacerdotes de la Iglesia Católica.

Pero no es la de Presupuestos la única ley importante: en el Estado contemporáneo prácticamente todas las actividades, desde alquilar una vivienda hasta los alimentos que podemos comprar o comer en un establecimiento público, están condicionados, cuando no directamente regulados, por leyes. Podría pensarse que sería mejor si así no fuera, pero, entonces ¿no nos quejaríamos, cuando algo salga mal, de que el Estado no hizo nada al respecto? Siendo así la cosa, tal vez convenga que sólo quienes sepan de esas materias hablen o influyan sobre ellas.

Ello no quiere decir que todo lo que en el Parlamento se hace llegue a nuestro conocimiento, ni siquiera la mayor parte. Precisamente el hecho de que la ley regule casi todas nuestras actividades obliga a aprobar un gran número de leyes —unas 50 anuales, casi una por semana— que versan sobre materias que nos son del todo ajenas y de las que, por lo tanto, ni siquiera llegaremos a enterarnos. Pero los interesados en esas materias si tendrán conocimiento de ellas. Por ejemplo, ¿cuántos nos interesaremos por la Ley de Metrología o por la de Regulación del uso de Embriones y Fetos?

La mayoría de las leyes llegan al conocimiento público generalizado por una de estas dos razones: la primera, porque sea una ley de gran impacto popular como, por ejemplo, la despenalización del aborto; la segunda, porque nos afecte directamente. Ambos tipos de leyes son, incluso sumados, pocos en comparación con el total de las que se aprueban.

7. ... y con mucho trabajo entre bastidores...

Gran parte del trabajo del Parlamento no se realiza, además, a la vista del público. En primer lugar, y en cada debate parlamentario de alguna importancia, se producen numerosos contactos previos.

Como hemos visto, los grupos parlamentarios son la traducción, expresión o plasmación de los partidos políticos. La táctica de los grupos parlamentarios está, por tanto, condicionada por la de los partidos políticos a que pertenecen: si les interesa el pacto y la negociación, generalmente para obtener resultados prácticos para sus electores y dar sensación de responsabilidad, lo buscarán; si les interesa la confrontación, casi siempre para erosionar al contrario y dar imagen de oposición firme y fuerte, la perseguirán. Partido y Grupo Parlamentario caminan, pues, de la mano.

Para él o los grupos parlamentarios que apoyan al Gobierno la tarea es aún más complicada. En primer lugar, el diálogo es a tres bandas: al partido y al Grupo Parlamentario se suma el Gobierno. Generalmente, se intenta buscar una posición común.

Así pues, antes de que la representación pública comience ya habrán tenido lugar numerosos ensayos. En ellos participan actores invitados. El más privilegiado de ellos, los medios de comunicación, que habrán hecho saber su opinión, una opinión que suele ser tenida muy en cuenta —otra cosa es que se acepte o no— por su repercusión pública. En segundo lugar, los representantes de los grupos y asociaciones afectados por las medidas a tomar también hacen llegar sus demandas, generalmente a todos los grupos parlamentarios, pero especialmente a los de la mayoría y a los más influyentes. A la mayoría de los ciudadanos les sorprendería saber hasta qué punto muchas decisiones que creen fruto de la perfidia o la ignorancia de los poderes públicos tienen su origen en estas asociaciones que, como es lógico, no asumen luego ninguna responsabilidad por ellas.

Con los periódicos y las peticiones de lo que algunos llaman «sociedad civil» en la mesa todos se ponen a negociar, y lo hacen simultáneamente a varias bandas. Los grupos parlamentarios de la mayoría, sensibles ante las opiniones recibidas, intentan que el Gobierno modifique su actitud; éste explica su posición y pretende que los parlamentarios la defiendan sin modificarla en lo esencial; mientras tanto, todos los grupos negocian entre sí, cambiando votos por enmiendas, esto es, modificaciones a los proyectos iniciales. En general, la mayoría de las medidas parlamentarias, y las leyes en particular, son el fruto de una larga y complicada negociación, incluso aunque exista una mayoría absoluta.

Esta cultura de pacto no sólo no es reprobable, sino que está en la base de una sociedad democrática: su objetivo es perseguir la satisfacción de todos los sectores y evitar la práctica de la imposición; su resultado, cuando se consigue, amortiguar las tensiones sociales, porque todos los intereses se verán representados. Es más, en los países con sistemas electorales de tipo proporcional, como España, el pacto es casi siempre necesario, pues este sistema dificulta que un partido consiga la mayoría absoluta. Pacto no significa cambalache o cabildeo sino integración y flexibilidad; naturalmente, y como en toda negociación, quien tiene la mayoría tiene más fuerza. Por ello, lo que no cabe pretender, pues sería antidemocrático, es imponer las opciones de las minorías.

8. ... para un público selecto

Así pues, cuando la representación pública comienza, los actores ya se han dicho entre sí todo cuanto tenían que decirse. Han intentado, o no, llegar a acuerdos, y lo han conseguido o no; pero si no ha sido así, no habrá sido por falta de ocasiones.

Por eso las sesiones públicas son como son. Al contrario de lo que muchos piensan, los discursos de los parlamentos no están, casi nunca, encaminados a convencer a los demás parlamentarios de la propia posición, pues ya se sabe que tal cosa no será posible: se intentó y no se consiguió en privado, cuando no había ningún espectador, y solo excepcionalmente se conseguirá en público.

En realidad, las intervenciones parlamentarias no están dirigidas a los demás actores del drama, a los demás parlamentarios: están enfocados hacia los ciudadanos. Lo que se pretende no es persuadir al adversario político, sino a los electores propios y, sobre todo, a los que pueden llegar a serlo. Lo que se persigue es alcanzar la máxima repercusión posible, y con la máxima eficacia posible: demostrar cómo el adversario político llevará al país al desastre, y cómo sólo uno mismo y los suyos están en condiciones de hacerle feliz y próspero. Esto, el deseo de llegar a todos, y de hacerlo con fuerza, tratando generalmente materias complejas, es lo que justifica que personas respetables ofrezcan, de cuando en cuando, espectáculos poco edificantes. A veces, esto es positivo, porque otorga vitalidad e interés a la cosa pública. En otras ocasiones, es muy inconveniente, porque materias de gran importancia —por ejemplo, el futuro de nuestras pensiones— no son tratados con seriedad y ponderación porque la controversia política lo impide. En todo caso, los gobiernos, todos ellos, o al menos los responsables, están a este respecto en inferioridad de condiciones, pues su propia responsabilidad de gobierno les impide contrarrestar la falsedad, la demagogia o el engaño de la oposición. Por ejemplo, la oposición exige, en no pocos casos, actuaciones que de ningún modo haría si estuviera en el gobierno, y critica otras que haría de inmediato y con más virulencia. Pero al Gobierno no le cabe, aunque a veces lo desee, votar con la oposición, porque suya es la responsabilidad de gobernar; con frecuencia, ni siquiera puede hacer pública la situación real, las perspectivas o sus propósitos, porque ello tendría efectos desastrosos. El ejemplo clásico de medida que no puede anunciarse de antemano es, por ejemplo la devaluación de la moneda.

El guión del debate se enfoca, pues, hacia el público; hacia el público presente y hacia el futuro pues, en algún momento, siempre se podrá acusar a otros, cuando estén en el Gobierno, de hacer lo contrario de lo que decían, o se podrá alardear, cuando algo negativo suceda, de que uno ya lo había advertido.

Y si la función se enfoca hacia el exterior ha de tener quien la transmita: los medios de comunicación. Es en realidad a éstos a quienes se dirigen los oradores, esperando que reflejen adecuadamente, esto es, en primera página y con letra grande, sus palabras. Este deseo de conseguir titulares explica, también, muchas actitudes tremendistas. Cuando los oradores hablan no miran, pues, al ruedo, sino al tendido de prensa. Algunos de ellos, con tal de obtener una oreja, son capaces de muchas cosas.

Tan es así que los discursos se dirigen a la prensa que no pocos de ellos se entregan a los periodistas, por escrito, antes de los debates, dejando claro con ello que lo que digan otros no obligaría a cambiar el discurso propio, con lo que más de un orador se ha llevado una sorpresa al escuchar intervenciones ajenas. Es tan cierto que los parlamentarios se dirigen a la prensa que muchos de ellos no se esmeran en sus actuaciones, que despachan con descuido, porque lo que en verdad buscan es encontrar en los pasillos a los periodistas para proporcionar su versión de los hechos. Los parlamentos dejan progresivamente, así, de ser foros de debate para ser foros de encuentro entre políticos y periodistas, donde aquellos suministran titulares a éstos.

9. Cae el telón

Los parlamentos actuales son, pues, órganos de gran complejidad. No son ya el centro de la vida política: ese papel estelar les ha sido robado por el Gobierno, más reducido, más homogéneo, más rápido, más capaz de tomar decisiones, porque cuenta con más y mejores medios y está más cohesionado, y, por todo ello, es cada vez más poderoso. Pero los parlamentos siguen siendo consustanciales a la democracia precisamente por lo que tienen de teatro.

En efecto, lo que el Parlamento otorga a nuestra sociedad es, sobre todo, publicidad. Publicidad de las decisiones políticas, porque hasta las que el Gobierno adopte discretamente pueden ser llevadas ante los ojos del público. Publicidad, también de las posiciones políticas, de quien sostiene cada cosa y por qué lo hace. Publicidad que nos permite conocer a unos y a otros, cómo piensan, cómo actúan, qué hacen, qué se proponen hacer, qué harían. Gracias a ello podemos forjarnos una opinión y, cuando llegue el momento, elegir. Sin el Parlamento y la publicidad que proporciona no podríamos saber a quién elegir: seríamos esclavos del misterio de la política. El Parlamento saca la política de los pasillos y, aunque sea en sus propios pasillos, nos la muestra.

La publicidad es, pues, el gran activo del Parlamento. Pero también su gran riesgo porque, como hemos visto, algunos supeditan todo a esa publicidad. No debemos, sin embargo, escandalizarnos por ello, pues el éxito de su operación sólo de nosotros depende. Como en todos los campos de la vida, el buen político persigue la buena imagen, pero esta solo le servirá si la mercancía es buena. El buen parlamentario sabe defender de forma razonable posiciones razonables, llegar a acuerdos razonables y mantenerse intransigente cuando transigir no es razonable, exponiendo todo ello de forma razonable. La razón será su guía, y no la supeditará, ni a ella ni al bien común, a unos titulares. Los electores lo percibirán. El mal político tratará de suplir sus carencias, su desapego a la razón, su desconocimiento del arte de la política, con el tremendismo. A unos y a otros podemos conocerlos y juzgarlos, precisamente, gracias al Parlamento.

Si el Parlamento es la casa del pueblo es, desde luego, porque allí estamos todos representados a escala reducida. Lo es, también, porque allí se oyen nuestras voces. Pero lo es, sobre todo, porque lo que allí se dice puede escucharse en todo el país y, gracias a ello, podremos seguir eligiendo, es decir, podremos seguir gobernándonos.

1. Cómo se organizan los representantes: un Congreso y un Senado...

En algunos casos, los representantes se agrupan en un solo órgano. Así sucede en distintos países y, entre nosotros, en los Ayuntamientos y las Comunidades Autónomas, que se configuran de forma *unicameral*, esto es, con una sola Cámara.

En otros casos, sin embargo, los representantes se organizan en dos órganos, o Cámaras, distintas y el sistema recibe por ello el nombre de *bicameral*. Esta distinción en dos Cámaras tiene orígenes que varían según los países. Algunos sistemas bicamerales derivan de la pretensión de mantener privilegios para los miembros de la nobleza. Así sucede en Gran Bretaña en la Cámara de los Lores, o sucedía en España, en el Estatuto Real de 1834, con el Estamento de Próceres. Otros sistemas bicamerales obedecen al propósito denominado «de segunda lectura», consistente en que las leyes no sean aprobadas de una sola vez por una sola Cámara, sino que sean «repensados» por otra Cámara, para asegurar que la decisión se adopte fría y meditadamente, y no como producto de un arrebato momentáneo, y para poder evitar los posibles errores. Aún hay una tercera razón para instaurar un sistema bicameral: que la distribución territorial del poder —por ejemplo, en los Estados Federales— aconseje que cada entidad territorial —Estado federado, Comunidad Autónoma, etc.— tenga una participación propia en la dirección política del país. En estos casos la representación de las distintas entidades territoriales suele tender a la equiparación, con independencia de la población, puesto que lo que se intenta representar es la entidad territorial en sí misma, y no la población, que ya está representada en la otra Cámara. Y así, en el Senado de Estados Unidos, Estados tan poblados como California o Nueva York tienen el mismo número de representantes que los poco poblados Alaska o Iowa.

Las Cortes Generales españolas son bicamerales: se organizan en dos Cámaras, Congreso de los Diputados y Senado. Según nos dice la Constitución, lo que se pretende es que el Senado sea una Cámara de representación territorial, esto es, que represente a los distintos territorios —o Comunidades Autónomas— de España. Sin embargo, ni la forma de elección del Senado, ni sus funciones, llevan a la práctica el carácter del Senado como Cámara de representación territorial: hoy en día es una Cámara de «segunda lectura», con una composición política generalmente muy parecida a la del Congreso aunque puede suceder, y ha sucedido, que sea posible un juego de mayorías distinto al de la Cámara Baja. Por eso, en 1994 se acordó constituir una ponencia que elabore un proyecto de reforma de la Constitución para configurar al Senado como Cámara territorial.

2. ...con poderes muy desiguales

Por otra parte, el Congreso y el Senado no disponen de los mismos poderes. Las diferencias son notables, pero las más relevantes son dos. Por un lado, y en lo que se refiere a las relaciones de las Cortes con el Gobierno, solo el Congreso designa —«inviste»— al Presidente del Gobierno, y solo el propio Congreso puede, lógicamente, derribarlo y sustituirlo por otro. De otra parte, y en lo relativo a la elaboración de las leyes, el Congreso está en una posición superior al Senado, pues siempre tiene la última palabra: como veremos en su momento, es el Congreso quien, en caso de discrepancia, resuelve definitivamente el contenido de las leyes, y puede aprobar una ley aún cuando el Senado se oponga.

Por eso se habla ahora tanto de la reforma del Senado: porque se tiene conciencia de que como lo que es, es decir, como Cámara de reflexión o de segunda lectura, no sirve para gran cosa. Sin embargo, hay en la estructura institucional de España problemas políticos serios relacionados con las Comunidades Autónomas, ya que éstas piensan que su opinión no cuenta gran cosa en la formación de la voluntad política del Estado; y debería contar, porque muchas actuaciones —por poner unos ejemplos, planes de carreteras, planes hidrológicos, sistema sanitario, sistema educativo, formación universitaria, investigación, medio ambiente— dependen forzosamente de la colaboración de las Comunidades Autónomas.

El problema se complica porque la pertenencia de España a la Unión Europea provoca que muchas decisiones se tomen en Bruselas; pero la posición de España en Bruselas la define y defiende el Gobierno, él solo. Por tanto, las Comunidades Autónomas se sienten poco representadas, y poco defendidas, en ese proceso de toma de decisiones.

El Senado podría, quizá, servir para canalizar la relación entre el Gobierno y las Cortes y los ejecutivos de las Comunidades Autónomas, y para hacer posible la partcipación de éstas en la definición de la política a seguir por el Estado —que incluye a las Comunidades Autónomas— en Bruselas.

3. Cuándo elegimos a nuestros representantes...

En España, el mandato de las Cámaras es de cuatro años. Ello significa que una vez elegidas las Cortes éstas duran, en principio, esos cuatro años; y solo esos, pues, pase lo que pase, su mandato acaba finalizado ese período, de manera que las Cámaras se disuelven automáticamente pasados cuatro años desde su elección, y también automáticamente se convocan elecciones.

Lo que sí puede —y suele— suceder es que el mandato no llegue a su término, y que las Cámaras se disuelvan, y se convoquen elecciones —que se llaman, por eso, «anticipadas»— antes de los cuatro años. Eso sólo depende de una persona: del Presidente del Gobierno.

En efecto, la Constitución atribuye al Presidente del Gobierno el poder de disolver las Cortes y convocar elecciones. Este mecanismo intenta asegurar la gobernabilidad. Es posible que las Cortes no apoyen efectivamente al Presidente del Gobierno. Puede haber para ello muchas razones: que el grupo parlamentario que lo apoyaba se dividiese, que alguno de los grupos que lo sostenían dejen de hacerlo, como ha sucedido recientemente con Convergencia i Unió y el Gobierno socialista, u otras. En estas condiciones, puede suceder que las Cortes no aprueben las leyes que el Gobierno desea, entre ellas los Presupuestos, pero que tampoco se pongan de acuerdo para apoyar otro Gobierno diferente. La situación, con un Gobierno que no puede gobernar y un Congreso incapaz de designar otro Gobierno que sí pueda hacerlo, sería insostenible. En estos casos, el Presidente del Gobierno puede disolver las Cortes y convocar elecciones, para que sean los electores quienes decidan qué Gobierno desean.

La disolución de las Cortes por el Gobierno es, además, un elemento de equilibrio en la relación entre Parlamento y Gobierno. El primero nombra al Gobierno, puede derribarle y puede negarse a aprobar las leyes que propone. La relación sería completamente desequilibrada si el Gobierno, que tiene la responsabilidad de gobernar, no dispusiese también de algún poder sobre las Cortes. Por eso se le otorga la facultad de disolverlas. Así los parlamentarios saben que la inestabilidad, que su falta de apoyo al Gobierno, puede dar lugar a nuevas elecciones y, si no las ganan, a la pérdida de su escaño. La facultad de disolver las Cámaras otorga al Gobierno, pues, un instrumento para asegurarse el apoyo de los diputados dudosos, ante la amenaza, si dicho apoyo faltara, de convocar elecciones.

Hoy en día la facultad de disolver el Parlamento y convocar elecciones es, sobre todo, un arma política del Presidente del Gobierno. Normalmente, el Presidente es el jefe del partido en el Gobierno, y hace uso de su facultad para convocar las elecciones en el momento que más conviene a su partido, y más perjudicial resulta para la oposición. Por eso, es raro que el Presidente advierta de antemano cuándo piensa disolver las Cámaras, ya que el factor sorpresa permite coger a la oposición desprevenida y falta de preparación. Adicionalmente, la facultad de disolver las Cortes es, también, un resorte de poder del Presidente frente al propio grupo que apoya al Gobierno o, más exactamente, frente a los miembros de la mayoría parlamentaria reticentes a apoyar al Gobierno. Por ello, los parlamentarios deben tener cuidado cuando eligen a su líder, pues, en caso de que encabece el Gobierno, le otorgan el notable poder de privarles de su condición de parlamentarios.

Por eso es frecuente que las Cámaras se disuelvan sin

que ello implique realmente la anticipación de las elecciones. En efecto, hay otra razón, distinta de la falta de apoyo parlamentario, por la que el Presidente del Gobierno puede convocar elecciones: la propia conveniencia política. Es normal que un Presidente del Gobierno convoque elecciones cuando, ya próxima a finalizar la legislatura, considera que las expectativas electorales de su partido son favorables. Hay, además, ocasiones en las que las elecciones se convocan *antes* de que corresponda, pero no, en realidad, anticipadamente desde la perspectiva política. Por ejemplo, hay fechas que resultan claramente inconvenientes, como el verano, cuando gran parte de la población está de vacaciones, o en pleno invierno, pues las condiciones climatológicas dificultan la campaña electoral. En estos casos no puede hablarse con propiedad de elecciones anticipadas, aunque éstas se celebren antes de concluir el mandato de la Cámara.

4. Costumbres antiguas en un mundo moderno

Es imposible comprender el funcionamiento de los Parlamentos actuales si no se tiene siempre presente su origen y evolución. De ellos, hay que destacar dos cosas. La primera es la antigüedad de la institución parlamentaria. Los parlamentos nacieron en un mundo muy diferente al actual, caracterizado por las dificultades de comunicación, la escasa intervención estatal en una actividad económica incomparablemente menor a la de hoy y, por consiguiente, la escasa actividad legislativa. En ese mundo, además, no regía —ni siquiera en Inglaterra— el sufragio universal, y la política estaba reservada a los pocos que disponían de medios suficientes.

La segunda nota destacable es que los parlamentos han tenido que ir creando su espacio de poder en contra de la voluntad de los reyes. Estos eran soberanos absolutos y, en

términos generales, deseaban seguir siéndolo. El objeto
del Parlamento era, sin embargo, reducir o, más bien, limitar el poder regio. La Historia de los últimos siglos está
dominada por el intento de los reyes de conservar su poder frente a un pueblo y un Parlamento que pretendían li-
mitarlo. El enfrentamiento entre reyes y parlamentos, en
el que los primeros recurrían a los más diversos métodos,
ha sido una constante histórica. Eso es lo que justifica que,
para protegerse frente a los reyes, los parlamentos se ro-
deasen de prerrogativas e inmunidades, que pretenden,
sobre todo, garantizar una cosa: su libertad de actuación y
su independencia frente al poder regio.

Gran parte de las características de los parlamentos
obedecen, todavía hoy, al origen y la evolución de la institución parlamentaria. De ahí que, en no pocas ocasiones,
esos rasgos llamen la atención.

5. Unas largas vacaciones

Por ejemplo, es llamativo el escaso tiempo de funcionamiento de los parlamentos, y lo prolongado de sus vacaciones. En España, las Cortes Generales se reúnen en dos
períodos, denominados «períodos de sesiones» por la obvia razón de que durante ellos tienen lugar las sesiones
parlamentarias, que transcurren entre septiembre y di-
ciembre, el primero, y entre febrero y junio, el segundo. El
tiempo que media entre dos períodos de sesiones se denomina de vacaciones parlamentarias. Algunos parlamentos
autonómicos tienen períodos de sesiones aún más reduci-
dos.

Para comprender esta estructura temporal, totalmente
alejada de los usos actuales, hay que situarse hace, por
ejemplo, 100 años. Los desplazamientos no eran fáciles, y
encontrar residencia en la sede del Parlamento tampoco.
El parlamentario tenía que dejar, durante un tiempo, sus

ocupaciones habituales —de las que vivía, porque el cargo parlamentario solía ser honorífico— y su marco habitual de vida. Además, perdía el contacto con sus electores. Era natural, pues, que se resistiese a estar largo tiempo ausente. El Rey, por su parte, tampoco tenía mucho interés en que el Parlamento estuviese reunido. En fin, las leyes a aprobar eran pocas y la tarea a realizar liviana en general. Con esos pocos meses bastaba y sobraba.

Las cosas son hoy diferentes en todos los sentidos. Por una parte, las dificultades de antaño han desaparecido; por otra, la actividad legislativa, y la parlamentaria en general, es muy considerable, y es frecuente que los períodos de sesiones ordinarios no basten. De ahí que sea habitual que se convoquen sesiones extraordinarias. Algunos países, como Francia, han abordado la reforma de su Constitución para que el Parlamento tenga sesiones más duraderas, acordes con los tiempos que corren.

6. ... pero no para todos

Pero las vacaciones parlamentarias no son totales. Cuando las Cortes no se encuentran reunidas o en sesiones —o sea, entre los períodos de sesiones— funciona en cada Cámara un órgano que se denomina Diputación Permanente. Esta Diputación está compuesta por parlamentarios de todos los partidos en proporción similar a la que guardan en la Cámara. La Diputación Permanente es, pues, una reproducción de la Cámara a escala reducida. Funciona, también, cuando las Cortes han sido disueltas, hasta que se reúnen las Cortes emanadas de las elecciones convocadas.

La Diputación Permanente tiene como función principal realizar el papel de las Cámaras cuando ello es necesario. Por tanto, pueden reunirse para debatir algún asunto de interés general o convalidar Decretos-leyes, por ejemplo. En términos generales, corresponde a la Diputación Permanente velar por los poderes de la Cámara y, si es necesario, convocar a ésta para sesiones extraordinarias.

7. Las prerrogativas del Parlamento...

Los parlamentos gozan de una serie de prerrogativas que suelen ser iguales o muy similares en todos los países. Se llaman prerrogativas porque no son, contra lo que en ocasiones se dice, privilegios: no son ventajas injustificables que beneficien a los parlamentarios, sino instrumentos destinados a asegurar que el Parlamento pueda cumplir sus funciones con libertad e independencia, y sin interferencias.

Estas prerrogativas tienen una doble justificación. Por una parte, obedecen al carácter del Parlamento como representante del pueblo; por otra parte, su origen histórico era evitar que el Rey pudiese interferir en la actividad parlamentaria, condicionando o impidiendo la actuación del Parlamento. Todas las prerrogativas atienden, pues, a garantizar que el Parlamento pueda cumplir adecuadamente su función, y se manifiestan en dotarle de una amplia autonomía, que le permite actuar sin depender de nadie.

En primer lugar, las Cortes Generales son inviolables. Ello quiere decir que nadie, ni siquiera los jueces, pueden exigir responsabilidades a las Cortes por su actuación parlamentaria, que puede ser así desarrollada con total libertad y sin temor a posibles consecuencias. La previsión constitucional que garantiza la autonomía de las Cortes fue olvidada no sólo por un juez, sino por el propio Consejo General del Poder Judicial, cuando aquel exigió que el Congreso le entregase unas grabaciones: ni los jueces, ni nadie, pueden obligar a las Cortes, que son inviolables, a hacer algo contra su voluntad.

En segundo lugar, las Cámaras establecen sus propios

Reglamentos. El funcionamiento de Congreso y Senado se rige, pues, por normas elaboradas por cada uno de ellos, y por nadie más. Se impide así que un poder externo determine como ha de funcionar el Parlamento. Para propiciar que los Reglamentos obedezcan a la voluntad mayoritaria de la Cámara, y no a la de un solo partido, y para asegurar que protejan a las minorías, la Constitución exige que se aprueben por mayoría absoluta.

Además, las Cámaras aprueban, cada una de ellas, sus propios Presupuestos. Se evita así que el poder ejecutivo dificulte la actividad parlamentaria por el sencillo expediente de negar los recursos económicos precisos. Por último, las Cámaras eligen ellas mismas sus propias autoridades, entre ellas a sus respectivos Presidentes, para impedir, una vez más, que sean impuestas por un poder extraño. Los Presidentes, en fin, gozan de toda la autoridad administrativa y de policía en el interior de las sedes de las Cámaras: ellos, y solo ellos, son la autoridad en el Parlamento.

8. ... y de los parlamentarios: inviolables, inmunes y aforados

También los parlamentarios, individualmente considerados, gozan de prerrogativas. Estas prerrogativas dibujan alrededor del parlamentario una barrera protectora que pretende garantizar que pueda cumplir su tarea con absoluta libertad e independencia, esto es, sin temor a represalias derivadas de lo que pueda hacer o decir en el Parlamento. Por ello, porque persiguen garantizar su independencia, las prerrogativas no son privilegios del parlamentario, sino normas establecidas en beneficio de la Cámara y de los ciudadanos: de aquella, porque así se asegura la libre actuación en ella y la libre formación de su voluntad; de éstos, porque las prerrogativas, en definitiva,

pretenden asegurar que su representante pueda represen-
tarles libremente, sin temor a represalias o coacciones.

Estas prerrogativas no son gratuitas. Durante mucho
tiempo, el poder utilizó contra los parlamentarios todos
los recursos de que disponía. Por ejemplo, deteniéndolos
antes de las sesiones, para evitar que interviniesen o votasen en ellas en contra del poder, o deteniéndolos o sancio-
nándolos después de sus intervenciones o votaciones,
para así coaccionarlos de cara al futuro y amedrentar a los
demás parlamentarios.

Las prerrogativas individuales de los parlamentarios
son tres: la inmunidad, la inviolabilidad y el fuero especial.
La *inmunidad* supone que los parlamentarios no pueden
ser detenidos, encarcelados o procesados sin permiso de
la Cámara, durante el período de su mandato. Con ello se
evita que una acusación —falsa o cierta; es lo mismo— há-
bilmente utilizada pueda impedir al parlamentario acudir
a las sesiones e intervenir y votar en ellas, o que se le pueda coaccionar, con la amenaza de la detención, para me-
diatizar su actuación. Precisamente por eso, la inmunidad
sólo actúa mientras se tiene la condición de parlamentario, y sólo opera frente al proceso penal, aunque surte
efectos frente a cualquier acusación, tanto si está basada
en la vida parlamentaria como si es ajena a ella. No es en
realidad una prerrogativa del parlamentario, sino de la
Cámara, pues es ésta la que ha de conceder el permiso
para que se le detenga o procese: aunque el parlamentario
diga que renuncia a su inmunidad, tal cosa no vale de
nada si la Cámara no concede su permiso, accediendo al
suplicatorio —solicitud de permiso para proceder— elevado por el órgano judicial, que es el Tribunal supremo.

La *inviolabilidad* tiene, como la inmunidad, el objetivo
de garantizar la libertad de actuación del parlamentario,
pero es totalmente diferente. Lo es porque la inmunidad
protege también frente a las acusaciones falsas y, por tanto, cubre todas las actividades de los parlamentarios, aún

las claramente ajenas al Parlamento. La inviolabilidad, sin embargo, sólo protege las actuaciones estrictamente parlamentarias. Pero, eso sí, las protege absolutamente: en primer lugar, porque no actúa sólo en el proceso penal, sino en cualquier marco sancionador, evitando que al parlamentario se le imponga sanción de ningún género por lo que dijo o hizo en la Cámara; en segundo lugar, porque su efecto es perpetuo, y se prolonga incluso cuando el parlamentario haya dejado de serlo, de suerte que éste nunca podrá ser sancionado por sus expresiones o actuaciones como tal parlamentario.

El *fuero especial,* por último, pretende asegurar que el Tribunal que, eventualmente, juzgue a los parlamentarios reúna el máximo de independencia y autoridad judicial, y supone que, en caso de que se conceda el suplicatorio para juzgar a un diputado o senador, será el Tribunal Supremo quien lo enjuicie.

Estas prerrogativas pueden parecer injustificables desde la perspectiva actual y, ciertamente, han sido utilizadas abusivamente en algunas ocasiones. Para comprender su sentido es preciso situarse en un mundo en el que el Rey ostentaba el poder absoluto, y hasta los jueces obedecían sus instrucciones. No era difícil, por tanto, que directamente, a través de su policía, o indirectamente, a través de sus jueces, el Rey intentase evitar que los parlamentarios que eran hostiles a sus propósitos pudiesen actuar. Incluso mucho más tarde, tampoco es difícil situarse, por ejemplo, en la Andalucía o la Galicia del primer tercio de este siglo: eran entonces los caciques quienes todo lo dominaban, y podían perseguir o coaccionar de muy variadas formas a los parlamentarios que no obedecían sus instrucciones. Hoy las cosas son diferentes, sobre todo porque el Poder Judicial es independiente, pero aún así no cabe descartar que un juez o fiscal arremetan contra un parlamentario por motivos políticos.

Las prerrogativas siguen teniendo, pues, razón de ser;

lo que es preciso es evitar que se abuse de ellas, utilizándolas para eludir la actuación de la justicia en materias que nada tienen que ver con la protección de la función parlamentaria. Por ello, el Tribunal Constitucional ha señalado que cuando el Congreso o el Senado denieguen un suplicatorio, han de motivar su decisión. Además, la motivación ha de ser razonable. Ello quiere decir que no se puede denegar el suplicatorio sin motivo, o por un motivo cualquiera: sólo la constatación de que se le persigue por motivos políticos justifica que se proteja al parlamentario. Es importante notar, sin embargo, que el móvil político hay que buscarlo en la persecución, y no en la actuación perseguible: un parlamentario no puede matar o robar, aunque sea por motivos políticos; lo que no puede tener razones políticas es la persecución instada contra él. Es, pues, en la actuación judicial, y no en la del parlamentario, donde hay que buscar la motivación política que justifica que se deniegue el suplicatorio y, por tanto, no se juzgue al parlamentario.

9. Los derechos de los parlamentarios: la paga y los viajes

Distintas de las prerrogativas son los derechos de los parlamentarios. Estos sí que son suyos, individualmente considerados.

Estos derechos son de muy diversa índole. Los hay estrictamente funcionales, como asistir a las sesiones, intervenir en ellas, votar y recabar de la Administración la información y documentación que precisen. Y los hay estrictamente económicos. Estos son de tres tipos: las retribuciones, la seguridad social y la franquicia de transportes. Antiguamente, el ejercicio de la función parlamentaria era puramente honorífico. Sólo quienes disponían de grandes medios de vida propios se podían dedicar, por tanto, a ella. La implantación de la retribución coincide con el acceso a la vida parlamentaria de los representantes de los partidos obreros, que sólo disponían de su sueldo para vivir.

Mantener una retribución para los parlamentarios es algo absolutamente necesario si no deseamos reservar la función parlamentaria a quienes disponen de fortuna propia, y excluir de ella a todos los demás. Además, que esa retribución sea adecuada es importante por dos razones: la primera, porque solo así conseguiremos que los mejores, que suelen ser los más retribuidos, acepten puestos parlamentarios y que, por consiguiente, nuestra representación y la elaboración de las leyes que nos afectan sean asumidas por personas expertas; la segunda, más cínica, porque así disminuye la posibilidad de que algún parlamentario se vea tentado a aceptar las fuertes presiones, que siempre existen cuando de elaborar leyes se trata, procedentes de los poderosos intereses económicos afectados. No cabe olvidar, además, que los parlamentarios afrontan gastos elevados, aunque sólo sea porque a los de su residencia habitual han de añadir los derivados de su estancia en la capital cuando las Cortes se encuentran reunidas.

Los parlamentarios disponen, además, de una franquicia —un «pase»— para viajar gratuitamente, por todo el territorio nacional, en los medios de transporte públicos. Esta previsión está pensada para facilitar su desplazamiento a Madrid desde sus respectivas circunscripciones, pero no sólo para eso: la labor del buen parlamentario no se agota entre su circunscripción y la Cámara, sino que, con frecuencia, ha de viajar por otras partes a fin de recolectar información, estar presente entre sus electores, difundir sus propuestas, etc.

10. La organización de la discrepancia

La pretensión de que 350 personas, en el caso del Congreso, tramiten, debatan y se pongan de acuerdo sobre materias tan complejas como las que se tratan en las más diversas leyes es del todo ingenua si no se cuenta con una notable organización.

El Congreso y el Senado cuentan, como todos los parlamentos, con diversos órganos que facilitan la realización de sus tareas. A la cabeza de ellos están los respectivos Presidentes.

La relevancia de los *Presidentes* de las Cámaras deriva, tautológicamente, de que presiden los órganos que representan al pueblo. Por ello, ocupan, respectivamente, el segundo y tercer lugar —excluyendo al Rey y la Familia Real— en el protocolo del Estado. Gozan, como se ha dicho, de todos los poderes en el interior de la Cámara, y ejercen una notable incidencia en la vida parlamentaria.

Aunque el Presidente es elegido por los miembros de las Cámaras y, por tanto, habitualmente por la mayoría, su función suele estar revestida de un carácter imparcial o, aún más, de protector de los derechos de las minorías, hasta tal punto que en algunos países, como Gran Bretaña, el Presidente —allí llamado *speaker*: el que, antiguamente, «hablaba» al Rey exponiendole los deseos del Parlamento— es normalmente reelegido como tal. La Presidencia es, sin embargo, una función bastante ingrata, pues es difícil contentar a todos: si ampara a la minoría, el Presidente será recriminado por la mayoría de la que surgió, y si no la ampara será la propia minoría quien lo rechace. Además, el Presidente no cuenta, en realidad, con demasiados poderes, por lo que su autoridad depende más de su talante personal y del aprecio que se gane que de sus potestades jurídicas.

Al Presidente le acompañan diversos vicepresidentes y secretarios, todos ellos parlamentarios que son elegidos por los miembros de la Cámara y que, dado el sistema de elección, suelen pertenecer a los distintos partidos. En conjunto forman lo que se denomina la *Mesa* de la Cámara. La Mesa, que suele estar compuesta por representantes de todos o casi todos los grupos parlamentarios, es el órgano colectivo de dirección de la Cámara. Pero no el único. Junto a ella actúa la *Junta de Portavoces*, a la que acude un representante por cada Grupo Parlamentario, pero con una peculiaridad: en caso de votación cuenta con tantos votos como parlamentarios se integren en su grupo. La Junta de Portavoces, pues, reproduce políticamente la correlación de fuerzas de la Cámara. Por ello, permite anticipar las decisiones que se tomarían en el Pleno de la Cámara sin necesidad de reunir a éste. Entre la Mesa y la Junta de Portavoces se realiza una cierta división del trabajo: la primera realiza, sobre todo, el trabajo de organización y planificación, así como el administrativo; la segunda se centra en las decisiones de carácter más político.

El órgano básico de las Cámaras es, naturalmente, el *Pleno*, que reúne a todos los parlamentarios que la forman y que es donde tienen lugar los grandes debates políticos. Pero sería imposible que todo el trabajo parlamentario se realizara en el Pleno. Por ello, se reservan para el Pleno los debates que, al menos teóricamente, tienen mayor relevancia; los otros tienen lugar en las *Comisiones*. Estas están compuestas por alrededor de una treintena de diputados de los distintos grupos, en proporción a su fuerza numérica en el Pleno. Son, pues, reproducciones del Pleno a pequeña escala, y están especializadas en una determinada materia. En términos generales, puede decirse que hay una Comisión por cada área ministerial. Las Comisiones realizan el trabajo de base, que luego es generalmente ratificado por el Pleno, aunque en algunas ocasiones las Comisiones pueden aprobar las leyes por sí mismas si el Pleno así lo acuerda.

El funcionamiento de los parlamentos es notablemente facilitado, también, por los *Grupos Parlamentarios*. Estos son agrupaciones de parlamentarios unidos por un mismo programa político. Generalmente, se corresponden con los partidos políticos en cuyas listas los parlamentarios se presentan como candidatos en las elecciones. Todos los parlamentarios han de figurar en un Grupo Parlamentario, pero para poder constituir un grupo hace falta un número mínimo de parlamentarios. Aquellos que reúnen ese número forman, pues, su propio Grupo, y los que no lo alcanzan pasan a integrarse en el Grupo Mixto, cajón de sastre donde se encuentran todos cuantos no alcanzaron el número indicado y en el que, por tanto, conviven parlamentarios de las más diversas tendencias políticas.

En términos generales las sesiones de las Cámaras y de sus órganos son *públicas*, ya que una de sus principales funciones es otorgar publicidad a las posiciones y decisiones políticas y a sus razones. Sin embargo, las sesiones de las Comisiones son *a puerta cerrada*, aunque no secretas, porque asiste la Prensa y se publican en los Diarios de Sesiones; y las sesiones de algunas Comisiones son *secretas* o pueden serlo, como sucede, por ejemplo, con las de las *Comisiones de Investigación* y de *Secretos Oficiales*, o con las del Pleno en las que se discuten los trabajos de las primeras, aunque la experiencia indica que ese secreto no vale de gran cosa, porque quienes asisten se apresuran —incluso en el Pleno de la Cámara— a difundir sus debates.

Capítulo VIII
Nacimiento, vida y muerte de un Gobierno

1. Cómo llegar a ser Presidente

En España, para llegar a ser Presidente del Gobierno no hay otro camino que recibir el apoyo del Congreso de los Diputados y por tanto, indirectamente, del electorado ya que es él quien elige a los miembros del Congreso.

La vía normal para acceder a la Presidencia del Gobierno se abre después de unas elecciones legislativas, cualesquiera que sean las causas que hayan provocado éstas. Es entonces y sólo entonces —y no antes, como con frecuencia se dice—, una vez celebradas las elecciones, cuando el anterior Gobierno entra *en funciones*. Eso quiere decir que se espera de él que administre los asuntos cotidianos, pero que no adopte decisiones importantes, que deberán quedar reservadas al nuevo Gobierno.

Celebradas las elecciones, y ya constituido el nuevo Congreso —lo que lleva su tiempo, porque hay que obtener el acta de diputado, presentarla, celebrar la sesión inicial, etc.— es cuando se abre el proceso de elección de un nuevo Presidente del Gobierno. De un nuevo Presidente, porque el Congreso no designa en realidad al Gobierno, sino solo a su Presidente.

El proceso comienza con una serie de consultas que el Rey celebra con los representantes de los partidos políticos que han obtenido representación parlamentaria. Esas consultas sólo tienen un objeto: que estos representantes comuniquen al Rey a quién apoya su partido como Presidente, a fin de que el Rey pueda saber quién es el candidato con mayores posibilidades de obtener la mayoría requerida.

Celebradas las consultas, lo normal es que el Rey, con una simple suma, determine quién es la persona con más posibilidades de obtener el apoyo del Congreso. Y a esa persona habrá de designar como candidato. Lo habitual es que el candidato designado sea el líder del partido que más diputados obtuvo en las elecciones; pero ésto es lo normal, no lo obligatorio. En efecto, puede suceder que el que más apoyos parlamentarios reúna sea el líder de un partido minoritario, y de hecho no pocos países europeos han estado o están encabezados por líderes de grupos minoritarios. En realidad, ni siquiera es necesario que el candidato sea diputado o senador, pues aunque no cabe duda de que es conveniente reunir la condición de diputado, nada impide que resulte investido quien no lo sea, siempre que obtenga el apoyo parlamentario.

Una vez realizada por el Rey la propuesta del candidato se convoca en el Congreso lo que se denomina la sesión de *investidura*. Esta sesión comienza con una exposición de su programa por parte del candidato, a la que sigue un debate sobre esa propuesta programática. No basta, pues, la mera personalidad del candidato, por atractiva que sea, sino que habrá de exponerse, en todo caso, un programa. Este requisito no es una mera formalidad, pues ocurrirá con frecuencia que los apoyos parlamentarios del candidato dependan del programa que proponga. Al proponerlo, el candidato se vincula políticamente con él, aunque no jurídicamente. Y, por su parte, los partidos que lo apoyan también se comprometen políticamente, de manera que luego no podrán exigir lo que no figuraba en el programa que apoyaron, y quedarán en mal lugar si no lo sostienen o no apoyan su ejecución.

El ánimo que inspira a la Constitución es favorecer el mantenimiento y la estabilidad de un Gobierno, así como el compromiso de los parlamentarios con el Gobierno por ellos elegido. Para ello establece lo que se denomina «votación de investidura». Esto es, concluido el debate se celebra una votación, que es obligatoriamente nominal, para que todo el mundo sepa, o pueda saber, a quién apoya cada uno. Si el candidato obtiene la mayoría absoluta —176 votos— resulta proclamado Presidente del Gobierno. Si no obtiene esa mayoría, se repite la votación dos días después. Entonces, al candidato le bastará con obtener la mayoría simple, o sea, más votos a favor que en contra.

La vía normal para acceder a la Presidencia del Gobierno se abre, pues, una vez celebradas unas elecciones, y consiste en obtener, por mayoría absoluta o por mayoría simple, la investidura del Congreso de los Diputados.

Hay, sin embargo, otras vías, cuya práctica es, en principio, menos habitual pero no por ello excepcionales, pues todas están previstas en la Constitución. Todas éstas vías se abren cuando queda vacante la Presidencia del Gobierno, lo que puede ocurrir por diversos motivos. Políticamente hablando, los dos más frecuentes son la dimisión del Presidente —un hecho que ya tuvo lugar cuando dimitió Adolfo Suárez— o la pérdida, por parte del Gobierno, de una cuestión de confianza. Además, la Presidencia puede quedar vacante en caso de incapacitación o muerte de su titular. En todos estos casos se abre el mismo proceso —consultas regias, propuesta de candidato, investidura— que tiene lugar cuando se han celebrado elecciones. Y aún queda abierta otra vía para acceder a la Presidencia del Gobierno incluso cuando esté ocupada, la moción de censura. La veremos al analizar la caída del Gobierno.

2. Los votos del Presidente

De dónde puede sacar el candidato a Presidente los votos parlamentarios precisos para ser elegido es cosa que varía notablemente y depende, naturalmente, de la composición del Congreso. Son, en definitiva, los electores los que determinan esta composición al votar en las elecciones generales, y son también ellos, por tanto, los que indirectamente llevan a la Moncloa a un candidato a la Presidencia. La decisión de los electores es más eficaz cuando un partido alcanza una mayoría parlamentaria clara, pues en tal caso esa mayoría será suficiente para nombrar a un Presidente y apoyar a su Gobierno. Cuando esa mayoría no es tan clara, la decisión de los electores es menos eficaz, pues la determinación del Presidente, la configuración de su Gobierno y la duración de éste dependerán de los pactos entre los diferentes partidos. En estos casos, puede incluso suceder que el partido que obtenga más votos y, por tanto, más diputados, quede fuera del Gobierno si su mayoría no es suficiente y las alianzas entre otros partidos tejen una mayoría más fuerte.

La mayoría absoluta tiene, pues, ventajas, fundamentalmente dos: que es la decisión de los ciudadanos la que, de forma prácticamente directa, designa al Presidente y que éste podrá formar sin dificultades un Gobierno duradero. De esas mismas ventajas derivan sus supuestos inconvenientes, pues al tener garantizada la mayoría el Gobierno no se verá obligado a pactar con la oposición, y podrá imponer, al menos parlamentariamente, su opinión. Desde el punto de vista de la estabilidad del sistema no cabe duda de que la mayoría absoluta permite notables ventajas para la sociedad y, natutalmente, para el partido que la obtiene. La oposición a las mayorías absolutas procede de quienes no pueden alcanzarla y no es, por tanto, sincera: es, simplemente, una oposición política, coyuntural, y viene determinada por el hecho, sin duda molesto, de que sean otros los que dispongan de esa mayoría. Para comprobar que ésto es así no hay más que reparar en dos cosas: la primera, que quienes atacan la mayoría absoluta cuando la tienen otros, la defienden —y utilizan— cuando la poseen ellos; la segunda, que quienes atacan la mayoría absoluta cuando existe, atacan también, cuando no existe, los pactos que obligadamente se realizan para alcanzar la necesaria mayoría.

Porque una mayoría que permita gobernar, absoluta de un solo partido o alcanzada a través de pactos, entre varios, es en todo caso precisa. Quien desee ser Presidente deberá formarla. Si su partido ha obtenido la mayoría absoluta, serán los electores quienes se la hayan dado. El Presidente podrá entonces formar un Gobierno *monocolor*, apoyado solo en su partido y con ministros libremente designados por él. Puede suceder, sin embargo, que quien alcance la mayoría absoluta no sea un solo partido, sino una *coalición* electoral de varios partidos. En tal caso, el Presidente habrá de tener forzosamente en cuenta, al elaborar su programa y su Gobierno, a los distintos partidos de la coalición.

Sin embargo, en los países como España, donde existe un sistema electoral proporcional, no es en principio fácil —aunque, como sabemos, puede suceder— que un partido o coalición obtenga la mayoría absoluta. Será entonces necesario que varios partidos alcancen un acuerdo, pacten, sobre el programa del Gobierno y la configuración de éste. La gran mayoría de los países europeos —Alemania, Italia, Bélgica, Holanda, Dinamarca, Irlanda y, en cierta medida, Francia— están, y han estado casi siempre, gobernados merced a pactos y acuerdos entre distintos partidos. En España, esos acuerdos se alcanzaron para gobernar diversos Ayuntamientos y algunas Comunidades Autónomas, como el País Vasco, Galicia o Canarias. El pacto para formar Gobierno no es, por tanto, algo rechazable: es, sobre todo, inevitable cuando nadie tiene una mayoría muy fuerte, y es la forma habitual de gobernar en países, como España, con un sistema electoral proporcional.

Los acuerdos pueden ser de muy distinto género, pero hay dos modelos básicos. El primero de ellos es la coalición de Gobierno, que se produce cuando dos o más partidos —por ejemplo, en Italia gobernó durante bastante tiempo el *pentapartito*, compuesto por cinco partidos— entran a formar parte del Gobierno. Otro modelo bastante usual es que el Gobierno esté formado por solo uno o varios de los partidos firmantes del acuerdo, mientras él o los otros partidos apoyan «desde fuera»: apoyan en el Parlamento, pero sin entrar a formar parte del Gobierno. Este es el caso español después de las elecciones de 1993 hasta 1995, con un Gobierno formado sólo por el PSOE pero apoyado desde fuera por Convergencia i Unió y, en cierto sentido, PNV. El tercer modelo clásico es el de apoyos «coyunturales»; consiste en que se forma un Gobierno sin mayoría absoluta, que busca en cada ocasión —en cada proyecto de ley o iniciativa política— los apoyos parlamentarios de acuerdo con la índole de la medida a adoptar. Fue el modelo seguido entre 1977 y 1982 por los Gobiernos de la UCD, que buscaban en cada caso el apoyo parlamentario del PSOE, del PP o de los nacionalistas. Es, sin duda, el que menos apuntala la estabilidad.

La duración de los acuerdos, en fin, también puede ser diferente. Así, hay algunos, que se denominan «pactos de legislatura», que se proponen durar toda la legislatura, como los alcanzados en el País Vasco entre PNV y PSOE, primero, y PNV-PSOE-EA, después. Otros acuerdos son, sin embargo, muy coyunturales, es decir, quedan limitados a que se alcance un determinado objetivo como, por ejemplo, aprobar uno o varios proyectos de ley. Entre ambos límites hay un tercer modelo de acuerdo —por ejemplo, el que alcanzaron el PSOE y Convergencia i Unió después de 1993— que se mantiene, sin límites pero sin compromisos mínimos, mientras persistan las circunstancias. Es también el más débil, porque como la experiencia española de esa época demuestra es preciso ratificarlo continuamente en público y puede romperse con facilidad.

3. El Presidente y su Gobierno

Una vez que ha sido investido por el Congreso de los Diputados, el Presidente del Gobierno es nombrado por el Rey. Debe, entonces, formar su Gobierno.

El Gobierno está compuesto por el Presidente, él o los vicepresidentes y los ministros. En teoría, la Constitución distingue entre el Gobierno y el Consejo de Ministros, de manera que podría entenderse que los Secretarios de Estado, aunque no formen parte del Consejo de Ministros, sí pertenecen al Gobierno. La práctica seguida hasta ahora en España, sin embargo, identifica plenamente al Gobierno y al Consejo de Ministros.

En términos constitucionales, el Presidente es absolutamente libre para formar su Gobierno. La Constitución no le impone ningún límite a tal efecto. Puede, por tanto, nombrar el vicepresidente o los vicepresidentes que desee, o no nombrar ninguno; y puede, también, nombrar los ministros que quiera. Puede, incluso, modificar la estructura del Gobierno, suprimiendo o separando los Ministerios, y cambiando su nombre y competencias. Lo único que debe hacer si modifica la estructura del Gobierno es, antes de nombrar a los ministros, aprobar un Real Decreto por el que se modifica esa estructura.

Por consiguiente, y hablando en términos constitucionales, el Presidente es completamente libre para formar su Gobierno. Puede nombrar ministros a quienes sean diputados o a quienes no lo sean, y puede otorgarles las «carteras» —Ministerios— que desee. No necesita para ello, como sí sucede en otros países, la autorización o confirmación del Congreso, ni de nadie. Por la misma razón, puede cesarlos cuando quiera. En España, en definitiva, el Gobierno es del Presidente: éste responde ante el Congreso, único que puede investirlo o cesarlo, pero mientras se mantenga como Presidente dispone plenamente del Gobierno. Los ministros, por su parte, dependen plenamente del Presidente: solo a él deben su nombramiento, sólo él puede cesarlos y, por consiguiente, sólo ante él son individualmente responsables, aunque, en cuanto que miembros del Gobierno, sean colectivamente responsables ante el Congreso.

Naturalmente, la realidad puede ser muy distinta a la abstracta previsión constitucional. Así sucederá, sobre todo, cuando se formen Gobiernos de coalición, algo en lo que todavía no nos hemos estrenado. En tales casos, la libertad real del Presidente disminuye notablemente, pues lo normal es que —como ha sucedido, por ejemplo, en el País Vasco, o como sucede en Alemania— el acordar la coalición se determine, también, qué carteras desempeña cada partido, y que cada uno de los partidos miembros de la coalición se reserve la potestad de designar a los ministros que ocuparán las carteras que les corresponden. Incluso sin coalición, es normal que el Presidente se vea forzado a tener en cuenta las opiniones y corrientes de su partido, y forme un Gobierno más o menos equilibrado, aunque esto último dependerá, sobre todo, del grado de autoridad que el Presidente ejerza en su propio partido.

Una vez nombrados, los miembros del Gobierno pertenecen a éste hasta que son cesados como tales y sustituidos por el propio Presidente. El cese puede tener lugar

porque así lo decida el Presidente, que puede acordarlo
en cualquier momento y por cualquier razón, o por dimisión. También cesa todo el Gobierno, con su Presidente a
la cabeza, cuando se han celebrado elecciones generales,
cuando se ha perdido una moción de censura o cuestión
de confianza o en caso de dimisión o fallecimiento del
Presidente.

4. El Gobierno y su Presidente

Por esas mismas razones, el Gobierno está en una muy
notable medida condicionado por el Presidente, o supeditado a él, ya que de él, y sólo de él, provienen sus nombramientos y de él, y sólo de él pueden provenir sus ceses...
salvo que éstos obedezcan a que se han perdido unas elecciones, una moción de censura o una cuestión de confianza, cosas éstas que también dependen, en gran medida,
del Presidente.

El Gobierno es pues, definitivamente, un Gobierno del
Presidente. Es él quien coordina y dirige el Gobierno, él
quien confecciona el orden del día y decide incluir o no
un asunto, él quien encauza las discusiones y él quien zan-
ja las controversias: en los Consejos de Ministros no se
vota —no tiene sentido hacerlo— y es el Presidente el que
inclina la discusión en un sentido u otro y el que determina
si un asunto está decidido y en qué sentido. Es una situación, en suma, muy parecida a los de los sistemas presidencialistas, en cuyo poder ejecutivo sólo el Presidente está legitimado por el voto popular y es, por tanto, el que decide,
hasta el punto de que se cuenta que el Presidente Lincoln
sometió una cuestión a votación en una sesión de su gabinete y, celebrada la votación, concluyó: siete noes y un sí;
ganan los síes. Obviamente, el único sí era su propio voto.

Naturalmente, eso no empece para que algunos miembros del Gobierno puedan tener el peso político que sea,
y condicionar en la medida que sea las decisiones del Pre-

sidente. Pero, desde luego, eso no será debido a su sola condición de ministro, sino a su peso específico propio, a su prestigio en el partido o, lo más frecuente, a la confianza en él depositada por el Presidente... con lo que volvemos al Presidente como fuente única del poder.

La situación puede ser políticamente distinta, es verdad, en un gobierno de coalición, o apoyado desde fuera, en el que el Presidente tenga que contar con los coaligados. Pero en ese caso la fuerza de los coaligados nace en su Grupo Parlamentario, necesario para sostener la mayoría, y no de su presencia en el Gobierno.

5. Un Gobierno responsable...

El Gobierno responsable es una de las claves de un sistema parlamentario. Gobierno responsable es el que no sólo emana de la voluntad popular, sino el que depende de ésta, representada en el Parlamento, para poder seguir gobernando. Ello significa, en primer lugar, que el Gobierno debe esperar que sus actuaciones sean públicamente explicadas y públicamente debatidas; en segundo lugar, que de ese debate puede surgir la decisión de poner fin a la vida del Gobierno y sustituirle por otro.

El escenario natural de la exposición y debate de las actuaciones gubernamentales es el Parlamento. Sin embargo, sería ingenuo desconocer que los medios de comunicación son también, hoy, una plataforma ineludible de ese debate. Incluso cuando el debate tiene lugar en el Parlamento se espera que los medios de comunicación lo trasladen al público, pues es en realidad éste el que debe formar su opinión, y expresarla en las próximas elecciones. Ahora bien, si el debate puede tener lugar, y lo tiene, en los medios de comunicación, la voluntad popular sólo tiene dos formas de manifestarse: la primera, esporádica, constituye la forma de expresión de la voluntad popular por excelencia, y son las elecciones; la segunda deriva de la circunstancia de que no se puede estar celebrando elecciones todos los días, y supone que, en el intervalo entre elecciones, la voluntad popular se expresa en el Parlamento: son los representantes elegidos por los ciudadanos, y sólo ellos, los que representan la voluntad popular. La suya es, por lo tanto, la única expresión válida de esa voluntad.

La responsabilidad va unida a la fuente del nombramiento: se es responsable ante quien nombra o designa. Por tanto, el electorado es quien elige a sus parlamentarios, y éstos son responsables ante el electorado, que puede decidir sustituirlos en las próximas elecciones; es el Congreso quien inviste al Presidente del Gobierno, y sólo ante el Congreso es éste responsable. Es en él y ante él, antes que en ningún otro lugar y ante nadie, donde debe rendir cuentas de sus actuaciones, y sólo el Congreso puede acordar su sustitución. Los ministros, por último, son responsables ante el Presidente, aunque las Cámaras controlan su actuación.

La responsabilidad del Gobierno es, sobre todo, política, puesto que política es su función. Desde luego, el Gobierno y sus ministros responden penalmente si cometen un delito. Pero lo que políticamente importa es la responsabilidad política.

La responsabilidad política se distingue de la jurídica —civil, penal o administrativa— en que no nace del delito, ni de la falta ni de una infracción legal sino, simplemente, de una actuación que se considera desafortunada. Es, además, objetiva, pues la responsabilidad política no se mide por la intención, sino por lo que efectivamente pasó o, incluso, por lo que aparentemente pasó. La responsabilidad política no es un juicio, pues, a la honestidad, probidad, capacidad del responsable, o a la legalidad de su actuación, sino a la oportunidad, al éxito o el fracaso, de su acción política: lo único que se juzga es su idoneidad para continuar en el cargo, en ese cargo que ahora ocupa. Por eso mismo, la responsabilidad política, que no pretende en el fondo sancionar, sino sustituir a la persona inadecuada, sólo tiene una sanción: la sustitución y la pérdida del cargo. También por eso mismo no impide que en el futuro se vuelva a desempeñar otro cargo, o incluso el mismo del que fue desposeído: todo depende, exclusivamente, de lo que decidan los electores, o los diputados, o el Presidente del Gobierno, según de qué cargo se trate.

6. ... y solidario

En España, el Gobierno es solidario, esto es, responde solidariamente de su gestión política. Eso se traduce, en primer lugar, en que el Congreso no puede cesar a un solo ministro: si quiere hacerlo, tiene que derribar a todo el Gobierno, con su Presidente a la cabeza.

Pero la solidaridad quiere decir, también, otras cosas. Para empezar, una elemental: que todos los miembros del Gobierno, todos sin exclusión, son responsables de las decisiones adoptadas por el Gobierno al que pertenecen. Para entender lo que ésto significa es preciso saber que en España un elevado número de decisiones, desde luego las más importantes, son adoptadas por el Consejo de Ministros. Por consiguiente, aunque el que propone las decisiones sea el ministro más directamente afectado —o, como con frecuencia sucede, varios ministros conjuntamente— el que asume la responsabilidad es la totalidad del Consejo de Ministros y, por tanto, todos y cada uno de sus miembros. La única forma de eludir esa responsabilidad es manifestando públicamente la discrepancia con la medida adoptada, y la sola forma de hacer eso y salvar la propia resposabilidad es dimitir, puesto que de nada vale decir que se estaba en desacuerdo con la decisión. Por tanto, salvo que presenten la dimisión, todos los miembros del

Gobierno son responsables por las decisiones adoptadas por el Consejo de Ministros, y se espera de ellos que las defiendan pública y privadamente y, desde luego, que no manifiesten su discrepancia, salvo que vaya acompañada de la dimisión.

La responsabilidad solidaria sólo afecta, en principio, a las decisiones tomadas en Consejo de Ministros; los ministros no son responsables de las decisiones adoptadas individualmente por sus colegas. Sin embargo, la exhibición pública de sus discrepancias obliga al Presidente a tomar una decisión y, por consiguiente, le sitúa en una posición delicada. En todo caso, una discrepancia pública entre varios ministros será interpretada por la oposición como una muestra de falta de cohesión —de «crisis»— en el Gobierno.

7. El Gobierno hace «crisis»

Se hagan o no públicas, las discrepancias entre los miembros del Gobierno dan lugar a lo que se denomina *crisis* gubernamentales. Esta expresión se interpreta hoy como sinónimo de «cambio de Gobierno»; en realidad, quiere decir que el Presidente y su Gobierno no forman ya un equipo cohesionado y capaz de desarrollar conjunta y coordinadamente el programa del Gobierno: por eso se produce una «crisis». El eventual cambio de Gobierno es la consecuencia pública de una realidad política previa.

Las crisis no obedecen siempre, sin embargo, a una discordancia política precisa, pues en muchas ocasiones son forzadas por la necesidad de dar un nuevo impulso a la acción política renovando el equipo de gobierno y sustituyendo a las personas que, por llevar mucho tiempo en el cargo o no haber tenido suficiente iniciativa política, se considera «quemadas». De ahí que, en ocasiones, las «crisis» no se plasmen en sustitución de la persona, sino en trasladar a las mismas personas de un Ministerio a otro, pues se considera que ese solo cambio será suficiente para inyectar iniciativa a los ministros e ilusión —o al menos nuevas expectativas— a los gobernados.

Las «crisis» son, pues, de muy distinta naturaleza. La sola pervivencia prolongada en el poder agota la iniciativa de las personas y desilusiona a los gobernados y, sobre todo, a quienes esperan ser ministros. Esto es lo habitual en un Gobierno monocolor. Cuando el Gobierno es de coalición, la crisis puede estar causada porque entre los socios de la coalición han surgido dudas sobre la línea política a seguir. Estas son, en puridad, las crisis auténticas: muchas veces las discrepancias no pueden solucionarse. En estos casos sólo caben dos opciones: o formar una nueva mayoría, o disolver las Cortes, convocar elecciones y que sea el electorado el que decida la línea a seguir.

8. La caída de un Gobierno: perder la cuestión de confianza...

La auténtica, insuperable crisis política se manifiesta, efectivamente, cuando el Gobierno pierde el apoyo del Parlamento. En un sistema parlamentario, el Gobierno sólo puede mantenerse con la conformidad del Parlamento, que en España se considera subsistente en tanto el Congreso no retira expresamente la confianza.

Tradicionalmente, se demostraba que se gozaba del apoyo del Parlamento de una forma muy sencilla: cuando el Parlamento aprobaba las leyes remitidas por el Gobierno, especialmente la de Presupuestos y las otras de mayor calado, es que seguía otorgando su confianza al Gobierno.

Los sistemas actuales, sin embargo, y el español entre ellos, pretenden evitar las dudas y los equívocos, siempre perniciosos para la estabilidad del país. Por ello, se entiende que el Congreso mantiene su confianza en el Gobierno mientras no se la retire expresamente: expresamente, sin duda alguna. Y esta retirada de confianza sólo puede hacerse por dos mecanismos: la cuestión de confianza y la moción de censura. Estos dos mecanismos se distinguen, sobre todo, porque la iniciativa corresponde a órganos diferentes.

En efecto, en algunos casos puede ser el Presidente del Gobierno quien dude si mantiene la confianza del Congreso. Lo habitual es que, cuando así suceda, la duda no sea sólo suya, sino que esté bastante generalizada. En estas condiciones, su autoridad para gobernar está muy mermada. El Presidente puede creer conveniente, por ello, que el Congreso le renueve expresamente la confianza o se la retire. En ambos casos, se despejarán las dudas: en el primero, podrá seguir gobernando y con su autoridad reforzada, y en el segundo se abren las vías institucionales para nombrar un Gobierno que tenga la confianza del Congreso. El acto por el que el Presidente pide al Congreso que le confirme su apoyo se denomina *cuestión de confianza*.

La cuestión de confianza es habitual, sobre todo, en Gobiernos de coalición o apoyados por varias fuerzas parlamentarias, aunque no formen parte del Gobierno; en términos generales, no tiene sentido en un Gobierno monocolor, salvo que el Presidente crea que es su propio Grupo Parlamentario el que ha dejado de apoyarle, o se haya generalizado esta impresión.

La cuestión de confianza es, por así decirlo, un «órdago» ante el que el Presidente coloca el Congreso o, más exactamente, a la mayoría que lo invistió: o lo apoya, y entonces lo hace expresamente y sin reservas, o no lo apoya, y le retira la confianza. La posibilidad de recurrir a esa jugada sólo está en manos del Presidente, que puede hacerlo en cualquier momento salvo que se haya interpuesto antes una moción de censura. Sólo tiene que cumplir el requisito de deliberarlo en el Consejo de Ministros —cosa lógica pues, al fin y al cabo, de perder la confianza es todo el Gobierno el que cesa, por lo que es razonable que los ministros también tengan algo que decir— pero la decisión última es suya y sólo suya.

Los efectos de la cuestión de confianza sólo pueden ser dos: o el Gobierno gana la votación y continúa en el cargo, o la pierde, cesa y se procede a nombrar un nuevo Presidente. Al Gobierno le basta para ganar la votación la mayoría simple, esto es, más votos a favor que en contra. Constitucionalmente, pues, el Gobierno cuenta con cierta ventaja, porque los que se abstengan votan, en realidad, a su favor, y sólo los votos en contra son realmente adversos. Políticamente, sin embargo, no siempre es así, porque si el Presidente obtiene menos votos de los que logró en la investidura o de los que se suponía que tenía quedará en principio, aunque gane la cuestión de confianza, debilitado.

El carácter dramático de la cuestión de confianza radica en que obliga a la mayoría a elegir: o confirma al Presidente o lo cesa y busca otro nuevo, cosa no siempre fácil. Además, si en dos meses desde que se propone el primer candidato no son capaces de nombrar un nuevo Presidente, las Cortes quedarán disueltas y se convocarán elecciones.

9. ...o ser censurado

El segundo mecanismo para provocar la caída del Gobierno es lo que se que se llama la *moción de censura*. Aquí la iniciativa no es del Presidente, sino del Congreso o, más precisamente, de algunos diputados. Son éstos, descontentos con la actuación del Gobierno, quienes proponen su cese y —dato muy importante— sustitución por otro.

No todo es tan sencillo, sin embargo. En primer lugar, no cualquier diputado puede presentar una moción de censura: ésta debe ser apoyada por al menos la décima parte de los diputados, o sea, por un mínimo de 35. Hasta el mometo, sólo el mayor grupo de la oposición —el

PSOE de 1977 a 1982, y el PP de 1982 en adelante— ha tenido suficientes diputados para presentar una moción de censura. El resto de los grupos no pueden, pues, salvo que se agrupen entre sí hasta alcanzar 35 diputados, utilizar este mecanismo. Además, los diputados que la presenten son sancionados —moderadamente, eso sí— si no triunfa, puesto que no podrán presentar otra durante el mismo período de sesiones. Todos estos requisitos tienen un mismo objeto: evitar que un pequeño grupo parlamentario presente continuamente mociones de censura —algo nada descartable, con la experiencia disponible— y perjudique gratuitamente la estabilidad del Gobierno.

La moción de censura no puede, además, limitarse a expresar el rechazo al Gobierno en ejercicio: debe proponer, también, un candidato para sustituir al censurado. De ahí que se la llame *constructiva,* porque no se limita a destruir un Gobierno, sino que al tiempo construye otro. De ahí, también, que sea uno de los mecanismos para llegar a ser Presidente. En realidad, la moción de censura es en España tan constructiva que es similar a la investidura: el candidato a Presidente debe presentar en el Congreso su programa, y es éste programa, y no la crítica al Gobierno en ejercicio, el que se debate. La moción de censura no se orienta tanto, pues, a destruir al Gobierno en ejercicio cuanto a formar un nuevo Gobierno: la Constitución apuesta decididamente por el Gobierno en ejercicio, y, por ello, dispone que no se pueda sustituir a ese Gobierno si no es con una mayoría parlamentaria muy sólida. Por eso exige, también, que la moción de censura obtenga, para ser aceptada, la *mayoría absoluta* del Congreso. Así pues, un Gobierno puede ser investido por la mayoría simple, y ganar la confianza, de nuevo, con la mayoría simple; pero para censurarlo y sustituirlo hace falta la mayoría absoluta.

Estos requisitos de proponer un candidato y un programa son en principio positivos para la salud política del país, pues evitan las situaciones denominadas de *vacío de poder*. Pero constituyen, también, una enorme dificultad para que prospere una moción de censura. En efecto, no es demasiado probable, al menos con la configuración política que hasta ahora ha tenido el Congreso, que se pueda proponer un candidato y un programa que alcance votos suficientes. Que no sea demasiado probable no quiere decir, sin embargo, que no sea posible: en otros países (Alemania) o en otras instituciones españolas (Comunidad Autónoma de Galicia, Ayuntamiento de Madrid, y otras) que cuentan, todas ellas, con el mismo sistema ha sucedido.

Si la moción de censura prospera, el Gobierno cesa y el candidato presentado es automáticamente elegido Presidente del Gobierno. Pero ¿y si fracasa?

Si fracasa, para quien la ha presentado puede ser un desastre político o, aunque sea una derrota aritmética, una victoria política. En efecto, la moción de censura es el mejor arma que hay en la política parlamentaria española; es, por así decirlo, el *arma nuclear* de la política parlamentaria. Por ello, su utilización errónea es desastrosa, pero su utilización adecuada es muy contundente.

Su carácter de arma nuclear deriva de su repercusión y de su planteamiento. La primera es enorme: durante días todos los medios de comunicación se dedicarán a ella casi en exclusiva. El planteamiento, además, pretende que el candidato demuestre no sólo la ineptitud del Gobierno en ejercicio, sino también su capacidad para proponer y poner en práctica mejores fórmulas. Por tanto, el contraste entre el Presidente y el candidato, entre la mayoría y la minoría, llegará a todas partes nítidamente. Si el candidato sale victorioso de ese debate, como sucedió en la moción de censura presentada por el PSOE, con Felipe González de candidato, en 1980, el electorado sabrá a quién votar en las siguientes elecciones; si sale derrotado, como sucedió con Hernández Mancha y el Partido Popular en 1986, la propuesta alternativa se hundirá. Como con el arma nuclear, hay que medir, pues, sus efectos, que pueden ser también disuasorios y, por ejemplo, forzar un cambio de Gobierno o la convocatoria de elecciones. Pero también, llegado el momento, hay que utilizarla, pues en un sistema parlamentario el elector tiende a denegar su voto a quien, habiendo tenido la ocasión, rehuyó el debate parlamentario. En la moción de censura se hace especialmente visible que la función teatral que se exhibe en el Congreso se dirige a unos espectadores ajenos a la Cámaras: los electores.

1. El tercer poder

La Justicia emana del pueblo y se administra en nombre del Rey. Quienes la administran son los jueces, titulares del Poder Judicial. El Poder Judicial, el tercero de los poderes del Estado, es el *conjunto de órganos judiciales* encargados de administrar justicia. El Poder Judicial es, pues, el conjunto de los juzgados y tribunales. Al contrario que los poderes legislativo o ejecutivo, que están concentrados en muy pocos órganos —las Cortes y el Gobierno— el Poder Judicial es un *poder disperso y fragmentado*: todos y cada uno de los juzgados y tribunales son, cuando administran Justicia «poder judicial». Es, también, un poder *individualizado*, radicado en los juzgados y tribunales: son sus titulares quienes, cuando administran justicia, ejercen ese poder estatal.

A los integrantes del Poder Judicial les corresponde la

función jurisdiccional, una palabra de origen latino: *iuris dictio*, «decir el Derecho», es lo que corresponde a juzgados y tribunales. Decir el Derecho supone, en definitiva, *aplicar las leyes* vigentes. En teoría, pues, los jueces y tribunales se limitan, única y exclusivamente, a aplicar la ley. Por ello, decía Montesquieu que son, «la boca que pronuncia las palabras de la ley», —y no, como algunos dicen, la «boca muda de la ley», pues es claro que una boca muda sirve para poco—, y añadía que, puesto que se limita a aplicar una ley preexistente, elaborada por otros, el Poder Judicial es un poder «en cierta forma nulo». La Constitución española recoge este principio al declarar que los jueces están sometidos al *imperio de la ley*.

2. El juez y la ley

La relación entre el juez y la ley es capital para otorgar *legitimidad democrática* a las decisiones de los jueces. En efecto, es un principio básico de un Estado democrático que todos cuantos ejercen un poder estatal han de ser elegidos por los ciudadanos. En algunos países, como los Estados Unidos, algunos jueces —no todos, y ni siquiera los más importantes— son, efectivamente, elegidos; pero ésto no es lo más habitual. Por el contrario, lo normal, y así sucede en España, es que los jueces sean seleccionados por un sistema de exámenes —«oposición»— superados los cuales se convierten en jueces, sin que, además, se les pueda cesar cuando se discrepe de sus decisiones.

Pero este sistema tiene el inconveniente de su escasa legitimidad. Muchos podrían preguntarse si la mera superación de un examen es suficiente para otorgar a un juez el poder de hacer que alguien permanezca en prisión durante largo tiempo, o de privar a una persona de bienes que considera suyos.

Si la única fuente de legitimidad de que goza el juez fuera la superación del examen su posición sería, pues, muy débil. Pero no es así. No lo es porque la legitimidad del juez no deriva de su preparación, que le permitió superar airosamente el examen, sino de la ley: el juez se limita a aplicar la ley, y ésta es elaborada en el Parlamento y es la expresión de la voluntad popular. La sentencia judicial no expresa —no debe hacerlo— la opinión personal del juez, sino que se limita a dar efectividad a la voluntad popular plasmada en la ley, libremente elaborada por los representantes del pueblo. Cuando un juez actúa de conformidad con la ley, es la propia ley la que otorga legitimidad a sus decisiones; por tanto, si el juez actúa de espaldas a la ley, o contra ella, pierde su legitimidad, porque ésta no es personal, sino que se basa en la ley, y solo en ella.

El problema reside en que aplicar la ley no es una tarea puramente mecánica: los preceptos legales son a veces confusos y susceptibles de interpretaciones —lecturas, se diría ahora— diferentes, en ocasiones las leyes tienen *lagunas*, es decir, aspectos sin regular, y son frecuentes las *antinomias,* contradicciones —internas o con otras leyes— o preceptos dudosos. Lo habitual, por tanto, es que el juez tenga que *interpretar* la ley. Goza para ello de un margen de discrecionalidad que le permite elegir una, la que cree correcta, de las varias interpretaciones posibles. Mientras se mantenga en el margen de lo interpretativo, permanece en el marco de legitimidad que le otorga la ley; si se escapa de ese margen, la decisión que adopte no será, aún en su interpretación, la aplicación de la ley que expresa la voluntad popular, sino la derivada de su propia y sola voluntad, y carecerá de legitimidad como ejercicio de una función estatal.

Para hacer posible la resolución de estos problemas, el ordenamiento siministra al juez unos criterios de gran importancia, unas reglas de prelación e integración de las normas que debe seguir obligatoriamente, y entre las cuales ocupan un lugar destacado los principios de jerarquía y temporal. A esos criterios hay que añadir los *valores* —libertad, igualdad, justicia y pluralismo— consagrados en la Constitución y los denominados *principios generales del Derecho*, principios que están en la base del sistema y que son generalmente admitidas como tales. Todos estos criterios ayudan al juez a tomar la decisión correcta, porque no se trata, en estos supuestos en los que es preciso interpretar la ley, resolver sus contradicciones o suplir sus lagunas, de que haya varias decisiones correctas posibles, de entre las cuales el juez pueda elegir la que prefiera: hay varias interpretaciones posibles, pero solo hay una solución correcta, y esa solución correcta es la que el juez debe hallar, con la ayuda de los criterios mencionados, y aplicar.

3. Jueces independientes para juzgar

La cualidad más distintiva de los titulares del Poder Judicial es la *independencia*, que está consagrada en la Constitución, y también deriva de la relación de juez con ley. En efecto, lo que se pretende es que se aplique la ley, la voluntad popular, y que se aplique tal como es, según lo que dice, y no de otra forma. La ley podría ser aplicada, por ejemplo, por unos funcionarios dependientes de la Administración; pero entonces no habría garantía alguna de que tales funcionarios aplicaran efectivamente la ley, porque podría suceder que sus superiores les ordenasen otra cosa. Además, en muchos casos los litigios judiciales implican a los poderes del Estado. Así sucede, por ejemplo, con los procesos penales, donde hay una acusación pública, y, desde luego, en las demandas en las que es parte la Administración. Para asegurar que sea la ley y no voluntad del poder la que se cumple, se encomienda esa función de aplicar la ley a alguien revestido de una total independencia frente a los otros poderes.

Independencia significa que el juez no está sometido o

subordinado a nadie: nadie puede darle instrucciones —
nadie, más que a la ley; ni un Tribunal superior, ni el Consejo General del Poder Judicial— sobre cómo debe resolver un determinado asunto. Y nadie puede modificar una
resolución, salvo otro Tribunal igualmente independiente
cuando sea posible recurrir ante él. El juez no está supeditado a jerarquía alguna, ni subordinado a nadie: sólo al
imperio de la ley. Lo que se persigue, en definitiva, es que
el juez sea imparcial, que aplique con *imparcialidad* la ley.
Este, la imparcialidad, es en realidad la finalidad de la independencia: el objetivo es la imparcialidad, y la independencia es el *medio* para alcanzar el objetivo.

Pero no basta con decir o desear que se quiere que los
jueces sean imparciales y, para ello, independientes; además, hay que asegurarlo, porque sería posible utilizar muchos mecanismos legales —promesas de ascensos, mejores o peores destinos, etc.— o ilegales para conseguir que
los jueces resuelvan como alguien desea. Por eso, la independencia se garantiza, sobre todo, de dos formas: la primera, mediante la *inamovilidad*, que implica, por una parte, que una vez que un juez alcance un destino sólo podrá
ser privado de él por su propia voluntad y, por otro lado,
que una vez que un asunto cae en manos de un juez nadie
puede retirárselo. Si no existiera este mecanismo la garantía que supone el *juez ordinario predeterminado por la ley*
quedaría en poca cosa, y podría intentarse, y experiencias
recientes hay al respecto, que un asunto pase del juez que
lo lleva, si se le considera riguroso, a otro del que se piensa que es más benigno, comprensivo o próximo.

La segunda forma de garantizar la independencia es
asegurar al juez que su futuro profesional, sus ascensos,
no dependerán de nadie a quien puedan haberle agrada-
do o desagradado sus decisiones. Por ello, los ascensos de
los jueces son, la mayoría, por rigurosa *antigüedad*, y los
que no lo son se resuelven por un órgano, el Consejo General del Poder Judicial, colegiado —esto es, colectivo,

plural— y rodeado de muchas garantías. Como todo tiene sus contrapartidas, ese ascenso por antigüedad, encaminado a asegurar la independencia, es lo que explica que en ocasiones se encuentre en puestos importantes a jueces sin conocimiento de la materia, o de conducta y antecedentes peculiares.

Por eso, porque no sólo quiere que sean imparciales, sino también que lo parezcan, la Constitución limita los derechos de los jueces. Estos no son exactamente —o precisamente porque su misión es juzgarlos— como los demás ciudadanos: al contrario que éstos, tienen prohibido afiliarse a partidos políticos y sindicatos. No se trata de que la Constitución piense, ingenuamente, que no tienen ideología política o sindical: es que no quiere que la manifiesten, para que quien mañana sea juzgado no pueda pensar, por la militancia política de un juez, que éste es parcial. Aunque no lo diga expresamente, lo que la Constitución quiere es que los jueces no demuestren ni exhiban sus ideas políticas, para que esta exposición no haga surgir dudas sobre su imparcialidad.

4. Pero no para gobernar: legalidad y oportunidad

La sumisión a la ley impide también a los jueces utilizar su poder estatal, el de juzgar, para determinar las opciones políticas. Esto deriva de que aprobar una ley, o modificarla, o derogarla, es una decisión política de los representantes de la soberanía popular; solo éstos pueden aprobar la ley o modificarla, y al hacerlo pueden actuar, siempre que sea dentro de la Constitución, como consideren más oportuno. Igualmente, el Poder Ejecutivo puede, también dentro de la Constitución y las leyes, elegir la opción que considere más oportuna. Los poderes legislativo y ejecutivo actúan, pues, según criterios de *oportunidad*; lo que deciden no es la verdad oficial, sino sólo la decisión, una de entre las varias igualmente posibles desde el punto de vista legal, que la mayoría parlamentaria o el Gobierno que de ella emana considera más oportuna.

Los jueces, sin embargo, actúan según un criterio *de legalidad*: deben aplicar la ley, les guste o no, porque sólo la aplicación de la ley legitima —hace aceptable, en términos democráticos— su actuación. El Legislativo puede modificar la ley, y el Ejecutivo puede instar esa modificación; al juez sólo le cabe aplicar la ley. La razón es que el juez no es más que un instrumento para la realización de la voluntad popular plasmada en la ley, mientras que el Legislativo y el Ejecutivo son instrumentos para, respectivamente, expresar esa opinión popular y ejecutarla según las directrices de la mayoría. Por eso, también, las consecuencias son distintas: las actuaciones del Ejecutivo y del Legislativo son modificables; las del juez, no, pues una vez establecida la verdad oficial, que es su misión, esta verdad oficial sólo puede ser alterada por los tribunales superiores, y eso en ciertas condiciones, esto es, cuando quepa recurso y éste se interponga dentro de un plazo. Una vez que la decisión judicial es firme, se convierte en *cosa juzgada* y es inamovible: nadie puede alterarla; ni siquiera el legislador futuro puede hacerlo. Podrá tal vez, si quiere, modificar los efectos de cara al futuro, pero la verdad oficial establecida por el juez es inmutable.

La diferencia de los métodos de actuación —legalidad u oportunidad— de jueces, por una parte, y legisladores y gobernantes, por otra, determina las potestades y los efectos de la actuación de unos y otros. Por eso, cuando se cambian los papeles todo se embarulla: las controversias políticas se dirimen en los tribunales con argumentos jurídicos, y no políticos, y los jueces se convierten en protagonistas de la política, pues sus resoluciones tienen más efectos políticos que jurídicos. Lamentablemente, no es infrecuente que este cambio de papeles se verifique, por la sencilla razón de que todo poder tiene tendencia expansiva, y el Poder Judicial no es una excepción a esta regla general. Por su parte, los políticos tienen una notable tendencia a arrojar al terreno judicial los balones que deberían jugarse en el político, táctica que puede practicarse por todos de muy distintas maneras: por el Gobierno, pretendiendo que los reproches políticos que se viertan contra una actuación criticable se conviertan en sentencias judiciales por una actividad ilícita; por la oposición, intentando que los tribunales declaren jurídicamente condenable lo que a ellos les parece serlo políticamente, e intentando que se declaren inconstitucionales las leyes que no les gustan.

Ambas tácticas son universales, pues se dan en todos los países, aunque varía la intensidad. Por ejemplo, en España el PSOE actuó así —intentando llevar al Juzgado las controversias políticas, como con RTVE, o que se declaren inconstitucionales leyes de las que discrepaba políticamente— y luego, cuando el PSOE gobernaba, el PP resultó ser alumno aventajado en esta materia.

Llevar la política a los tribunales conduce inexorablemente a convertir a los jueces en políticos, con la desventaja de que nadie les ha elegido —ni, generalmente, preparado— para ese papel. En Estados Unidos se denominó *gobierno de los jueces* a una época en la que el Tribunal Supremo paralizó todas las iniciativas económicas que el Presidente Roosevelt pretendía adoptar para superar la crisis económica posterior a la Gran Depresión de 1929. El Presidente tenía el apoyo popular, pues el pueblo lo eligió, y en tres ocasiones sucesivas; pero el Tribunal Supremo paralizaba sus iniciativas, convirtiéndose en el gobierno de hecho. Roosevelt tuvo que esperar a que los jueces del Supremo —que en Estados Unidos son vitalicios y, además, longevos; por eso se dice allí que los jueces del Supremo «nunca se jubilan y rara vez mueren»— fueran cambiando para poder desarrollar su política. La experiencia de unos jueces gobernando fue tan negativa que, desde entonces, se impuso para las actuaciones del Tribunal Supremo la teoría del *selfrestraint* o autocontención: el Tribunal debe autocontenerse, y no entrar a decidir más que allí donde claramente debe hacerlo.

5. El organigrama judicial: Juzgados, Audiencias y Tribunales

Siendo como es un poder que reside en todos sus titulares, la estructura del poder judicial es especialmente importante porque, entre otras cosas, será ella la que nos dirá a qué juez corresponde resolver un caso concreto.

Aunque es su conjunto es un poder *único*, el poder judicial está organizado sobre tres criterios: la materia, el territorio y la categoría. El criterio *material* supone la división del poder judicial en cuatro órdenes distintos: *civil* (derechos personales y familiares, propiedad y derechos sobre las cosas, obligaciones y contratos y herencias); *penal* (delitos y faltas), *contencioso-administrativo* (demandas contra las administraciones públicas) y *social* (asuntos laborales y seguridad social). Cada Juzgado o Tribunal pertenece a uno de estos cuatro órdenes, aunque hay algunos juzgados, los de Primera Instancia e Instrucción, que realizan simultáneamente tareas de los órdenes civil y penal. Además, hay Juzgados de Menores, encargados de enjuiciar los delitos cometidos por ellos, y de Vigilancia Penitenciaria, cuyo cometido es velar por la situación de los reclusos en las cárceles.

El criterio *territorial* supone que el territorio español se divide en distintas zonas, a cada una de las cuales corresponden determinados órganos judiciales. La más elemental es el *municipio*, pero la básica es el *partido judicial*, compuesto por varios municipios limítrofes que pertenecen a la misma provincia. El partido judicial tiene una capital, lo que se llama *cabeza de partido*, en la que se encuentran los *Juzgados de Primera Instancia e Instrucción*, que son la base de la estructura judicial. Los municipios que no son cabeza de partido cuentan con *Juzgados de Paz*. La siguiente estructura territorial es la *provincia*, a la que corresponden los *Juzgados de lo Penal* y los de lo *Social*, así como la *Audiencia Provincial* y, en el futuro, los *Juzgados de lo Contencioso-administrativo*.

Por encima de la provincia se encuentra la *Comunidad Autónoma*, a la que corresponde el *Tribunal Superior de Justicia*; pero éste Tribunal —a diferencia del Parlamento o el Gobierno autonómico— no es en realidad *de* la Comunidad Autónoma, sino que es un órgano del poder judicial único *en* la Comunidad Autónoma.

En todo el territorio español tienen competencia la Audiencia Nacional y el Tribunal Supremo. La *Audiencia Nacional* es conocida, sobre todo, por sus actuaciones penales, ya que tiene competencia en los asuntos de terrorismo y narcotráfico y en los delitos monetarios, lo que obedece a que estos delitos casi siempre se ramifican por distintas partes del territorio nacional. Los titulares de sus *Juzgados de Instrucción* son, seguramente, los jueces más famosos de toda España. Pero también tiene una Sala de lo Contencioso-administrativo, encargada de las demandas contra órganos de la Adminstración de ámbito nacional, y otra de lo Social. Por último, el *Tribunal Supremo* es el superior en todos los órdenes, y tiene cinco Salas, una por cada orden y además una Sala de lo Militar; de él forman parte magistrados.

6. Primera o última instancia

El criterio jerárquico, por último, se corresponde con la categoría y con el territorial, de manera que cuanto más amplio es el ámbito territorial mayor es la jerarquía, aunque hay que recordar que la jerarquía no permite, aquí, dar instrucciones. En general, los órganos judiciales se dividen en dos categorías: de *primera instancia*, cuando se trata del primer órgano al que hay que acudir —como los denominados, precisamente por eso, Juzgados de Primera Instancia— o de *segunda instancia*, cuando resuelven los recursos interpuestos contra las sentencia de los anteriores. Pero ésto no es siempre así, porque a veces la «primera instancia» es una Audiencia Provincial, a el Tribunal Superior de Justicia, o la Audiencia Nacional, o hasta el Supremo. Naturalmente, la última instancia es el Tribunal Supremo, salvo en lo relativo a garantías constitucionales, donde lo es el Tribunal Constitucional.

Los *Juzgados de Instrucción* se denominan así porque, en principio, no «dictan sentencias» —ni siquiera los de la Audiencia Nacional— sino que *instruyen*, es decir, preparan el sumario para que el juicio lo realice un órgano superior, normalmente el juzgado de lo Penal; los unicos juicios que se celebran ante los Juzgados de Instrucción son los de faltas. Por último, los juzgados, que son la base del sistema son órganos *unipersonales*, formados por un solo juez y los órganos situados en niveles superiores, audiencias y tribunales, son órganos *colegiados*, compuestos por varios magistrados.

Por su parte, los jueces y magistrados pertenecen a un Cuerpo de carrera único, y se dividen en tres categorías, de menor a mayor: *Jueces* —que normalmente ocupan un órgano unipersonal—, *magistrados* —que normalmente forman parte de órganos colegiados, pero no siempre— y *Magistrados del Tribunal Supremo*.

7. Fiscales para defender la ley

La posición constitucional del juez, caracterizada por la independencia y la imparcialidad, le impide adoptar un papel activo en el proceso: el suyo es, más bien, un papel de espectador que al final, a la vista de las alegaciones de las partes, resuelve de conformidad con la ley.

Por eso, hace falta alguien que defienda en los procesos el interés público; el público, o sea, el de la sociedad, no el del Gobierno. Esto es especialmente necesario en el proceso penal: cuando alguien comete un delito hay un interés público —de todos— en que se descubra al autor del delito y se le sancione.

Para cumplir ese papel existe el Ministerio Fiscal. No es parte del Poder Judicial, puesto que de éste sólo forman parte los jueces y tribunales que realizan la función jurisdiccional. Consecuentemente, y puesto que no dirime los conflictos, esto es, no aplica la ley, sino exige su aplicación, tampoco es independiente, aunque muchos así lo creen. Por el contrario, la Constitución señala claramente que el Ministerio Fiscal se rige por el principio de *jerarquía*, y la jerarquía, que implica subordinación, es cabalmente lo contrario a la independencia. Actúa también conforme al principio de *unidad de actuación*, y eso exige que alguien defina los criterios de actuación.

Ese alguien es el *Fiscal General del Estado*, que está a la cabeza del Ministerio Fiscal. La Constitución dispone que el Fiscal General del Estado sea nombrado por el Gobierno, como sucede en prácticamente todos los países; de hecho, en muchos Estados el Fiscal General es miembro del Gobierno, y en alguno, como los Estados Unidos, de los más importantes.

Para entender la configuración del Ministerio Fiscal hay que partir de que los fiscales también se reclutan mediante oposición. Se plantea aquí, por consiguiente, el mismo problema que con los jueces, esto es, el de la legitimidad de los fiscales para llevar a cabo sus funciones. Aquí la ley no incorpora legitimación alguna, puesto que los fiscales no solo no están, como los jueces, *exclusivamente* sometidos al imperio de la ley, sino que están —la Constitución lo dice expresamente— sometidos a los criterios de jerarquía y unidad de actuación y, por tanto, subordinados a lo que resuelva quien sea *jerárquicamente superior*.

Además, la situación de los fiscales es muy distinta a la de los jueces: ellos ejercen, como los jueces, una función estatal, pero, al contrario que los jueces, no en régimen de monopolio. No resuelven los conflictos, sino que son una parte en el conflicto; una parte muy importante, puesto que defienden el interés social, pero sólo una parte. Por último, la Constitución señala que defienden el *interés público tutelado por la ley*. En muchas ocasiones, es claro cuál es ese interés público tutelado por la ley; pero en otros casos no es tan claro. Alguien tendrá entonces que definirlo. Ese alguien también es el Fiscal General del Estado. Y lo es porque mientras los demás fiscales, en tanto que funcionarios que son, no ostentan responsabilidad política, él sí la ostenta, ante el Gobierno que, a su vez, responde ante el Congreso.

La legitimidad de los fiscales es indirecta. Deriva del principio de jerarquía, y de que la cumbre jerárquica del Ministerio Fiscal es el Fiscal General del Estado, nombrado por el Gobierno. Este, a su vez, cuenta con el apoyo del Congreso de los Diputados, que representa al pueblo soberano y es responsable ante él. De esa relación jerárquica que, en última instancia, enlaza a los fiscales con el Congreso, representante de la soberanía popular, deriva su legitimidad.

El Ministerio Fiscal es un *instrumento de la política criminal* del Gobierno emanado del Parlamento. Es el Gobierno el que dirige la política interior, según la Constitución, y de la política interior forma parte la política criminal; es el Gobierno, también, el políticamente responsable de esa política criminal. El Fiscal General del Estado y, a través de él, todos los fiscales que le están jerárquicamente sometidos, es el ejecutor de esa política.

Lo que aquí se dice choca con la supuesta independencia del Fiscal General y de todos los fiscales, tan defendida, seguramente sin saber de qué se habla, en los últimos años. Esta independencia no existe en la mayor parte de los países democráticos. Y que no se acepte la independencia de los fiscales es lógico por varias razones. La primera, porque la Constitución no dice en ninguna parte que el Ministerio Fiscal sea independiente; antes al contrario dice claramente que actúa de acuerdo con los principios de unidad de actuación y dependencia —dependencia; no independencia— jerárquica. La segunda, porque difícilmente podríamos aceptar que un fiscal, por el solo hecho de haber superado una oposición, acuse a quien quiera, como quiera, de lo que quiera, o deje de acusarle: algún responsable tendrá que haber de ello. La tercera, porque este responsable, como el de toda la política criminal, es el Gobierno, y la responsabilidad no tiene sentido nada más que cuando se puede optar —por eso, por haber optado, se es responsable— discrecionalmente —no libremente— entre varias opciones.

Eso no quiere decir que el Gobierno y el Fiscal General del Estado puedan decidir en cada caso lo que les parezca oportuno. No quiere decirlo porque el Ministerio Fiscal actúa, también lo dice la Constitución, con sujeción a los principios de *legalidad e imparcialidad*. Por eso se ha dicho antes que el Gobierno y el Fiscal General del Estado no pueden optar libremente, sino discrecionalmente. Actuar libremente es elegir lo que se desea o parece más oportuno o conveniente. Actuar discrecionalmente significa elegir entre varias opciones, *todas ellas legales*, la que se considera más acertada. El Fiscal General no puede, pues, impartir órdenes o instrucciones ilegales o claramente parciales; pero siempre que no sean ilegales o claramente parciales, esto es, dentro de la legalidad —porque la Constitución no ampara la parcialidad en la ilegalidad— puede optar por lo que crea conveniente, que de esa opción serán responsables el Gobierno y el Fiscal General, y no el fiscal que la instrumenta. Igualmente, el interés público tutelado por la ley lo define, en primer lugar, la propia ley; si ésta no es clara, el Gobierno y el Fiscal General pueden optar por una definición, y serán los Tribunales quienes, en definitiva, establezcan la correcta.

Podría contestarse que eso supone dejar en manos del Fiscal General, nombrado por el Gobierno, a quién se acusa y a quién no. Pero no es cierto. No lo es porque dejar de acusar a quien se sospecha culpable de un delito es ilegal, tan ilegal como acusar a quien se cree inocente. Por tanto, puesto que el Ministerio fiscal obra de acuerdo con el principio de legalidad, nunca será aceptable que obre así. Además, hay que recordar que en España, a diferencia de los Estados Unidos, existen la acusación particular y la acción popular: cualquiera puede acusar a cualquiera, y si en algún caso de relieve no actúa el fiscal, no faltará quien lo haga; de hecho, si de algo no andamos faltos en los últimos tiempos es de querellantes. En España, el Ministerio Fiscal no tiene el monopolio de la acusación: el único monopolio que hay en nuestro sistema judicial es el de la potestad de resolver los litigios.

Pretender que el Ministerio Fiscal, carente de toda legitimación popular, actúe con independencia, como si de un órgano judicial se tratara —esto es, como si se tratase de lo que no es— sólo conduce a sustraer a la soberanía popular y a sus representantes espacios de decisión. Hoy, puede parecer conveniente; es seguro que, si así se hace, mañana se revelará como un craso error, porque supondrá que habremos dejado en manos de unos funcionarios, sin más calificación que un examen y sin más sujeción o condicionamiento que su voluntad personal, el ejercicio de una función estatal que, por ser precisamente una función estatal, sólo puede ejercerse con sujeción al pueblo soberano.

8. El gobierno de la justicia

La necesidad de asegurar la independencia de jueces y magistrados plantea un problema a la estructura de las instituciones. Este problema deriva de que alguien tiene que resolver sobre las muy diversas incidencias que se plantean, desde la necesidad de convocar las plazas y cubrir los destinos —y, por tanto, elegir entre varios candidatos— hasta las posibles faltas disciplinarias —incumplimiento de sus obligaciones— de los jueces y magistrados, así como sobre los ascensos de los mismos. Si ese alguien perteneciese al poder ejecutivo, podría plantearse la sospecha de que las sanciones, los destinos o los ascensos fuesen utilizados como un medio para adoptar represalias con los jueces incómodos al Gobierno, y para infundir temor a los demás jueces, a fin de asegurarse su docilidad.

La verdad es que este problema sólo se ha planteado con crudeza en los países latinos. En no pocos países —como Gran Bretaña, Alemania o Francia— es el Gobierno el que acuerda los ascensos y nombramientos, y nadie lo considera peligroso. Pero especialmente en Italia y España los Gobiernos dictatoriales utilizaron sanciones y ascensos para asegurarse la fidelidad de los jueces, deteriorando la independencia de éstos. Unido ese factor a la tradicional desconfianza que en esos países existe hacia los Gobiernos, dio lugar a una fórmula que en otras partes sería inimaginable.

Esa fórmula es la de un órgano, que en España se llama *Consejo General del Poder Judicial*, que ejerce el gobierno del poder judicial. Se trata de un órgano particularmente complejo. En primer lugar, es *órgano de gobierno* del Poder Judicial, pero no es Poder Judicial: Poder Judicial son solo, exclusivamente, los jueces y magistrados cuando ejercen la función jurisdiccional. Por tanto, el C.G.P.J. ni juzga, ni resuelve recursos contra sentencias ni las ejecuta: sólo gobierna un poder del que en rigor no forma parte.

Por ello, no es necesario asegurar su independencia como la de los jueces: basta con que no esté sometido a ningún otro poder, cosa que ya viene dada por la Constitución. En segundo lugar, es órgano de gobierno; no de autogobierno —es decir, no es un órgano del que los jueces dispongan para gobernarse a sí mismos— sino, como la Constitución dice expresamente, y revela al permitir que sean órganos distintos de los jueces quienes nombren a sus integrantes, de gobierno. Pero, pese a ser órgano de gobierno tiene más bien características de órgano deliberante, ya que es muy numeroso y, además, forzosamente *heterogéneo*: el sistema de elección impide que sea un órgano «monocolor», y lo configura, más bien, como un pequeño Parlamento.

La Constitución sólo dice que el CGPJ está compuesto de *veinte miembros*, doce de los cuales deben ser jueces o magistrados, y los otros ocho juristas de prestigio; pero no dice quién debe elegirlos. Surgen aquí dos líneas claramente contrapuestas: la de la independencia y la de la legitimidad. Para algunos, que defienden la línea de la independencia, la Constitución obliga a que los doce miembros del CGPJ que son jueces sean elegidos, precisamente, por los jueces, para garantizar su independencia; para otros, no es concebible que los jueces, que al fin y al cabo son unos profesionales, elijan, ellos solos, a la mayoría de los integrantes del órgano que gobierna un poder del Estado, por lo que sostienen que sólo el Parlamento, democráticamente legitimado, puede elegirlos. En el fondo de esta polémica hay alguna confusión e intereses políticos. Alguna confusión porque los que tienen que ser independientes son los jueces y magistrados, no los miembros del CGPJ que, como se ha dicho, no son parte del Poder Judicial, todo ello sin mencionar que no hay motivo alguno para que los elegidos por los jueces sean, una vez elegidos y ya no jueces, más independientes que los elegidos por otro órgano, el que sea, pues no es la fuente de la elección sino las características de la función la que otorga la independencia. Y hay también intereses políticos, porque estas opiniones son inseparables de la circunstancia de que habitualmente exista una mayoría de jueces conservadores, y, coyunturalmente, pueda existir una mayoría progresista en el Parlamento.

En la actualidad, en todo caso, los integrantes del CGPJ son nombrados a partes iguales por Congreso y Senado. Deben serlo por mayoría de tres quintos, lo que obliga a que varios partidos se pongan de acuerdo. Eso tiene la ventaja de que se asegura la necesidad de un pacto y el consenso de la elección, y el inconveniente de que, si ese acuerdo no se produce, sea la responsabilidad de quien sea, no resulta posible nombrar a los componentes del CGPJ, como efectivamente ha sucedido. Por lo demás, este pacto, no pocas veces rechazado como sistema de cuotas, es precisamente lo que desea la Constitución, y hay que estar prevenido contra quien dice rechazar las cuotas o desear que los puestos sean ocupados por independientes, porque lo que generalmente en realidad sucede es que desea aumentar su cuota, u ocultar bajo la capa de independiente a quien no lo es en realidad.

1. ¿Por qué hay que defender la Constitución?

Durante mucho tiempo se consideró que la Constitución era poco más que un programa político: un objetivo para el tiempo futuro, pero no un mandato vinculante para el presente. Las normas constitucionales eran, por eso, programáticas, orientadoras o como quiera llamárselas; todo menos normas vinculantes, obligatorias. Por consiguiente, los derechos que la Constitución reconocía a los ciudadanos eran poco más que buenos deseos. No eran, en realidad, derechos puesto que nadie podía acudir a un Tribunal solicitando protección para un derecho que le reconociese la Constitución. La Constitución no era, en resumen, sino un documento para enmarcar. Desde luego, no era la ley que rigiese la vida de la comunidad, y no lo era porque las contravenciones de la Constitución eran frecuentes.

Estas vulneraciones de la Constitución eran, fundamentalmente, de tres tipos. En primer lugar, no era infrecuente que se aprobasen leyes claramente contrarias a la Constitución. ¿De qué servía, entonces, la Constitución, si cualquier ley podía ignorarla o contradecirla? En segundo lugar, era aún más habitual que las disposiciones constitucionales que precisaban desarrollo no llegasen a desarrollarse —y, por lo tanto, a entrar efectivamente en vigor— nunca: la Constitución se remite frecuentemente a leyes de desarrollo, y la falta de aprobación de estas leyes impedía el funcionamiento de la Constitución. En resumen, sólo las leyes eran consideradas derecho obligatorio, y la Constitución no era considerada ley, sino programa; por tanto, cualquier ley tenía más fuerza que la Constitución. Por último, tampoco era insólito que los actores políticos —partidos, líderes, etc.— adoptasen «costumbres» contrarias a la Constitución. En estas condiciones, la Constitución carecía de fuerza —jurídica o política— vinculante, no formaba parte de las normas que realmente regían el destino de los países. Si se deseaba que la Constitución sirviese para algo era preciso, por tanto, organizar mecanismos que la asegurasen.

El pistoletazo de salida de esta carrera se dio en Estados Unidos, en un famoso caso —*Marbury versus Madison*, en 1803— en el que el Tribunal Supremo afirmó la supremacía de la Constitución. El planteamiento era sencillo: el Congreso de los Estados Unidos aprobó una ley contraria a la Constitución. El Tribunal Supremo debía decidir si aplicaba la Constitución o una norma contraria a ella, y resolvió que la Constitución era la *norma suprema* del país, según ella misma decía: por tanto, si una ley se oponía a la Constitución, tal ley no debía aplicarse pues la Constitución, al ser suprema, es sin duda superior y debe, por tanto, prevalecer. Esta sentencia tuvo muy importantes consecuencias. En primer lugar, el Tribunal Supremo quedó configurado, a partir de ella, como un órgano capacitado para declarar que una ley era contraria a la Constitución; en segundo lugar, quedó establecido que las leyes contrarias a la Constitución no se aplican; en tercer lugar, el Poder Legislativo supo que las leyes que aprobase no suponían ya la palabra definitiva, sino que podían ser revisadas por otro órgano, y que éste podía declararlas inaplicables. En resumen, el Tribunal Supremo de los Estados Unidos añadió a las funciones típicas de ese tipo de órganos la de defender la Constitución, controlando que las leyes no la vulnerasen. El Tribunal Constitucional es, por eso, un resultado de la *primacía de la Constitución*.

2. Un Tribunal sólo para la Constitución

Este sistema se reveló de la mayor utilidad para asegurar que la Constitución no fuese vulnerada por las leyes aprobadas por el poder legislativo. Y, en realidad, lo que en Europa denominamos «recurso de casación» —el recurso que se presenta ante el Tribunal Supremo— tiene un origen parecido: se inventó en Francia, después de la Revolución Francesa, porque los revolucionarios, que habían aprobado ya numerosas leyes nuevas y se proponían aprobar otras muchas, no estaban convencidos de que los Jueces —que, en su mayoría, habían sido nombrados antes de la Revolución— las fuesen a aplicar adecuadamente. Para asegurar que las leyes revolucionarias se aplicasen tal y como deseaba el legislador, crearon el recurso de «casación»: el Tribunal Supremo «casaba» (rompía) las sentencias dictadas por los inferiores cuando éstos no aplicaban adecuadamente la ley y, además, establecía la forma en que las leyes debían interpretarse y aplicarse.

Pronto se vio, sin embargo, que no era aconsejable que la defensa e interpretación de la Constitución fuese, como en Estados Unidos, asumida por el Tribunal Supremo. Había numerosos inconvenientes. El primero era el propio carácter de la Constitución. Normalmente, las leyes suelen ser largas y relativamente detalladas lo que hace medianamente fácil la labor de interpretación. Las Constituciones, sin embargo, son normalmente cortas, por lo que las reglas y métodos de interpretación son forzosamente distintos. Los jueces ordinarios, educados en la interpretación de las leyes, no siempre eran adecuados para interpretar la Constitución. Y ello porque, y esto es la segunda razón, en Europa los jueces realizan generalmente una carrera profesional. En Estados Unidos, por el contrario, la mayor parte de los jueces —y, desde luego, los más importantes: los del Tribunal Supremo Federal y de los Estados federados, y los «jueces federales»— no son de carrera, sino que son nombrados jueces después de haber ejercido como abogados, profesores universitarios o dedicaciones similares, lo que les permite una más fácil adaptación.

Además, los juristas europeos suelen ser tendencialmente conservadores, y no solo ideológicamente: también profesionalmente. Les supone un notable esfuerzo alterar sus pautas de funcionamiento. Un ejemplo típico sucedió en Austria hace algunos decenios: se aprobó una nueva ley del Procedimiento Criminal muy diferente de la anterior, y muchos jueces se negaron a trabajar con ella, de forma que hubo que organizar un sistema de jubilación anticipada para todos aquellos jueces que, a la vista de la nueva ley, deseasen abandonar la carrera. Por último, no cabe olvidar el factor político: en Estados Unidos no ha habido más que una Constitución, aún vigente, la de 1787, mientras que en Europa, desde la Revolución Francesa, la mayoría de las Constituciones europeas, salvo la británica, son consecuencia de una ruptura con el régimen anterior; pero aunque cambiase el régimen, los jueces, al ser de carrera, seguirían siendo los mismos, lo que provocaba desconfianza respecto de su voluntad de aplicar la nueva Constitución. En España, por ejemplo, el Tribunal Supremo seguía sosteniendo en 1980 que la Constitución era un documento programático y, por tanto, no la aplicaba.

Todas estas razones condujeron a la mayoría de los países europeos a crear, basándose en la obra de Hans Kelsen, un austriaco que ha sido uno de los más grandes juristas del siglo XX, un Tribunal especializado en la defensa de la Constitución. Los primeros países donde se implantó, después de la I Guerra Mundial, fueron Checoslovaquia y Austria, y poco después la II República lo creó en España. Hoy existe en la mayoría de los países: España, Francia, Italia, Alemania, Austria, Portugal y Grecia, por solo citar algunos casos, tienen Tribunal Constitucional.

3. Doce hombres justos

En todos los países se intenta configurar este tipo de Tribunales eligiendo hombres que posean una sólida formación jurídica, una consistente sensibilidad democrática y una fuerte voluntad constitucional; también en Estados Unidos, donde son nombrados por el Presidente y ratificados por el Senado.

En España, el Tribunal Constitucional tiene *doce* miembros, que proceden de diversos órganos. El Tribunal se divide, a efectos de su elección, en tres partes de cuatro Magistrados cada una. Cada tres años se renueva una de esas terceras partes, de manera que el Tribunal sigue siendo el mismo, pues nunca cambia totalmente. Una tercera parte es elegida por el Congreso, y otra tercera parte por el Senado, que nombran cuatro magistrados cada uno. El tercio restante lo comparten el Gobierno y el Consejo General del Poder Judicial, que nombran dos magistrados cada uno.

La elección ha de realizarse entre juristas —abogados, jueces, profesores, etc.— de reconocido prestigio que tengan, al menos, quince años de antigüedad en sus profesiones. Para asegurar el consenso, la Constitución exige que los nombrados por el Congreso y el Senado sean elegidos por una mayoría de tres quintos, que obliga forzosamente a que varios partidos se pongan de acuerdo, y la ley exige lo mismo para los dos magistrados designados por el Consejo General del Poder Judicial.

El mandato de los magistrados dura nueve años, al cabo de los cuales no pueden ser reelegidos. Esta imposibilidad de la reelección, así como el hecho de que nadie puede cesarlos durante su mandato, intenta asegurar su independencia. Por eso mismo, es el propio Tribunal el que elige su presidente y su vicepresidente.

Aunque sea un solo Tribunal, cuenta en realidad con tres órganos, pues está dividido en *Pleno* y dos *Salas*. El Pleno resuelve, en términos generales, los asuntos en los que discute si una ley es o no conforme con la Constitución, así como los que enfrentan al Gobierno con las Comunidades Autónomas, y las Salas resuelven los recursos de amparo.

4. ...para interpretar la Constitución

El Tribunal Constitucional es el *supremo intérprete de la Constitución*. Sus funciones principales son determinar, en caso de recurso de inconstitucionalidad o de cuestión de inconstitucionalidad, si las leyes vulneran la Constitución; resolver los conflictos que pueden presentarse entre el Estado y las Comunidades Autónomas o entre éstas, así como los que puedan suscitarse entre los órganos constitucionales del Estado, y proteger, a través del recurso de amparo, los derechos fundamentales. En uno de los casos mencionados, la *cuestión de inconstitucionalidad,* el sistema se acerca especialmente al de los Estados Unidos. En efecto, este mecanismo permite que sean los jueces los que, si consideran que una ley puede ser contraria a la

Constitución, planteen el problema al Tribunal Constitucional. Los *recursos de inconstitucionalidad*, sin embargo, sólo pueden ser planteados por actores políticos: 50 diputados, 50 senadores, el Defensor del Pueblo, el Presidente del Gobierno y los Gobiernos o Parlamentos de las Comunidades Autónomas. Los *conflictos de competencia* entre el Estado Central y las Comunidades Autónomas sólo pueden iniciarlos el Gobierno o los Gobiernos de las Comunidades Autónomas. Los *recursos de amparo* pueden ser elevados por cualquier ciudadano si concurren los requisitos, estrictos y numerosos, previstos en las leyes.

5. La justicia constitucional

Todos estos conflictos tienen, sin duda, un trasfondo político, puesto que versan sobre actuaciones de los poderes públicos en materias de carácter político. Pero el Tribunal Constitucional los resuelve jurídicamente, con métodos jurídicos, similares a los utilizados por cualesquiera otros Tribunales. En primer lugar, aunque quienes los nombren sean órganos políticos, los magistrados del Tribunal Constitucional son juristas; en segundo lugar, la Constitución es una norma jurídica, semejante, aunque ocupe una posición superior, al resto de las leyes.

El Tribunal Constitucional ejerce, pues, una *función jurisdiccional:* dice el Derecho, aunque se trate, aquí, del Derecho Constitucional. Y solo dice el Derecho Constitucional, pues para aplicar las demás normas jurídicas están los juzgados o tribunales ordinarios aunque, naturalmente, éstos *también* aplican la Constitución. La diferencia está en que el Tribunal Constitucional *sólo* aplica la Constitución, al menos en teoría. El Tribunal Constitucional no puede, pues, entrar en la interpretación de las leyes: su terreno de juego se reduce a la Constitución. Pero en lo que a la Constitución se refiere, es el árbitro supremo: lo que él diga al respecto es definitivo. Tan definitivo que cuando declare inconstitucional una ley, esta ley, o los preceptos de ella que hayan sido declarados inconstitucionales, queda derogada, expulsada del ordenamiento jurídico, como si no existiese ni nunca hubiese existido. Igualmente, cuando resuelve recursos de amparo en protección de derechos fundamentales, puede anular los actos de otros poderes —Gobierno, Administración o, incluso, Cortes Generales— y hasta las sentencias de los jueces y tribunales ordinarios.

Por otra parte, puede decirse que en las sentencias del Tribunal Constitucional tan importante como su resultado es lo que en ellas se dice. En efecto, en cuanto que supremo intérprete de la Constitución, lo más importante de las sentencias del Tribunal Constitucional es la interpretación de la Constitución que en ellos se hace. En esas sentencias se dice cómo hay que entender las lagunas, imprecisiones o contradicciones de la Constitución, y hasta se interpretan expresiones aparentemente más claras. Esta interpretación de la Constitución es definitiva y, cuando se trata de procesos de inconstitucionalidad o de derechos fundamentales, vincula a todos los jueces y tribunales.

En España, la función del Tribunal Constitucional ha resultado particularmente útil. Esa utilidad obedece, precisamente, a la *juridificación* de las actuaciones del Tribunal, que ha permitido tecnificar las controversias de alta carga política —por ejemplo, los conflictos entre el Estado y las Comunidades Autónomas— y al tecnificarlas, ha contribuido a su despolitización y, en cierta forma, a su *desdramatización*, ya que no es lo mismo discutir sobre un enfrentamiento entre poderes territoriales que sobre el sentido de un precepto constitucional.

1. Reyes, Presidentes y Parlamentos

Todos los Estados tienen una Jefatura. Esta Jefatura es, generalmente, encarnada por una sola persona, aunque hay ejemplos de Jefaturas colegiadas, esto es, colectivas.

Lo característico de las Monarquías es que el Jefe del Estado es un Rey, y que la Jefatura del Estado se transmite generalmente de forma hereditaria, aunque hay supuestos diferentes: por ejemplo, la Jefatura de la Santa Sede, que puede ser calificada como Monarquía, no se transmite, como es obvio, de forma hereditaria. Aunque insólitamente, hay también supuestos de transmisión hereditaria —de hecho, aunque no de derecho— de la Presidencia de la República, como sucedió en la Nicaragua de los Somoza, y la Haití de los Duvalier, o acaba de acontecer en Corea del Norte.

Lo relevante en un Estado constitucional y democrático no es la forma de acceder a la Jefatura del Estado, sino la *combinación entre la forma de acceso y el poder real* de la persona que accede. Así, es aceptable en términos democráticos la transmisión hereditaria, siempre que la Jefatura del Estado carezca de poder político; y es también aceptable una Jefatura del Estado con gran poder político, siempre que sea democráticamente elegida. Lo único inaceptable es una Jefatura con poder político y sin legitimación democrática, esto es, sin que su titular sea elegido.

En el mundo hay fórmulas para todos los gustos. Hay sistemas que se denominan *presidencialistas*, cuyo ejemplo clásico es Estados Unidos, y que son los mayoritarios en América. En ellos, el Presidente de la República es elegido por el pueblo —aunque a veces lo sea formalmente de forma indirecta, como ocurre en los propios Estados Unidos— y ejerce el poder ejecutivo. Nombra y separa libremente, por tanto, a los ministros, y su mandato tiene una duración fija. Puesto que es el pueblo quien lo ha elegido, el Parlamento no puede derribarle salvo por causa de delito o indignidad, como hubiera sucedido con Nixon en Estados Unidos si éste no hubiese dimitido, o como sucedió en Brasil con Collor de Melo. Existe una *separación rígida de poderes*, de manera que no hay relación entre el Presidente, que encabeza el Poder Ejecutivo, y el Parlamento, que ejerce el Poder Legislativo. No es infrecuente que la mayoría parlamentaria sea de un partido distinto al del Presidente, como ahora mismo sucede en Estados Unidos, y que ello dé lugar a serias discrepancias entre los poderes legislativo y ejecutivo. Todos los sistemas presidencialistas democráticos son, por definición, Repúblicas.

Hay, también, sistemas *semipresidencialistas*. Este es el caso francés. Allí, el Presidente es elegido por el pueblo, y ostenta innumerables poderes, entre ellos el de nombrar al Primer Ministro. Pero éste y su Gobierno son, también, responsables ante el Parlamento, igualmente elegido por el pueblo, que puede derribarlos. Entre el Parlamento y el Gobierno hay una estrecha relación. Puede suceder que la mayoría sea del mismo signo político que el Presidente; pero también puede acontecer, como hasta hace poco en Francia y en Portugal, que Presidente y mayoría parlamentaria sean de signos opuestos, de forma que tengan que «cohabitar».

Por último, hay también sistemas *parlamentarios*. En ellos, la separación de poderes es *flexible*, y existen intensas relaciones entre el Parlamento y el Gobierno: éste emana de aquél, ha de contar en todo momento con su apoyo —su *confianza*— y puede, por tanto, ser derribado si pierde dicho apoyo. El Poder Ejecutivo reside esencialmente en el Gobierno, y el Jefe del Estado no es elegido directamente por el pueblo. Sus poderes varían, y tienen mayor densidad en unos países —como Italia— que en otros —como Alemania—. En todo caso, su función es fundamentalmente simbólica y representativa. Los sistemas parlamentarios pueden ser Monarquías —como España, Gran Bretaña, Bélgica, Holanda, Dinamarca, Suecia o Noruega— o Repúblicas, como Italia o Alemania. Todas las Monarquías democráticas son sistemas parlamentarios, por la sencilla razón de que la legitimación democrática de la Monarquía, siendo como es hereditaria, no puede derivar más que de una cosa: de la elección popular del Parlamento y del ejercicio del poder por el propio Parlamento y por el Gobierno que de él emana y al que apoya.

España es una *Monarquía parlamentaria*. Eso quiere decir, en primer lugar, que el Jefe del Estado es un Rey, y que la Jefatura del Estado se transmite hereditariamente; en segundo lugar, que el auténtico poder se localiza y legitima en el Parlamento: el Gobierno emana del Parlamento y ha de contar con su apoyo.

2. La Corona

La Constitución española regula cuidadosamente la Corona, la Jefatura del Estado. Esto la diferencia de lo que sucede en otros países, donde el papel del Rey se ha dibujado a través del tiempo por una serie de prácticas provocadas, incluso, por fenómenos casi anecdóticos. Por ejemplo, en Inglaterra el hecho de que Jorge I fuera de origen alemán —de la Casa de Hannover— provocó que no dominase el inglés y que, por consiguiente, no pudiese intervenir en las reuniones de su Consejo, lo que hoy sería el Consejo de Ministros; más tarde, decidió no asistir a ellos. Así surgió la práctica de que el Rey no asistiese a los Consejos, lo que dio lugar a su separación del Poder Ejecutivo. Ya antes, y tras la dimisión de *Pitt* el Joven, se había instaurado otra práctica, la de que el Primer Ministro contara con el apoyo mayoritario del Parlamento.

En España había razones para no confiar a las prácticas futuras la regulación de la Corona. En primer lugar, la propia modernidad de la Constitución. En segundo lugar, la experiencia histórica no animaba a confiar en la práctica. Los sectores de las Cortes constituyentes tradicionalmente vinculados al republicanismo no hubieran podido aceptar una Monarquía si el perfil de la Corona no estuviese cuidadosamente trazado. Por todo ello, la Constitución realiza una acabada y completa regulación jurídica de la Corona.

Por otra parte, la Corona no se identifica con el Estado, tal y como sucede en otros países. Por ejemplo, en Gran Bretaña, donde la Corona es la encarnación jurídica del Estado. De esta suerte, los bienes y órganos del Estado pertenecen a la Corona o son de ella, aunque el Rey tenga sus propios bienes. Así, los Tribunales o las Reales Fuerzas Aéreas (RAF) se califican de «reales» por su pertenencia a la Corona, esto es, al Estado, y las naves de la Marina, también Real, están «al servicio de su Majestad» (HMS). En fin, el propio Parlamento se denomina formalmente la Corona «reunida en Parlamento», y si alguien quiere demandar al Estado habrá de demandar a la Corona, aunque nada tenga contra la Reina.

En España no es así: la Corona no se identifica con el Estado, sino que es una institución, un *órgano del Estado,* que tiene asignadas funciones propias, específicas y diferentes de los demás órganos del Estado. Funciones, ciertamente, de la mayor relevancia, puesto que el titular de la Corona, el Rey, es el Jefe del Estado. Pero la Corona no integra en España ni al Parlamento, ni al Gobierno, ni al Poder Judicial ni a ningún otro órgano distinto de ella. Tampoco encarna la personalidad jurídica del Estado aunque, como veremos, represente al Estado. La Corona en España es, en suma, la Jefatura del Estado: todo eso, pero nada más que eso.

3. Las funciones del Rey

El titular de la Corona es el Rey, Jefe del Estado. La configuración de España como Monarquía parlamentaria en la que todos los poderes emanan del pueblo impide que el Rey, que accede a la Jefatura del Estado por vía hereditaria, ostente poderes políticos. Pero la configuración de la Corona como órgano del Estado exige que tenga atribuidas unas funciones determinadas. La famosa expresión británica según la cual «el Rey reina pero no gobierna» es, en este caso, absolutamente correcta, sobre todo si se invierte: el Rey no gobierna, pero reina, entendiendo por reinar el ejercicio de las funciones que la Constitución atribuye al Jefe del Estado.

Importa, en primer lugar, señalar que ejerce esas, y ninguna otra: la Constitución diseña con claridad y precisión las funciones de la Corona, y atribuye los poderes ejecutivo, legislativo y judicial a otros órganos. Al hacerlo así, otorga a la Corona unas funciones tasadas, que el titular de la Corona no puede sobrepasar. La propia Constitución lo dice claramente: el Rey ejerce las funciones que le atribuyen *expresamente* la Constitución y las leyes. Expresamente; no hay, pues, poderes o funciones implícitos.

Las funciones del Rey son, en general, *simbólicas*, y lo son en un doble sentido: por una parte, y esto es lo más relevante, son simbólicas en sentido estricto, porque la función principal de la Corona en cuanto que Jefatura del Estado es, precisamente, simbolizar —esto es, representar— a España como entidad histórica y al Estado como entidad jurídica. Por otra parte, son simbólicas, en un sentido más amplio o vulgar, porque carecen de un contenido efectivo de poder político.

Así, el Rey es, según la Constitución, *Jefe del Estado, símbolo de su unidad y permanencia*. Es símbolo, por tanto, de que el Estado es sólo uno, aunque los poderes del Estado sean más de uno; y símbolo de que el Estado permanece, algo que se expresa plásticamente en la conocida frase «el Rey ha muerto, viva el Rey»: aunque la persona desaparezca el Estado permanece.

En cuanto que símbolo del Estado, el Rey tiene funciones en las *relaciones con otros Estados:* asume la más alta representación de España en las relaciones internacionales, acredita a los embajadores y representantes de España en el extranjero y recibe la acreditación de los que representen a otros Estados ante España y, en fin, expresan el consentimiento del Estado para suscribir Tratados internacionales.

También en el *plano interno* corresponden al Rey importantes funciones simbólicas. Así, y entre las más importantes, sanciona y promulga las leyes, esto es, hace saber que han sido aprobadas por las Cortes y que, por tanto, han de aplicarse. Tal cosa la realiza estampando en un papel, que se llama de canto dorado porque efectivamente lo tiene, y con pluma, la siguiente fórmula: «A todos los que la presente vieren y entendieren. Sabed: Que las Cortes Generales han aprobado y yo vengo en sancionar la siguiente ley»; una fórmula que es un residuo histórico de los tiempos en que la sanción real tenía un contenido político, pues el Rey podía negarse a sancionar las leyes. Hoy no cabe tal cosa, pues la Constitución señala claramente que, aprobada una ley por las Cortes Generales, el Rey la sancionará en un plazo de quince días, y la promulgará y ordenará su inmediata publicación. Igual sucede con los Reales Decretos, que expide formalmente el Rey pero que son materialmente aprobados por el Gobierno.

De la misma forma, es el Rey quien disuelve las Cortes y quien convoca elecciones, pero solo formalmente, pues la disolución corresponde en realidad al Presidente del Gobierno; igual sucede con la convocatoria a referéndum, o con el nombramiento de los Ministros, y con el derecho de gracia —esto es, el indulto— que ejerce en la práctica el Gobierno. Por último, ostenta el patronazgo de las Reales Academias. Son todas ellas, pues, funciones formales, que no ejerce en realidad el Rey, sino quien refrenda los actos del Rey, algo de lo que enseguida se hablará.

¿Quiere esto decir que nada le queda al Rey de los amplios poderes de sus antepasados? No, algo le queda. En primer lugar, le corresponde una función muy importante: *proponer* al Congreso el candidato a Presidente del Gobierno.

En efecto, una vez celebradas elecciones generales, el Rey llama a consultas a los representantes de todos los partidos políticos que hayan obtenido algún escaño. Eso quiere decir que, con solo obtener un escaño, el representante del partido será llamado a Palacio, en unas consultas que, en la práctica seguida hasta ahora, comienzan con el partido con menor número de diputados y acaban con el que más tiene. Evacuadas las consultas, el Rey propone al Presidente del Congreso un candidato para Presidente del Gobierno.

Hasta el presente, esta facultad regia no ha planteado problema alguno, pues siempre ha habido un ganador claro, incluso con mayoría absoluta, de las elecciones. Pero en un sistema como el nuestro no es impensable que entre dos o más partidos haya poca diferencia. Cabe, en estos casos, dudar que habrá de hacer el Rey. ¿Deberá proponer al candidato del partido que haya obtenido más diputados, aunque de las consultas se deduzca claramente que el Congreso no lo votará?

Como casi siempre en política, la respuesta depende de la circunstancia. Las consultas pueden haber puesto de relieve al Rey que otro candidato obtendría los votos necesarios, aunque sea de un partido minoritario. Este fenómeno, que sea un representante de un partido minoritario quien forme el Gobierno, no es infrecuente. En tal caso, el Rey deberá proponer a quien, según los datos de que dispone, está en condiciones de formar Gobierno. Si de las consultas no surge, sin embargo, un candidato con claras posibilidades de obtener mayoría, el Rey deberá proponer en primer lugar el representante del partido con más diputados, para que éste intente formar Gobierno. Esta función del Rey, la de proponer candidato para la Presidencia del Gobierno, sí puede tener, pues, contenido material en caso de que no haya una mayoría clara, pues aunque sea el Congreso el que, en definitiva, *inviste* al Presidente del Gobierno, al Rey le cabe un margen de apreciación para determinar el candidato con más posibilidades de obtener la mayoría. La importancia de esta actuación regia deriva de que si en un plazo de dos meses el Congreso no inviste a un nuevo Presidente hay que repetir las elecciones. Por eso la Constitución exige que la designación del candidato a Presidente del gobierno sea *refrendada* por el Presidente del Congreso.

Por otra parte, al Rey le corresponde, según la Constitución, el mando supremo de las Fuerzas Armadas. Desde la estricta perspectiva jurídico-constitucional, esta sería también una función simbólica, pues es al Gobierno al que le corresponde dirigir la Administración militar, y la cúspide de la cadena de mando reside en el Presidente del

Gobierno y el Ministro de Defensa. Sin embargo, nuestro atribulado pasado histórico confiere a esta función, en teoría simbólica, un indiscutible contenido material que los hechos de 1981 pusieron de relieve. Este contenido material se pone de relieve si se compara el golpe de estado de 1981 con el de Primo de Rivera. Ciertamente, quienes dirigen a los Ejércitos son el Gobierno y el Ministro de Defensa. Pero si alguien intenta un ataque contra las instituciones utilizando a las Fuerzas Armadas, no es en absoluto lo mismo contar con la pasividad o el apoyo del Rey, como sucedió con Primo de Rivera, que realizar el ataque en contra del Rey, como aconteció en 1981. Lo primero, el apoyo o la pasividad, otorga al golpe una cierta apariencia, aunque sea falaz, de legalidad, legitimidad o necesidad; lo segundo, por el contrario, pone públicamente de relieve, ante la sociedad toda y ante las propias Fuerzas Armadas, y sin que nadie pueda llamarse a engaño, que el golpe es lo que en todo caso es: un delito de rebelión militar.

Por último, la Constitución señala que el Rey *arbitra y modera* el funcionamiento regular de las instituciones. Es esta cláusula donde los nostálgicos del poder personal del Rey se amparan para pedir, cada vez que a su juicio viene a cuento, la intervención del Jefe del Estado. Para ellos, esta expresión institucional significa que el Rey debe actuar —se entiende, claro está, que a su favor— cuando las instituciones están bloqueadas o en crisis, o hay peligro de disgregación de la Patria. Esta cláusula supondría pues, una atribución al Rey de poderes implícitos, poderes que el Monarca habría de usar cuando y como lo considere necesario.

Sin embargo, no es así. Como ya hemos visto, la Constitución dice que el Rey ejerce las funciones que *expresamente* le atribuyan la Constitución y las leyes, y sólo esas. En segundo lugar, esa cláusula no es una atribución de funciones: es la definición de la Jefatura del Estado. No se trata, pues, de que moderar y arbitrar sean funciones del Jefe del Estado; se trata de que la Jefatura del Estado se define constitucionalmente señalando que modera y arbitra.

¿Qué es, pues, moderar y arbitrar? Es lo que en el lenguaje británico se dice que hace el Rey: estar informado, aconsejar y estimular. Por eso, para realizar esas funciones, el Rey despacha habitualmente con el Presidente del Gobierno. Por eso, también, la Constitución señala que el Rey asistirá a los Consejos de Ministros cuando lo estime oportuno y a petición —esto es, *previa* petición— del Presidente del Gobierno. Hasta ahora, la práctica singular al respecto ha sido intachable: consiste en que el Rey asista a, más o menos, un Consejo de Ministros anual, pero sin que en ese Consejo de Ministros se adopte decisión política alguna, pues ello supondría implicar al Rey en una concreta opción política. Se trata, por tanto, de Consejos de Ministros *deliberantes,* y no decisorios.

4. Refrendar los actos del Rey

La carencia de poderes políticos efectivos por parte del Rey tiene como consecuencia su *irresponsabilidad:* símbolo como es de la unidad y permanencia del Estado, es decir, de todo el Estado, el Rey se sitúa al margen de la lucha política partidaria, pues si participase en dicha contienda se convertiría en símbolo de unos frente a otros, Y en cuanto que permanece al margen de dicha contienda política, el Rey carece de responsabilidad por los actos políticos. Como dicen los ingleses, *the King can not do wrong*, el Rey no puede equivocarse; como no actúa, no se equivoca.

Ahora bien, en un Estado democrático toda actuación política implica, también, responsabilidad política: alguien debe estar dispuesto a pagar con su cese o dimisión las consecuencias negativas de la decisión adoptada. Alguien, que no sea el Rey, debe figurar como responsable.

Para eso se inventó el *refrendo,* esto es, la firma. El refrendo significa que todos los actos del Rey deben ir firmados, además de por él, por otra persona. Formalmente, es el Rey quien ordena; en realidad, el que ha adoptado la decisión es quien la refrenda, y este es el responsable de tal decisión. Todos los actos del Rey deben ir refrendados, y quien refrenda es el responsable del acto. Generalmente, el refrendo corresponde al Presidente del Gobierno o al ministro competente, pero algunos actos son refrendados por el Presidente del Congreso.

El refrendo tiene, pues, un triple objeto: por una parte, evita que el Rey utilice poderes políticos, puesto que el refrendo es condición para que sus actos sean válidos; por otra parte identifica al autor material de la medida adoptada; por ello, y por último, designa al responsable político de tal medida.

5. Vivir como un Rey

La posición del Rey como Jefe del Estado y titular de la Corona la hace, también, partícipe de algunos rasgos que le distinguen del resto de los ciudadanos.

El primero de esos rasgos es que el Rey es, en España, la única persona *inviolable*. Eso significa que no puede ser demandado, ni denunciado, ni querellado, ni citado como testigo ni, mucho menos, detenido o encarcelado. No puede, en definitiva, sufrir orden, intimación o persecución alguna. Para que se pueda hacer tal cosa debe, previamente, haber sido inhabilitado como Rey por las Cortes Generales, esto es, debe haber dejado de ser Rey.

Esta circunstancia es la consecuencia lógica de su carácter de símbolo del Estado y de su alta posición constitucional: quien demandase o, siquiera, citase al Rey como testigo en un juicio estaría demandando o citando, en realidad, a quien simboliza el Estado. Si el Rey estuviese sometido al mismo régimen que los demás ciudadanos, la amenaza de una maniobra desestabilizadora que utilizase cualquier pretexto sería permanente. Los últimos tiempos, pródigos en demandas y querellas de los más variopintos géneros y dirigidos contra las más diversas personas, han demostrado el acierto de la previsión constitucional, especialmente ante la proliferación de auténticos profesionales de la querella —lo que se denomina «querulantes»—, dispuestos a cualquier cosa para ocupar un espacio en las noticias, incomodar a un enemigo o vengarse de él.

La segunda peculiaridad del Rey es que dispone de un órgano, la *Casa del Rey*, específicamente destinado a asistirle en sus funciones. Este órgano reviste una gran importancia, pues constituye el enlace del Rey y de la Familia Real con los demás poderes públicos y con la sociedad toda; por ello, de la Casa del Rey depende que esa relación sea fluida y pacífica. Para el mantenimiento del Rey, de su Familia y de su Casa, se prevé anualmente, en los Presupuestos Generales del Estado, una cantidad global. Y aquí sí que dispone el Rey de todos los poderes: nombra y cesa libremente, sin intervención de nadie, al Jefe de su Casa y al resto del personal civil y militar de ésta, y dispone del presupuesto global que le asignan las Cortes como le parece conveniente.

6. La Familia Real

También los familiares más directos del Rey reciben, precisamente por esa proximidad, un tratamiento especial. Pero es preciso distinguir, a esos efectos, entre dos conceptos diferentes: la Familia Real y la familia del Rey. Los primeros, la Familia Real, son, exclusivamente, los parientes más próximos del Rey, los parientes directos: su cónyuge, la Reina, sus ascendientes, sus hermanos y sus descendientes, entre los que se contará el Príncipe Heredero. Este núcleo constituye la Familia Real, mencionada en la Constitución y jurídicamente protegida de varias formas. Por ejemplo, las injurias dirigidas contra ellos son delitos de mayor gravedad, y en caso de ser citados a juicio como testigos es el Juez quien se desplaza a su domicilio a tomarles declaración. Además, son inelegibles, y acabamos de ver que los Presupuestos Generales del Estado subvienen con una cantidad para mantener a la Familia Real. La consorte del Rey recibe, aunque el Rey muera, la denominación de Reina y el tratamiento de Majestad; el consorte de la Reina, sin embargo, sólo recibiría la dignidad de Príncipe y el tratamiento de Alteza Real. Esta diferencia, tradicional, obedece al intento de evitar que una asociación de ideas pudiese hacer pensar que el Rey consorte fuera, si existiere, el titular de la Corona. El heredero de la Corona recibe desde su nacimiento el título de Príncipe —o Princesa— de Asturias, y tratamiento de Alteza Real, de los que también disfruta su consorte. Los demás hijos del Rey, así como los del propio Príncipe de Asturias, son Infantes de España, y tienen derecho al tratamiento de Alteza Real. Sus consortes recibirán el tratamiento y honores que el Rey les otorgue. También puede el Rey agraciar con la Dignidad de Infante y el tratamiento de Alteza a las personas que juzgue conveniente en virtud de circunstancias excepcionales.

Salvo los mencionados —ascendientes, hermanos, consorte y descendientes— los demás familiares del Rey no tienen relevancia constitucional ni protección jurídica especial alguna.

7. La sucesión en la Corona: el Príncipe heredero

Al ser una Monarquía, la sucesión en la Jefatura del Estado —en la Corona— es, en España, hereditaria.

La línea hereditaria es la de los sucesores del actual Rey,

D. Juan Carlos I de Borbón. Dentro de esta línea se sigue, en primer lugar, el criterio de descendencia. Por tanto, son herederos, si los hay, como ahora sucede, los hijos del Rey. Si, como también acontece ahora, hay varios descendientes, el heredero es en primer lugar, si lo hubiere, el varón; dentro del mismo sexo, se aplica el criterio de mayor edad. Pero debe matizarse que rige, también, el principio de representación. Por tanto, si falleciera el heredero y éste tuviese descendencia, la sucesión seguiría esa línea. Si no hubiese descendencia, entrarían en juego las líneas colaterales, esto es, los hermanos.

El orden de sucesión es el tradicional en España. La única peculiaridad que tiene es la preferencia del varón sobre la mujer, que es contraria al principio de igualdad de sexos consagrado con carácter general por la propia Constitución y no tiene más justificación que la tradición. Pero establecida como está en la Constitución, ninguna duda cabe de que ésta prefiere, probablemente por la tradicional razón apuntada, que la Corona sea ostentada por un varón.

El heredero de la Corona recibe la dignidad de Príncipe o Princesa de Asturias y, al cumplir la mayoría de edad, presta juramento de guardar o hacer guardar la Constitución.

La Constitución no limita en modo alguno el derecho del Príncipe o la Princesa de Asturias a contraer matrimonio con quien libremente deseen. Simplemente, establece una cautela, que alcanza no sólo al heredero sino a todas las personas con derecho a la sucesión. Esta cautela consiste en que el Rey o las Cortes Generales pueden prohibir tal matrimonio. Ello no significa que ni el heredero ni las demás personas con derecho a la sucesión hayan de solicitar el permiso del Rey o de las Cortes para matrimoniar; significa que estos últimos pueden prohibir el matrimonio, cosa que han de hacer expresamente. Lógicamente, esta posibilidad está pensada para los supuestos en que el matrimonio pueda perjudicar, en opinión del Rey o de las Cortes, los intereses nacionales. Aún así, la persona con derecho a la sucesión puede contraer matrimonio, pero ello significaría la renuncia a los derechos sucesorios para sí y sus descendientes.

Si al fallecer el Rey el Príncipe de Asturias fuere menor de edad, se nombrará un Regente que, en principio, será su padre o madre y, si no existiere, su pariente de mayor edad más próximo a la sucesión. En estos casos, se nombrará al Príncipe un tutor. También el Príncipe de Asturias puede ser, él mismo, Regente, si el Rey quedase inhabilitado para ejercer sus funciones.

Capítulo XII
El poder de Europa

1. España en el mundo: la soberanía limitada

Nunca ha habido un país absolutamente soberano, esto es, absolutamente libre para tomar sus decisiones con toda libertad, sin ningún género de condicionamiento. Siempre ha habido, y hay, para todos, razones de las más diversas índoles —de política interna o internacional, económicas, sociales, migratorias, históricas— que condicionan las decisiones, impidiendo adoptar las que realmente se desean u obligando a acometer medidas que se desearía evitar. Naturalmente, este tipo de condicionamientos son distintos. Dependen fundamentalmente de dos cosas: del grado de poder político, económico y militar de un país y de su nivel de relaciones con otros.

En el mundo actual, sólo los países que no cuentan para nada están absolutamente aislados. La interrelación entre las sociedades, la economía, la política y hasta la fuerza militar de la mayoría de los países es enorme: todos dependemos de los demás para que nos suministren materias primas o adquieran las nuestras, para que compren nuestros productos y nos vendan los suyos, para que nos concedan préstamos, para que nos suministren equipos industriales o nos dejen pescar en sus costas y para un sinfín de cosas más. Eso tiene ventajas, muchas, pero también inconvenientes; el fundamental, que obliga a ponderar muchísimo los efectos de toda decisión, pues es seguro que puede repercutir muy seriamente sobre los más diversos sectores: por ejemplo, le decisión francesa de realizar pruebas nucleares ha reducido las ventas procedentes de ese país en muy diversas ramas, desde la industria militar hasta el vino o los perfumes.

España es, en todos los sentidos, un país medio-alto: ni en economía, ni en potencia militar, ni en prestigio internacional somos los Estados Unidos, Alemania, Francia o el Reino Unido. Pero contamos con una economía que figura entre las diez primeras del mundo, con una sociedad libre, democrática y dinámica, con una influencia cultural notable, especialmente en América, y con un activo de la mayor importancia, la lengua, ya que el español es la segunda lengua activa más hablada del mundo. Somos, por otro lado, un país especialmente sensible a los fenómenos internacionales, porque el sector turístico es una de las bases de nuestra economía, porque ocupamos una posición geográfica entre la Europa central y África, porque nuestras costas están bañadas por dos mares importantes, el Atlántico y el Mediterráneo, y porque nuestra historia y nuestra situación nos vinculan con al menos dos de los grandes bloques mundiales —el constituido por las naciones vulgarmente denominadas «occidentales», que comprende a Europa Central y del Oeste, Estados Unidos y Canadá, y el de los países iberoamericanos— y nos hacen particularmente receptivos a lo que suceda en otro gran

bloque, el de los países árabes. Todo ello condiciona notablemente nuestras decisiones.

Además, estamos integrados en la mayor parte de las
organizaciones internacionales, desde, naturalmente, la
ONU hasta el Consejo de Europa, pasando por la OTAN
—aunque permanecemos ajenos a su estructura militar integrada, lo que nos otorga una considerable singulari-
dad— y esa integración acarrea deberes y obligaciones de
todo tipo. La presencia militar española en Bosnia, El Sal-
vador u otros lugares en conflicto son parte de esas obligaciones. La pertenencia al Consejo de Europa obliga a
respetar determinadas normas, protectoras casi todas ellas
de derechos fundamentales. En suma, a la hora de tomar
decisiones es preciso respetar las normas del Derecho Internacional, contar con los socios y aliados y prever sus
reacciones.

Nuestra soberanía, como la de todos los demás países,
está, pues, limitada. Es una limitación que resulta indirectamente de una decisión voluntaria, la de pertenecer a la
comunidad internacional y la de integrarse en los centros
mundiales de toma de decisiones, pero tiene sus costes.
En ocasiones las circunstancias pueden hacernos pensar
que esos costes son mayores que los beneficios; en tales
casos sólo tenemos que recordar el daño que siglos de aislamiento y de ausencia de los foros internacionales han
hecho a nuestro país.

2. España en Europa: la soberanía transferida

Dentro de ese concierto internacional hay un fenómeno
que, por muchas razones, es especial: el de la *Unión Europea*.

En los demás casos mencionados, la limitación de la soberanía es de carácter fáctico, no jurídico: en teoría, uno
puede hacer lo que quiera, aunque en la realidad no pue-

da hacerlo, al menos sin consecuencias. En el caso de la Unión Europea, sin embargo, la situación es distinta: los quince países que hoy la integran han decidido atribuir a la Unión la capacidad de decisión sobre determinadas materias. Por tanto, han transferido, en realidad, una parcela de su soberanía.

Naturalmente, esas parcelas de soberanía han sido delegadas en la Unión Europea porque la Constitución lo permite, y de acuerdo con ella. Pero lo importante es que, después de nuestra adhesión a la Unión Europea, son muchas, y muy importantes, las decisiones que afectan a nuestra vida y que no tomamos nosotros —o no tomamos sólo nosotros— sino que son adoptadas en los centros de decisión de la Unión Europea. El funcionamiento del sistema español no puede entenderse, en resumen, si no se considera lo que supone la integración de España en la Unión Europea.

3. Lo que va de Roma a Maastricht

El complejo conglomerado que hoy se denomina Unión Europea, Comunidad Europea o Comunidades Europeas —cualquiera de los tres nombres es oficialmente válido— nació con el Tratado de Roma, que creó la Comunidad Económica Europea , *CEE*. La CEE fue, en realidad, la tercera organización supranacional de ámbito europeo, ya que con anterioridad a ella existieron la Comunidad Europea del Carbón y del Acero, *CECA* y la Comunidad Europea de Energía Atómica, *EURATOM*.

El Tratado de Roma tenía, como indicaba el nombre de la Comunidad que creaba, una finalidad exclusivamente económica que, fundamentalmente, consistía en estimular el crecimiento económico y favorecer el comercio entre los países miembros permitiendo la libre exportación e importación de mercancías mediante la creación de una *unión aduanera,* consistente en la delimitación de una zona de libre cambio con un arancel aduanero común frente al exterior. Además, preveía —pocas— políticas comunes, atribuyendo a la CEE competencias globales en materia de agricultura —la *PAC*, política agrícola comunitaria—, pesca —política pesquera comunitaria— y política comercial y de transportes. Posteriormente la Comunidad evolucionó, ampliando sus objetivos y sus competencias y elaborando más *políticas sectoriales* comunes, como las relativas a *medio ambiente, investigación y desarrollo tecnológico.*

La CEE experimentó una notable evolución. Los países miembros han pasado de los seis originales a los quince de la actualidad. Por otro lado, las políticas asumidas por la CEE pasaron a ser tantas, y tan importantes, que comenzó a resultar imposible realizarlas manteniéndose en el plano de una mera unión arancelaria o económica: era necesario establecer lazos más profundos entre los países que la formaban. Además de la conveniencia de contar con una presencia coordinada, y con una sola voz, en el concierto político y económico internacional, sólo así se justificaba, entre otras cosas, que los países ricos pagasen grandes cantidades de dinero para sostener la PAC o para ayuda al desarrollo de los países menos avanzados, España entre ellos.

Esa evolución cristalizó, primero, en el *Acta Única Europea,* que profundizó en la creación de un auténtico mercado interior y un embrión de política exterior común, y después en el *Tratado de la Unión Europea*, más conocido con el nombre de *Tratado de Maastricht*, por el nombre de la ciudad holandesa en la que se firmó. El principal efecto del Tratado fue incorporar al ámbito de la Unión nuevos sectores, añadidos a lo estrictamente comunitario. La suma de la vieja CEE con los nuevos sectores da lugar a la *Unión Europea*.

En síntesis, la Unión Europea consiste en la creación de

un *mercado único* caracterizado por la existencia de *cuatro libertades* —libre circulación de *mercancías, servicios, capitales* y *personas*— a los que se suma el concepto de *cohesión*. Este último se manifiesta en el *fondo de cohesión,* que se añaden a los Fondos para el Desarrollo Regional —*FEDER*— y al Fondo Europeo de Orientación Agrícola —FEOGA. A pesar de la importancia intrínseca de todos estos elementos, se supone que constituyen sólo los primeros pasos para una unión más estrecha, que repercutirá en una más solida y cohesionada construcción europea y se manifestará, por ejemplo, en la Unión Económica y Monetaria *(UEM),* que incluye la *moneda única.*

4. Una Unión con tres pilares

El Tratado de Maastricht supuso un progreso hacia una organización supranacional más ambiciosa, basada no solo en la cooperación económica, sino también en la política. El Tratado tiene una estructura tripartita, esto es, se estructura en tres bloques, a cada uno de los cuales se denomina coloquialmente *pilares*. La razón de que existan estos tres bloques es puramente política: los Estados miembros de la Unión, sobre todo algunos, no estaban dispuestos a que determinadas materias de gran relevancia, las más vinculadas a la soberanía, quedasen sometidas a las reglas del juego y los procedimientos comunitarios, ya que no pocas decisiones son adoptadas por mayoría y, por tanto, podían verse derrotados en una votación y obligados a actuar, en materias relevantes de forma no deseada. Por eso, se buscaron —y encontraron soluciones distintas para sectores diferentes: en el primer pilar funcionan, a la hora de adoptar las decisiones, las reglas comunitarias, pero en el segundo y tercer pilar rigen otros principios.

El primer pilar, denominado *pilar comunitario,* abarca las políticas de los órganos «originales» de la Unión

—CEE, CECA, EURATOM— que ya se ejecutaban por la antigua CEE anterior a Maastricht, aunque se le añade el muy importante capítulo de la *Unión Económica y Monetaria (UEM)* que, teóricamente, deberá concluir dentro de unos años con una política monetaria, y una moneda, comunes para los países que cumplan las —muy estrictas— condiciones exigidas para ello. Este pilar es de carácter fundamentalmente económico y sigue siendo, hoy por hoy, el más importante. Se caracteriza, y eso es muy importante, porque supera la simple cooperación internacional, y se rige por las reglas de la integración supranacional: en las materias que abarca no deciden los Estados miembros, sino las instituciones de la Unión.

El *segundo pilar* no incluye ya políticas comunitarias, sino propósitos de cooperación entre los Estados miembros, y se refiere a la Política Exterior y de Seguridad Común (Relaciones Exteriores y Defensa, *PESC*). Aunque no está totalmente comunitarizado, va más allá de la estricta cooperación gubernamental, y tiene una marcada tendencia a la comunitarización, como lo ponen de relieve los esfuerzos encaminados a obtener una política común en la antigua Yugoslavia. Su profundización es, seguramente, lo más importante para conseguir una mayor solidificación de la Unión; el *tercer pilar* tampoco abarca políticas comunitarias, sino la cooperación en materia de Justicia e Interior que se manifiesta, por ejemplo, en la política de concesión de visados a ciudadanos no comunitarios, la de asilo o la de inmigración.

5. Los centros del poder europeo: superávit ejecutivo...

Esos centros de decisión son muy diversos. El más importante, porque es el que marca los horizontes, el rumbo, y las grandes líneas políticas, es el *Consejo Europeo*, que no debe confundirse con el Consejo de Europa. Es el máximo órgano político de la Unión, y está formado por los Jefes de Estado y de Gobierno de los países miembros, a los que se añade el Presidente de la Comisión Europea. La Presidencia del Consejo Europeo y de la Unión es rotatoria, y corresponde por turnos preestablecidos de seis meses a cada uno de los Estados; existe, sin embargo, la práctica conocida como *troika,* que consiste en que la Presidencia de turno ejerce sus funciones acompañada de la anterior y de la que le sucederá, para asegurar la continuidad de las tareas. Además, hay una estructura *permanente,* la Secretaría General, que sirve de apoyo a las sucesivas Presidencias. El Consejo Europeo se reúne al menos dos veces al año —una en cada Presidencia— y lo preside el Jefe del ejecutivo del país que ostente la Presidencia.

La principal función del Consejo Europeo es impulsar el desarrollo de la Unión y fijar las grandes orientaciones, políticas y económicas. Es el Consejo Europeo el que toma las grandes decisiones, y designa al Presidente de la Comisión Europea.

El *Consejo de Ministros* está compuesto por un representante, con rango de Ministro, de cada uno de los países miembros. El Consejo de Ministros agrupa a los Ministros competentes según los asuntos que se discutan. Así pues, hay Consejos de Ministros de Asuntos Exteriores —el que lleva el peso de la Unión— Economía y Finanzas —muy importante, porque define la política económica, y al que se denomina *ECOFIN*—, Pesca y Agricultura —donde se elabora la *PAC*, Política Agrícola Comunitaria—, Transportes, Industria, Justicia e Interior, etc. Es el Consejo de Ministros el que ejerce el *poder de decisión*, modificando o rechazando las propuestas de la Comisión, y lo preside el Ministro del país a quien corresponde la Presidencia durante ese semestre. En ese poder de decisión figura, atribuida al Consejo de Ministros aunque sea un órgano ejecutivo y no legislativo, la *potestad legislativa*, ya que es él quien aprueba las *Directivas* y los *Reglamentos*, que son las normas de la Unión.

El Consejo de Ministros está asistido por el *COREPER* —Comité de Representantes Permanentes de los Estados ante la Unión— que es quien prepara las reuniones del Consejo de Ministros. Naturalmente, cada uno de los miembros del Consejo de Ministros defiende los intereses de su país según son definidos por su Gobierno. Algunas decisiones deben ser tomadas por unanimidad, lo que permite que un solo país bloquee —vete— las decisiones de la mayoría; pero cada vez son más, y tienden a aumentar —porque la unanimidad disminuye la operatividad, y es más complicada cuanto mayor sea el número de miembros— las decisiones que se toman por mayoría cualificada, esto es, ponderando el voto según el número de habitantes de cada Estado.

Aunque el poder político resida en el Consejo, la gestión de la Unión Europea corresponde a la *Comisión Europea*, con sede en Bruselas. Tiene un Presidente, que equivale al Presidente del Gobierno, pero que no es nombrado por el Parlamento, sino por los gobiernos de los países que forman la Unión, previa consulta al Parlamento, y diecinueve Comisarios, encargados —de forma parecida a los ministros de un Gobierno— de las diferentes áreas. Pero los Comisarios Europeos se distinguen de los Ministros de un Gobierno en dos cosas muy importantes: la primera en que no son nombrados por el Presidente de la Comisión, sino designados, previa consulta con aquel, por los Gobiernos de los países miembros que, según su tamaño, nombran dos Comisarios —los países grandes: Alemania, España, Francia, Italia y Reino Unido— o uno solo; ya una vez designados deben someterse al voto de aprobación del Parlamento Europeo, que puede emitir un voto de censura colectivo, pero no individualizado. Cuando, como es el caso de España, corresponde nombrar dos, la práctica establece que uno corresponde al partido en el Gobierno y otro a la oposición. La segunda distinción es que, al menos en teoría, los Comisarios, aunque hayan sido nombrados por los Gobiernos de sus países, son independientes de ellos y no defienden sus intereses, sino los de la Unión, aunque es claro que resulta muy difícil olvidar los orígenes. Desde el Tratado de Maastricht el mandato de los Comisarios coincide con las legislaturas del Parlamento Europeo, esto es, cinco años.

Aunque teóricamente no tiene poder político, la verdad es que la Comisión Europea, «la burocracia de Bruselas», como la llaman los ingleses, ejerce una gran influencia. Su función fundamental es velar por los intereses de la Unión, lo que la convierte en «guardiana de los Tratados» constitutivos de ésta. Para ello cuenta con un arma poderosa: la *capacidad de iniciativa*, ya que es a ella a quien corresponde tomar la iniciativa respecto de las acciones a emprender. La Comisión Europea tiene un considerable aparato administrativo, con un gran número de funcionarios que, por el poder que ejercen, sus altas retribuciones y sus diversos privilegios, son denominados coloquialmente *eurocratas*.

6. ...y déficit democrático

El *Parlamento Europeo* es, desde hace poco, elegido directamente por los ciudadanos de los distintos países por sufragio universal. Sin embargo, sus poderes son todavía escasos. La Unión Europea, aunque está compuesta por democracias parlamentarias —trece de los quince países— o semiparlamentarias —Francia y Portugal— no funciona como una democracia parlamentaria. El Parlamento Europeo no nombra a la Comisión Europea, aunque la ratifica, y no aprueba las normas de la Comunidad, aunque debe ratificar algunas, como los Presupuestos. Por eso se dice que la Unión Europea tiene *déficit democrático*, porque los órganos con poder —el Consejo Europeo, el Consejo de Ministros y la Comisión Europea— no son elegidos por los representantes de los ciudadanos, que tampoco aprueban las leyes, y el órgano elegido por los ciudadanos, el Parlamento Europeo, tiene muy poco poder. Probablemente una prueba de ello, además de una dificultad, es que celebra sus sesiones en Estrasburgo, mientras que la sede de la Comisión, y las oficinas del propio Parlamento están en Bruselas, lo que dificulta notablemente su funcionamiento y, además, cuesta una considerable cantidad de dinero al año. Por otro lado, el déficit democrático se manifiesta también en que los Parlamentos de los Estados miembros ven, paulatinamente, como el Consejo Europeo les sustrae más y más competencias.

El Parlamento cuenta con una participación en el proceso legislativo a través de diversos procedimientos, y tiene la última palabra sobre los Presupuestos de la Unión, que debe aprobar y puede rechazar, como ya ha hecho en un par de ocasiones. En él los parlamentarios —*europarlamentarios*, como coloquialmente se les llama— se agrupan, igual que en los parlamentos nacionales, en grupos parlamentarios que reúnen a los de idéntica orientación política, aunque hay algunas variaciones llamativas: por ejemplo, el PDS —Partido Democrático de la Izquierda, heredero del Partido Comunista— italiano pertenece voluntariamente al Grupo Socialista.

7. Un Tribunal Europeo

La Unión Europea tiene también su propio *poder judicial*, formado por el *Tribunal de Justicia de la Comunidad Europea*, con sede en Luxemburgo, y que no debe confundirse con el Tribunal Europeo de Derechos Humanos, con sede en Estrasburgo. El Tribunal de Justicia de la Comunidad Europea está compuesto por quince jueces y nueve «abogados generales» —algo parecido a letrados asesores— designados todos ellos por los Estados miembros; desde el Tratado de Maastricht el TJCE tiene además un Tribunal de Primera Instancia, que también cuenta con quince jueces.

La función de estos Tribunales es garantizar el respeto a la legislación de la Unión Europea. Para ello, resuelven las disputas entre los Estados miembros de la Unión, o entre la Comisión Europea y algún Estado, sobre la aplicación del Tratado de la Unión. También los particulares pueden acudir al Tribunal si consideran que el Tratado ha sido violado. Estas competencias otorgan al Tribunal Europeo una función fundamental, que es asegurar la uniformidad de la interpretación de la normas comunitarias, para que se apliquen de forma similar en todos los países. Para ello existe un mecanismo muy importante, denominado *cuestión prejudicial*, que consiste en que cuando un juez de un Estado miembro tenga dudas sobre la validez o la interpretación que ha de otorgarse a una norma comunitaria puede plantear la cuestión al Tribunal Europeo para que éste la resuelva.

Hay, además de las Instituciones, otros muchos órganos de la Unión Europea, cuyas sedes están repartidas por todos los países miembros. Entre ellas figura un *Tribunal de Cuentas* que fiscaliza la utilización de los fondos comunitarios, un *Comité de las Regiones*, cuya finalidad es permitir que las regiones participen en la política comunitaria, y un *Comité Económico y Social*, que sirve de foro de encuentro a empresarios y sindicatos. Además, hay múltiples Agencias, como la *Agencia Europea del Medio Ambiente*, la *Agencia Europea de Seguridad e Higiene* —con sede en Bilbao— o la *Oficina de Armonización de Marcas y Patentes*, con sede en Alicante.

8. Las leyes europeas

Una de las pruebas de la solidez de la Unión Europea es que, aún siendo una organización supranacional que integra a muy diferentes Estados, plasma sus decisiones políticas en normas jurídicas. Hay muchos tipos de normas comunitarias. Las más importantes son las Directivas y los Reglamentos.

Las *Directivas* comunitarias son normas de carácter general que establecen objetivos que los Estados miembros deben alcanzar. Son las normas más características de la Unión Europea, y su objetivo fundamental es conseguir la *armonización* —algo muy parecido a uniformización— de las legislaciones de los países miembros sobre una materia determinada. Pueden abarcar las más diversas materias, desde las Sociedades Anónimas hasta las condiciones de transporte de ganado, y son aprobadas por el Consejo de la Unión, aunque algunas de ellas deben ser ratificadas por el Parlamento Europeo. Son el instrumento básico de la regulación del mercado interior.

El alcance de las Directivas es diverso. Las Directivas *de mínimos* imponen, como su nombre indica, unos mínimos —por ejemplo, sobre medio ambiente, o sobre seguridad de los juguetes— que todos los países deben cumplir, pero que pueden superar. Otras Directivas, sin embargo, dejan un margen menor, o incluso nulo, a los Estados, y deben cumplirse en sus estrictos términos. La característica más importante de las Directivas es que no tienen efecto inmediato, sino que obligan a los países miembros a aprobar una legislación que obligue a cumplirlas. A esta «traducción» del derecho comunitario europeo al derecho interno de cada país se la denomina *trasposición*. Hay leyes, o decretos, españoles que tienen como único objetivo, y única razón de ser, trasponer las normas aprobadas por las autoridades de la Unión Europea. Por eso, el margen de decisión en su elaboración es muy pequeño o hasta nulo, porque se limtan a reflejar en el derecho español lo que ya está aprobado en el ámbito comunitario europeo.

También tienen gran importancia los *Reglamentos*. Son, igualmente, aprobados por el Consejo, pero se distinguen de las Directivas en algo muy importante: tienen efecto directo, y no necesitan, para ser aplicados, que los Estados miembros aprueben norma alguna.

La relación entre las normas de los países y las de la Unión Europea es especialmente complicada. A veces las leyes internas de los países dicen algo distinto a las normas europeas, o hasta contradictorio. En tal caso, los jueces deben aplicar las normas de la Comunidad Europea. Todavía más complicado, y más frecuente, es que una Directiva ya aprobada no haya sido todavía traspuesta, en cuyo caso puede ser aplicada directamente, si ha transcurrido el plazo previsto para su aplicación y la Directiva es suficientemente precisa y concreta y su carácter permite la aplicación directa.

EL ESPACIO DEL PODER

Capítulo XIII
El reparto territorial del poder

1. El poder y el territorio

El poder político moderno se ejerce, fundamentalmente, sobre un determinado territorio. Afirmar ésto hoy puede parecer elemental, pero no siempre ha sido así. En realidad, la conexión entre poder y territorio es una característica del Estado moderno. Antiguamente, el poder se establecía, fundamentalmente, por vínculos personales, y aún hoy en día no faltan ejemplos de ello. Por ejemplo, la Iglesia Católica ejerce su poder sobre los ciudadanos católicos, cualquiera que sea su nacionalidad o el territorio donde se encuentren.

El poder estatal, por el contrario, se ejerce sobre un territorio determinado, y sólo sobre ese territorio. Es verdad que en ocasiones el poder de las grandes potencias se ejerce más allá de su territorio, pero ésto, en primer lugar, no es lo normal, y, en segundo lugar, suele tratarse más bien de influencia que de auténtico poder. Incluso las grandes potencias se ven generalmente obligadas, cuando actúan fuera de su territorio, a hacerlo bajo la cobertura de quien efectivamente ostenta el poder sobre ese territorio: tradicionalmente, bajo la cobertura formal de los gobiernos locales y, más modernamente, bajo la de organizaciones internacionales.

La vinculación entre el poder estatal y el territorio es absoluta: el Estado ejerce su poder sobre todo el territorio y sobre todas las personas que en él se encuentren, con independencia de su nacionalidad. Por tanto, todas las personas que se encuentren en el territorio español están sometidas, cualquiera que sea su nacionalidad, al poder de los órganos del Estado español.

Salvo que se trate de un Estado muy pequeño, es imposible que el poder de los órganos básicos del Estado y, especialmente, de los órganos ejecutivos llegue a todas las partes del territorio. De ahí que prácticamente todos los Estados dividan su territorio en diversas zonas, y creen órganos cuya función es ejercer el poder del Estado en esas zonas, para así asegurarse de que el poder llega a todas partes.

Esto es lo que se denomina la *desconcentración,* esto es, la creación de unidades administrativas que realizan las funciones encomendadas por los órganos superiores. El caso clásico de desconcentración es la división del territorio nacional en provincias, cuya dirección se encomienda a un responsable —Gobernador Civil— que depende de la autoridad central. La característica de la desconcentración es que pretende asegurarse de que el poder llega a todas partes, pero sin repartirlo. Por ello, los responsables de las unidades desconcentradas están bajo la dirección del poder central, generalmente son nombrados y revocados por él, y sus actuaciones están siempre sujetas a revisión. La desconcentración es, en suma, el establecimiento de una organización jerárquica, dispersa, pero subordinada al centro del poder.

2. El poder y la materia

Por otra parte, los órganos estatales, los poderes públicos, abordan materias de las más diversas índoles. Desde las relaciones exteriores o la defensa nacional hasta la regulación del tráfico urbano, la determinación de dónde se puede o no se puede aparcar o la autorización para instalar un comercio, existe un gran número de materias y actividades que están sometidas a la regulación y la actuación de los poderes públicos.

Sería imposible y, aunque fuese posible, indeseable que unos pocos órganos realizasen todo ese ingente cúmulo de actividades. Por ello, a la división territorial del poder se une, también, una división material: se crean órganos diversos encargados cada uno de ellos de regular y controlar la actividad humana en distintas materias.

3. La competencia del poder

Así pues, el Estado ejerce su competencia sobre todo el territorio nacional. Pero la competencia estatal no se ejerce a través de un único órgano, sino a través de una multiplicidad de órganos.

Cada uno de estos órganos ejerce el poder del Estado en un ámbito territorial determinado, y la ejerce también en un campo material —esto es, sobre unas materias— igualmente señaladas. La combinación del territorio y la materia delimitan el ámbito de actuación de cada uno de los órganos estatales. El territorio y la materia son, pues, los criterios que determinan la *competencia* para actuar de un órgano estatal concreto. Puesto que los órganos estatales sólo pueden actuar allí donde ostentan competencia, ésta se convierte en una condición fundamental del ejercicio del poder del Estado.

La competencia viene determinada por varios criterios

complementarios. El más elemental es el territorial: cada uno es competente en su propio territorio, y no en otro. El segundo criterio es el material: cada uno es competente sobre las materias que le están atribuidas. El tercero es el orgánico o jerárquico, que determina la competencia dentro de un órgano —Administración Central, Comunidades Autónomas, etc.— y en relación con los otros. Por último, hay una específica competencia normativa, pues cada norma debe derivar de un determinado órgano, que es el único competente para aprobarla.

4. Descentralización política y administrativa

La división de las funciones del Estado entre distintos órganos se lleva a cabo a través de técnicas de *descentralización*. En definitiva, la descentralización consiste en atribuir a una diversidad de órganos las funciones que, en principio, corresponderían a uno solo.

La descentralización, sin embargo, puede ser de muy distinto cariz político. En ocasiones se trata de una mera descentralización administrativa. Se habla de descentralización administrativa cuando lo que se concede a los órganos descentralizados es el poder de ejecutar las leyes, pero sólo ese. Ciertamente, para llevar a cabo esa ejecución pueden dictar sus propias normas, diferentes de las que dicten los demás órganos similares, pero en un ámbito muy reducido. Sobre todo, la descentralización administrativa se traduce en que los órganos descentralizados adoptan sus decisiones sin recibir instrucciones del poder central, sin tener que supeditarse a sus orientaciones y sin que el poder central pueda, en su caso, revisarlas ni, mucho menos, anularlas. Sólo los tribunales podrán hacerlo. El caso clásico de descentralización administrativa son los Municipios.

La *descentralización administrativa* otorga un notable

nivel de autonomía. Pero el órgano así descentralizado carece de potestad para dictar leyes y elaborar su propio ordenamiento jurídico. Por ello, la descentralización administrativa es una buena fórmula técnica para que los poderes públicos acometan mejor sus tareas y lo hagan con más cercanía a los ciudadanos. No es una fórmula válida, sin embargo, para resolver los conflictos políticos, en los que una parte de la población solicita mayores cuotas de autogobierno. Para ello es necesaria la descentralización *política*.

La *descentralización política* supone el reconocimiento de entidades que operan en un determinado territorio y que tienen potestades no sólo administrativas, sino también políticas. Sobre todo, tienen el poder de dictar sus propias leyes. Por consiguiente, disponen de su propio Parlamento. A través de las leyes dictadas por su Parlamento, crean progresivamente un ordenamiento jurídico —un Derecho— propio, distinto de todos los demás: del estatal y de los del resto de las entidades territoriales. Merced a su potestad de dictar leyes, configuran una política propia, de acuerdo con lo que crean sus necesidades o conveniencias.

La desconcentración es una técnica de utilización del poder; la descentralización administrativa es una forma de distribución del poder; la descentralización política es un sistema de reparto del poder.

5. Autonomía y federalismo

Las fórmulas para llevar a cabo el reparto territorial del poder son diversas, pero hoy en día pueden reducirse básicamente a dos: autonomía o regionalismo y federalismo.

La opción entre una u otra fórmula responde, básicamente, a razones históricas. El federalismo es la fórmula típicamente elegida allí donde varios entes políticos preexistentes deciden, en un momento dado, configurar conjuntamente un Estado único (federación) dentro de cuyo marco los distintos Estados que la forman seguirán manteniendo las potestades que no se atribuyan a la federación. El ejemplo clásico es el de los Estados Unidos de América. Lo característico del federalismo es, históricamente, que los Estados que forman la federación existían como tales Estados antes de crearse ésta; políticamente que, por ese mismo motivo, la soberanía originaria residía en los Estados federados.

La fórmula alternativa se da, sobre todo, allí donde existía un Estado unitario y centralizado que, por distintas razones, decide repartir territorialmente el poder entre las distintas partes de su territorio, o conceder poder político a algunas de ellas. En estos casos, el Estado tiene una presencia histórica más fuerte que la de los entes territoriales, y la soberanía reside políticamente en el Estado. La fórmula autonomista o regionalista suele utilizarse cuando, existiendo una larga tradición de Estado centralizado, se hace aconsejable por razones históricas o políticas, o por ambas, conceder autonomía a determinados territorios y no parece oportuno, o posible, recurrir a la fórmula federal. De ahí que este sistema se haya utilizado, entre otras partes, en Italia, Portugal y España, donde ya se intentó en la II República.

Federación y autonomía persiguen, pues, objetivos idénticos: conseguir una fórmula de convivencia política que permita la mejor gobernación. Los trayectos que recorren son, sin embargo, opuestos, pues la federación consiste en la unión de varios para ser más fuertes, y la autonomía en la distribución del poder centralizado para que se perciba como más propio y sea más eficaz. El punto de llegada de ambos sistemas es similar: la coexistencia de un poder central, que opera sobre todo el Estado, con poderes políticos territoriales, cada uno de los cuales tiene definidos sus respectivos ámbitos de actuación.

6. De la confrontación a la cooperación

Además, aunque los trayectos sean divergentes, y distintos los medios empleados para recorrerlos, suelen converger. Por una parte, los modelos federales tienden cada vez más, sobre todo en Europa, a suprimir las barreras entre la Federación y los Estados federados y a configurarse como un federalismo de *cooperación*. Incluso en los Estados Unidos, donde la separación entre las esferas federal y federada es un principio político, el sistema ha evolucionado hacia una creciente interrelación entre ambos ámbitos. Así, aunque cada Estado tiene su propio Presidente (Gobernador), su propio Congreso, sus propios Tribunales y hasta su propio Código Penal, la esfera federal es cada vez más amplia, y cada vez más intensa la unidad de actuación entre la federación y los Estados; difícilmente podía ser de otra forma en la aldea global que es el mundo de hoy.

En Europa, el principio de cooperación es aún más intenso, y se manifiesta en la forma de ejercer el poder, que es una forma crecientemente compartida. Con frecuencia, corresponde a la federación —o a lo que aquí llamamos «el Estado»— aprobar las leyes, pero la ejecución de las leyes es cosa de los gobiernos territoriales; aún más, es muy frecuente que la propia función legislativa esté también compartida, de forma que los parlamentos estatales aprueben las líneas generales —«leyes básicas»— y las regionales las desarrollen.

Capítulo XIV
Un poder triangular

1. Un mapa tricolor

Con mucha frecuencia, el reparto del poder, y la cooperación en el ejercicio del poder, se realizan a través de las materias. Las materias se enumeran en listas, y se asigna cada materia o al poder central o al poder territorial. La competencia cobra aquí toda su importancia, pues cada poder sólo puede actuar, como suele decirse, en el marco de su competencia, esto es, en la materia que le corresponde.

El Estado se dibuja así, en lo que a sus órganos y a la competencia de los mismos se refiere, como un mapa de tres colores superpuestos. Cada color corresponde a un grupo o bloque de materias. Uno de estos grupos o colores es competencia del poder central; otro, del poder territorial y otro, por último, del poder municipal.

El ciudadano, o la persona que se encuentra en el territorio del Estado, está, así, sometido al poder estatal de un único Estado. Pero ese poder se ejerce a través de muy diversos órganos, agrupados en tres niveles. El ciudadano se encuentra, pues, sometido en realidad a tres bloques de poderes, correlativos con un territorio y una materia: el Municipio, la Comunidad Autónoma y las instituciones centrales. Todos ellos son parte del Estado, y el que actúe uno u otro dependerá, sobre todo, de la materia de que se trate.

La separación entre ellos —sobre todo entre el poder central y las Comunidades Autónomas— no es tan fácil, sin embargo, porque hay un amplio espectro de colores intermedios, en los que convergen las potestades de unos y otros. Deslindarlas, cuando surgen los conflictos, es una de las tareas del Tribunal Constitucional.

2. Constituciones a pequeña escala

Nuestro sistema de reparto territorial del poder tiene su base en la Constitución, y utiliza como herramienta fundamental los *Estatutos de Autonomía* de las Comunidades Autónomas. El Estatuto de Autonomía es, por así decirlo, la Constitución de una Comunidad Autónoma. En el Estatuto se establecen los poderes, las potestades, de las Comunidades Autónomas: en principio, lo que no está en el Estatuto no está en el ámbito de poder de la Comunidad Autónoma correspondiente; puede llegar a estarlo. pero eso no depende ya de la propia Comunidad, sino de las Cortes Generales —y, por tanto, del Gobierno y de la mayoría parlamentaria— que son las que pueden aprobar una ley que transfiera a la Comunidad Autónoma, o delegue en ella, potestades que no figuran en su Estatuto.

Sin embargo, esa ley nunca llegará a gozar de la fuerza privilegiada que reviste el Estatuto de Autonomía. Porque éste, precisamente por ser el instrumento básico para la distribución territorial del poder deseada por la Constitución, forma parte de lo que se llama el *bloque de la constitucionalidad*, es decir, que no es la Constitución, pero se aproxima mucho a ello, y aunque formalmente sea una ley orgánica como las demás materialmente está por encima de las demás leyes; tan encima que las leyes han de ser interpretadas, entre otras cosas, de acuerdo con lo que dispongan los Estatutos de Autonomía.

Como constituciones a escala reducida de la Comunidad Autónoma que son, los Estatutos de Autonomía establecen, de forma similar a como la Constitución española lo hace para España, las instituciones de la Comunidad Autónoma —todas tienen un Parlamento libremente elegido y un Gobierno investido por él y ante él responsable—, su forma de elección, sus poderes y competencias y las relaciones entre ellos. También como la Constitución, los Estatutos están dotados de una especial *rigidez*, es decir, que sólo pueden ser modificados con procedimientos especiales, distintos a los de las demás leyes. Y, como la Constitución, son la *norma primaria* de la Comunidad Autónoma, es decir, que ninguna norma de una Comunidad Autónoma, ni siquiera una ley, puede contradecir lo dispuesto en su Estatuto de Autonomía.

3. El sistema de reparto

Los supuestos más complicados de reparto de poderes son los que se derivan de la descentralización política, lo que quiere decir que, en España, son los que distinguen el área de poder del Estado y de las Comunidades Autónomas.

Se habla habitualmente del «Estado» para referirse al poder central. Es, desde luego, una mala utilización del término, porque el Estado es el conjunto de todos los poderes estatales y, por tanto, todos los poderes del Estado —entre ellos las Comunidades Autónomas y los Municipios— forman parte del Estado.

Para repartir territorialmente el poder pueden utilizarse muchos sistemas. De entre todos ellos, el español es uno de los más complicados. Se basa en tres pivotes principales: dos listas y los Esatutos de Autonomía.

La Constitución contiene dos listas. Una de ellas recoge las competencias *exclusivas* del «Estado», es decir, del poder central. Estas competencias, en principio, sólo pueden ser suyas. La segunda lista contiene las competencias que *pueden* tener las Comunidades Autónomas. Pero que las tengan o no depende de cada Estatuto de Autonomía: es éste el que, dentro de la lista preestablecida por la Constitución, atribuye efectivamente las competencias a cada Comunidad Autónoma. Por tanto, cada Comunidad Autónoma tiene las competencias que la atribuye su Estatuto de Autonomía; las que no la atribuya continúan siendo del Estado. A su vez, éste puede *ceder* a una Comunidad Autónoma algunas de sus competencias mediante ley.

4. Una sola división, dos grupos diferentes

Así pues, cada Comunidad Autónoma tiene sus propias competencias, las que le atribuye su Estatuto de Autonomía, que pueden ser, y a veces lo son, distintas de las de las demás. En realidad, como los Estatutos de Autonomía de las diferentes Comunidades Autónomas son muy similares, también lo son las competencias de las Comunidades Autónomas, aunque haya diferencias.

Al principio, las diferencias entre unas Comunidades y otras eran muy notables. Ello obedece a que la Constitución prevé dos sistemas para «construir» una Comunidad Autónoma: uno era el normal; otro era un procedimiento privilegiado, pensado en principio para las tres Comunidades históricas —Cataluña, País Vasco y Galicia— y al que luego se sumó Andalucía. La diferencia era que el Estatuto de Autonomía se aprobaba mediante referéndum. La consecuencia de ese sistema era que esas Comunidades podían acceder a más competencias que las otras.

El curso de los acontecimientos ha mitigado muchísimo las diferencias. En primer lugar, todas las Comunidades Autónomas tienen su propio Parlamento, y aprueban sus propias leyes. En segundo lugar, una serie de leyes han ido uniformando el nivel competencial de prácticamente todas las Comunidades Autónomas. En la actualidad, Cataluña, País Vasco, Galicia y Andalucía siguen conservando —sobre todo las dos primeras— algunas diferencias, sobre todo en materias muy simbólicas, como seguridad —eso es lo que explica la existencia de la *ertzaina*— pero en términos generales puede decirse que existe una notable similitud entre casi todas las Comunidades.

Hoy en día la diferencia *política* más importante entre las distintas Comunidades Autónomas es que sólo algunas de ellas —País Vasco, Cataluña, Galicia y Andalucía— gozan de la facultad de disolver su Parlamento y convocar sus propias elecciones dependiendo exclusivamente de su sola voluntad, con absoluta independencia de los avatares y los órganos políticos nacionales. Las demás Comunidades Autónomas celebran obligatoriamente sus elecciones, cada cuatro años, conjuntamente con las municipales y en un día prefijado: el cuarto domingo de mayo.

Sin embargo, la distinción más relevante entre las Comunidades Autónomas no es de carácter político, sino *económico*: es, sin duda, el régimen *de concierto* de que disponen el País Vasco y Navarra que, en resumen, significa que recaudan sus propios tributos y entregan al Estado un porcentaje de lo recaudado, algo muy beneficioso para esas Comunidades y para sus ciudadanos.

5. Tareas en solitario...

Algunas competencias son *exclusivas del Estado*, porque la Constitución se las reserva. Ejemplos claros de ésto son los Asuntos Exteriores, la Defensa nacional, la legislación penal y la moneda. En principio, las Comunidades Autónomas no pueden intervenir en estas materias. Pero sólo en principio, porque las Fuerzas de Seguridad propias de las Comunidades Autónomas estarían obligadas, si fuese necesario, a colaborar en la defensa nacional, los órganos de las Comunidades Autónomas realizan labores de relación en el exterior —difícilmente podrían, si no, ejercer sus competencias— y las políticas de endeudamiento y déficit público de las Comunidades Autónomas ejercen influencia sobre la paridad monetaria. En el mundo de hoy, nada puede contemplarse aisladamente.

Otras competencias son *exclusivas de las Comunidades Autónomas*. Ellas tienen el poder de decisión sobre esa materia. Pero, a su vez, esas competencias están en cierta forma condicionadas por las del Estado. Por ejemplo, las Comunidades Autónomas tienen competencia exclusiva sobre las carreteras de ámbito comunitario; pero como las carreteras, para llevar a alguna parte, tienen que enlazar entre sí, es evidente que esa competencia está condicionada por la competencia exclusiva que sobre las carreteras nacionales tiene el Estado, el cual, a su vez, difícilmente podrá dejar de contemplar el diseño de las carreteras autonómicas.

6. ...y trabajos compartidos

Por otro lado, gran parte de las competencias son compartidas. Más precisamente, gran parte de las materias tienen su competencia compartida.

En efecto, en la mayoría de los casos la legislación y la ejecución se dividen entre el Estado y las Comunidades Autónomas, de manera que el Estado legisla y las Comunidades Autónomas ejecutan. Por ejemplo, en materia penitenciaria: el Estado aprueba las leyes penitenciarias, pero las prisiones —y, por tanto, la ejecución de las leyes— depende de las Comunidades Autónomas que tengan asumida la competencia.

En ocasiones, la situación se complica aún más, porque lo compartido es la propia legislación: el Estado legisla, pero sólo sobre *lo básico*; las Comunidades Autónomas aprueban la *legislación de desarrollo* de lo básico y ejecutan.

Por ejemplo, en lo referente al régimen de funcionarios el Estado aprueba la legislación básica, y luego cada Comunidad Autónoma, respetando esa legislación básica, aprueba su propia legislación de función pública y la ejecuta.

7. Materias muy concurridas

La complicación se agudiza especialmente en algunas materias, en las que concurren las competencias del Estado y de las Comunidades Autónomas y se habla, por eso, de *competencias concurrentes*.

Este fenómeno se entenderá mejor con un ejemplo. El Estado tiene competencia exclusiva para la legislación básica sobre el medio ambiente. Por su parte, las Comunidades Autónomas tienen competencia, también exclusiva, sobre caza, pesca, ordenación del territorio, ordenación del litoral y otras muchas cosas. Ahora bien, legislar sobre el medio ambiente es protegerlo; y para protegerlo es necesario regular la caza, la pesca, el urbanismo, etc. De manera que si el Estado ejerce su competencia de aprobar la legislación básica sobre el medio ambiente incide forzosamente en las competencias exclusivas de las Comunidades Autónomas sobre esas materias.

Esta situación se produce con frecuencia, especialmente con algunos títulos competenciales, como el medio ambiente o la ordenación y planificación general de la economía, ya que en este mundo, hay que repetirlo, casi nada o nada está aislado. Cuando se plantea un problema de este tipo, es el Tribunal Constitucional el que ha de resolverlo, y debe hacerlo atendiendo al interés perseguido por la norma —¿se trata de verdad de planificar la economía nacional o se pretende regular las rebajas, que es competencia autonómica?— y a su grado de detalle, pues si la declaración de Parques Nacionales puede ser básica para la protección del medio ambiente, la determinación de los períodos de celo de las especies animales puede no serlo.

8. Un proceso sin fin

De lo expuesto puede deducirse sin dificultad que el proceso de reparto territorial del poder es permanente, y no acabó con la aprobación de la Constitución o de los Estatutos de Autonomía. Quienes predican lo que ellos llaman la configuración definitiva del Estado de las Autonomías solicitan un imposible.

Solicitan un imposible, en primer lugar, porque nuestro modelo de descentralización no es estático, como el de los Estados Unidos —que aún así se mueve— sino dinámico: la propia Constitución prevé fases sucesivas, y hasta que el Estado delegue o transfiera sus compentecias teóricamente exclusivas; lo es, en segundo lugar —y eso es una sabia previsión de la Constitución— porque la realidad es cambiante, especialmente en un país como España, con una experiencia constitucional corta y una experiencia de descentralización cortísima; y lo es, sobre todo, porque el reparto del poder es un fenómeno de poder, y las relaciones de poder cambian con frecuencia, como también las actitudes de las personas, y particularmente las de los políticos, que dependen muy mucho de que se hallen en el poder o en la oposición: quien tenga alguna duda solo debe comparar lo que decía y hacía el Sr. Fraga cuando era ministro de Franco, o líder de la oposición al gobierno socialista, y lo que dice y hace como Presidente de la Junta de Galicia. En un país como España, en dos de cuyas zonas más importantes tienen una fuerte implantación partidos nacionalistas, pedir el fin del proceso sería tanto como pedir a esos partidos su suicidio, pues su razón de ser dasaparece si cesan sus reivindicaciones nacionalistas.

Debemos, pues, acostumbrarnos a que el reparto del poder cambiará según lo hagan las circunstancias, y habituarnos a que solicitar más poder para una Comunidad Autónoma es tan legítimo —otra cosa es que sea conveniente, oportuno o posible— como demandarlo

para cualquier otro órgano; debemos saber que nada de
eso supone el fin del Estado, porque todo ocurre dentro
del Estado; debemos desdramatizar el fenómeno y, sobre
todo, debemos ser conscientes de que seremos nosotros,
con nuestros votos, quienes determinaremos su curso.

9. La lealtad constitucional

Precisamente porque se trata de un proceso dinámico,
y porque la estructura está asentada sobre competencias
cedidas y labores y trabajos compartidos, resulta indispensable una notable dosis de confianza recíproca entre
las distintas instituciones que intervienen, pues sólo así se
evitará que los recelos, las desconfianzas y las prevencio-
nes bloqueen este delicado engranaje.

Se llama *lealtad constitucional* a esta mutua confianza o,
para ser precisos, inexistencia de desconfianzas recíprocas,
que se asienta sobre la base de que todos los actores comparten, más allá de sus discrepancias políticas, un objetivo
común: la realización de los objetivos constitucionalmente
consagrados en el marco constitucionalmente fijado.

La lealtad constitucional tiene dos perspectivas: la positiva supone que todos esperan de todos un comportamiento plenamente ajustado —esto es, no sólo en la letra,
sino también en el espíritu— a la Constitución; la negativa,
la seguridad de que nadie intentará obtener provecho o
beneficio propio de las eventuales imprecisiones, desajus-
tes o contradicciones de las normas jurídicas —Constitución incluida— o de la inacción de los poderes públicos.

La lealtad constitucional implica, en definitiva, la erra-
dicación del chantaje, el fraude, el engaño o la picaresca
en las relaciones entre los poderes públicos de distinto
ámbito, y la asunción del ordenamiento constitucional en
toda su plenitud —incluidos, por tanto, principios y valores— sin reservas mentales de ninguna clase.

EL EJERCICIO DEL PODER

Capítulo XV
Cómo se hacen las leyes

1. El impulso del Gobierno...

Con frecuencia oímos o leemos que el Gobierno ha aprobado tal o cual ley. Eso no es correcto: las leyes las aprueban las Cortes Generales, y no el Gobierno. Lo que el Gobierno en realidad ha hecho, cuando oímos esta noticia, no es aprobar una ley, sino poner en marcha el complejo proceso que conduce a su aprobación.

Para que una ley se apruebe es preciso que alguien la otorgue el impulso inicial, al que se llama *iniciativa legislativa.* Hay varias maneras de ejercer la iniciativa legislativa —de impulsar una ley— pero la más importante es la del Gobierno. Lo es por razones cuantitativas, ya que una gran mayoría de las leyes son aprobadas a iniciativa del Gobierno. Es lógico, puesto que es el Gobierno el que permanentemente escruta la situación y, por consiguiente, detecta las necesidades y los problemas. Además, al Go-

bierno le corresponde gobernar, y eso exige tomar medidas. Pero en España muchas de esas medidas han de aprobarse mediante ley, de forma que si el Gobierno quiere
que se pongan en práctica debe conseguir que se apruebe
una ley. La ley es, pues, un instrumento de gobierno, y todos los Gobiernos lo utilizan con frecuencia.

Hay, además, razones cualitativas para que las iniciativas
del Gobierno sean las más importantes. La fundamental es
política, pues al contar el Gobierno con el apoyo de la mayoría parlamentaria, se supone en principio que sus iniciativas serán aprobadas sin dificultades, y sin alteraciones de
importancia. Si así no fuese, se abriría una crisis entre el
Gobierno y la mayoría parlamentaria que lo apoya, sobre
todo si la ley es importante. Por eso si se prevé que una ley
puede resultar conflictiva es habitual que el Gobierno intente, antes de enviarla a las Cortes, obtener el acuerdo del
grupo o los grupos parlamentarios de la mayoría.

La mayor importancia del impulso del Gobierno se manifiesta, incluso, en las palabras: el texto de una ley pro-
puesto por el Gobierno se denomina *proyecto de ley*,
mientras que los procedentes de otros órganos se califican, menos contundentemente, como *proposiciones de ley*;
además, los proyectos de ley del Gobierno tienen preferencia si, como es habitual, se acumulan en las Cortes diversos proyectos y proposiciones y es preciso determinar
cuál se tramita antes.

Usualmente, el proceso de preparación de un proyecto
de ley comienza en el Ministerio competente en la materia.
Una vez que el Ministro ha dado el visto bueno a un texto,
éste se reparte a todos los Ministerios, aunque en ocasiones
se discute antes con los más directamente afectados. Los
demás Ministerios formulan sus observaciones, de entre
las cuales el —o los— Ministerios proponentes recogen las
que estiman acertadas. El texto así elaborado es discutido
en la Comisión General de Secretarios de Estado y Subsecretarios. Cuando ésta otorga su visto bueno, es elevado al

Consejo de Ministros, que es el que en definitiva acuerda su envío a las Cortes Generales. Lo habitual es que los textos lleguen al Consejo de Ministros ya completamente negociados, al menos en sus líneas generales, de manera que el Consejo de Ministros se limita a aprobar formalmente el proyecto o, en su caso, a resolver alguna cuestión pendiente, generalmente de fuerte calado político.

Una vez enviado el proyecto de ley a las Cortes, el Gobierno puede retirarlo si cambia de opinión, si observa que el texto despierta oposición o si las modificaciones que se introducen en él son de tal cariz que trastocan la intención del Gobierno. Ahora bien, la retirada del texto ha de realizarse antes de que el Congreso de los Diputados lo apruebe. En todo caso, la retirada de un proyecto de ley supone una derrota política que coloca al Gobierno en una situación de debilidad. Esto es, por ejemplo, lo que le ocurrió al Gobierno de la UCD con el Proyecto de Ley de Reforma Universitaria: tuvo que retirarlo, y eso puso de relieve que el Gobierno no contaba con un adecuado apoyo en su grupo parlamentario.

2. ...de los parlamentarios...

La iniciativa para aprobar una ley también puede provenir de los parlamentarios. Cada uno de ellos puede, personalmente en el Senado, y con la firma de catorce compañeros en el Congreso, impulsar una proposición de ley; también pueden hacerlo los Grupos parlamentarios. Pero no basta con que ellos lo deseen para que la proposición se tramite: es necesario, además, que la Cámara a la que pertenezca otorgue su apoyo a la tramitación, esto es, que la *tome en consideración*. Si eso sucede, la proposición de ley lo será de la Cámara, y no del parlamentario que la ha presentado. De ahí que en España las leyes nacidas de iniciativas de parlamentarios no lleven el nombre de sus autores, cosa que sí sucede en otros países, como los Estados Unidos, donde las leyes más conocidas —por ejemplo, las leyes Taft-Hartley, o Torricelli— deben su nombre al o los autores.

3. ...de las Comunidades Autónomas...

También los Parlamentos de las Comunidades Autónomas pueden impulsar leyes, esto es, presentar proposiciones de ley. Al igual que las de los parlamentarios, estas proposiciones de ley solo serán tramitadas si son «tomadas en consideración» por el Congreso.

4. ...o de los ciudadanos

Por último, también los propios ciudadanos pueden impulsar una ley. Para ello, deben formular su propuesta en un texto articulado, y conseguir el apoyo de 500.000 firmas de ciudadanos mayores de edad. Sin embargo, la iniciativa popular no puede afectar a todos las materias: las leyes relativas a materias internacionales, las tributarias, las que deben ser objeto de ley orgánica, las que pretenden conceder un indulto, las de planificación económica y las de Presupuestos no pueden ser impulsadas por los ciudadanos. El motivo es simple: evitar la demagogia que podría utilizarse fácilmente para solicitar, por ejemplo, una disminución de los impuestos o un indulto para una persona popular.

5. El difícil parto de las leyes

Una vez que el proyecto de ley ha llegado al Congreso, o que la proposición de ley ha sido tomada en consideración, comienza una tramitación larga y compleja y que se inicia en el Congreso.

El reloj se pone en marcha cuando el proyecto o proposición de ley es publicado en el *Boletín Oficial de las Cortes*. A partir de ese momento, los Diputados y los Grupos parlamentarios pueden presentar enmiendas al texto en tramitación. Es entonces cuando los afectados por la propuesta y los grupos de presión —sindicatos, asociaciones empresariales, colegios profesionales, etc.— entran en acción, haciendo llegar sus propuestas, sus objeciones, sus demandas y los argumentos que las apoyan.

La enmiendas pueden ser de dos tipos: a la totalidad o al articulado. Las *enmiendas a la totalidad,* a su vez, pueden pretender que el texto sea devuelto al Gobierno, o sustituirlo por otro; lo primero significa simplemente una negativa al Proyecto de ley, mientras que lo segundo incluye la formulación de una alternativa. La enmienda con texto alternativo es, por tanto, más dificultosa técnica y políticamente, pues supone realizar el trabajo de elaborar un texto —trabajo generalmente inútil, ya que lo normal es que la enmienda sea rechazada— y obliga a comprometerse con una propuesta. La enmienda de devolución es puramente destructiva, en tanto que la de texto alternativo es constructiva. Por eso, la primera es típica de una oposición o poco responsable o sin posibilidades de alcanzar el poder, mientras que el texto alternativo se corresponde con una oposición constructiva y que se presenta como «alternativa de poder». Las enmiendas al articulado, por su parte, pueden ser para modificar un artículo, para suprimirlo o para añadir otros nuevos. Ahora bien, las enmiendas que supongan aumento de gastos o disminución de ingresos del Estado no pueden ser tramitadas si no hay conformidad del Gobierno para ello.

Si se presenta alguna enmienda a la totalidad, se debate en el Pleno de la Cámara. Si no la hay, o si las que hubiera son rechazadas, el texto se envía a la *Comisión* a la que corresponda, según la materia sobre la que trate el texto.

La Comisión nombra entonces un grupo reducido de

diputados —una *ponencia*— que estudia el texto y las enmiendas, y decide cuáles de éstas acepta. El trabajo de la
ponencia, aunque es discreto y callado, o precisamente
por eso, es muy importante: los diputados se reúnen a so-
las, sin espectadores, periodistas ni cámaras. Pueden, por
tanto, negociar tranquilamente, y lo hacen, intercambian-
do enmiendas por apoyos: si tú me aceptas esta enmienda
yo te apoyo el proyecto o, al revés, si apoyas el proyecto yo
admito la enmienda. Es en la ponencia donde los diputados de la mayoría y las minorías expresan sus posiciones y
anuncian hasta dónde están dispuestos a llegar en sus pretensiones. La habilidad de los parlamentarios es, aquí, capital: la de los de la mayoría, para conseguir apoyos al proyecto y eliminar resistencias, sin ceder en lo sustancial; la
de las minorías, para conseguir plasmar sus posiciones políticas o introducir las propuestas de sus electores. Se trata de un procedimiento de negociación legítimo y conveniente, que se produce en todos los países del mundo, y
que intenta conseguir que las leyes se aprueben con el máximo apoyo social y la mínima resistencia.

Al cabo de toda esa negociación, la ponencia aprueba
un texto que eleva a la Comisión y que habitualmente es,
en líneas generales, el que será aprobado. En la Comisión
se reproduce el debate sobre las enmiendas, pero ahora en
público, con «luz y taquígrafos». Por eso es más difícil que
los partidos modifiquen su posición, aunque a veces suceda. En general, los debates en Comisión se realizan ya
para el exterior de la Cámara o para la posteridad: para
que las posiciones que defiende cada partido se hagan públicas a través de la prensa, presente en los debates, y para
que quede constancia en el Diario de Sesiones de que uno
ya advirtió de la conveniencia o, más normalmente, de las
penosas consecuencias de lo aprobado, y de la necesidad
de actuar de otra forma.

A veces, el *Pleno* de la Cámara acuerda delegar en las
Comisiones la competencia para aprobar las leyes. En ese

caso, la aprobación por la Comisión supone que el texto queda aprobado. La mayoría de las ocasiones, sin embargo, el texto aprobado por la Comisión es remitido al Pleno. Allí se realiza el gran debate, ante toda la Cámara y con más luz y más taquígrafos, esto es, con más repercusión pública. No es habitual que el texto sea modificado en el Pleno, aunque a veces sucede, cuando la mayoría desea que quede constancia de su cambio de postura, esto es, de su flexibilidad y su capacidad para alcanzar el consenso. Lo normal, sin embargo, es que el texto remitido por la Comisión sea aprobado por el Pleno. El proyecto de ley acaba entonces la primera etapa de su trayecto por el Congreso, y es enviada al *Senado.*

En el Senado, el proyecto de ley ha de recorrer un camino similar, solo que más rápidamente, ya que la Cámara Alta solo dispone de dos meses para actuar, que se reducen hasta veinte días si el proyecto es urgente. Durante ese tiempo, el Senado puede hacer tres cosas. En primer lugar, puede aprobar el texto tal y como se lo ha enviado al Congreso, en cuyo caso la ley queda aprobada. En segundo lugar, puede oponerse al texto en su totalidad, planteando un *veto*. En tercer lugar, y esto es lo más normal, puede introducir enmiendas.

Si el Senado veta el texto o introduce enmiendas, la última palabra la tiene el Congreso. El texto deberá volver, pues, allí, para que el Congreso decida si acepta o no las enmiendas o el veto del Senado. Hasta el presente, no hay precedentes de vetos, y las enmiendas introducidas por el Senado casi siempre son aceptadas por el Congreso.

6. En el *BOE*

Cuando es definitivamente aprobado, el Proyecto deja de serlo y se convierte en ley. Las leyes son enviadas al Rey en un papel especial que, como se dijo, tiene el canto do-

rado y recibe ese nombre. El Rey no puede introducir modificaciones en las leyes, ni paralizarlas: tiene quince días
para sancionarlas —firmarlas— y ordenar su publicación
en el *BOE*.

Una vez publicadas en el *BOE,* las leyes entran en vigor
cuando ellas mismas lo ordenan. Puede suceder, pues, que
entren en vigor, si son urgentes, el mismo día de su publicación, o al siguiente. En otras ocasiones, cuando se trata
de leyes largas y complejas, como, por ejemplo, un Código Penal, puede diferirse la entrada en vigor de las leyes
durante meses, o incluso años. Si la ley no dice nada al respecto, entra en vigor a los veinte días de su publicación en
el *BOE.* Al período que media entre la publicación y la entrada en vigor se le denomina *vacatio legis*, esto es, «vacación» de la ley: período durante el cual una ley ya aprobada no rige todavía.

7. La autorización de gastos e ingresos: gastos presupuestados y gastos reservados

Entre las decenas de leyes que, normalmente, se aprueban anualmente hay una muy especial: la de los Presupuestos Generales del Estado.

Es especial por todo. En primer lugar, por su origen, ya
que, como vimos, en el nacimiento mismo de los Parlamentos estaba el deseo de controlar los impuestos que el
Monarca exigía a sus súbditos, lo que permitía controlar
los gastos y, consecuentemente, la política, en particular la
de carácter militar. Por eso mismo, es singular en cuanto a
su carácter político, pues supone, al otorgar los medios
necesarios para realizar una política, la autorización parlamentaria de esa política, así que, en cierta forma, supone
una expresión de confianza del Parlamento en el Gobierno; a la inversa, si el Parlamento no aprueba los Presupuestos ello no puede entenderse más que como una

prueba de desconfianza en el Gobierno y como una desautorización de su política.

Por esas mismas razones, la Ley de Presupuestos tiene particularidades que la distinguen de todas las demás leyes. En primer lugar, es la única *anual*, ya que ha de aprobarse todos los años; para ser más precisos, los Presupuestos de cada año han de estar aprobados antes de que comience, ya que el Estado no puede gastar sin autorización parlamentaria. Para asegurarse de ello la Constitución obliga a que el Gobierno envíe los Presupuestos al Congreso, a más tardar, el mes de septiembre, para que las Cortes tengan tres meses, antes de que comience el siguiente ejercicio, para discutirlos y, en su caso, aprobarlos. Como puede suceder, sin embargo, que no llegue a aprobarse, y el Estado no puede por ello dejar de funcionar, la Constitución prevé que en caso de comenzar el año sin que los Presupuestos hayan sido aprobados se prorroguen los del año precedente; en alguna Comunidad Autónoma —Cantabria— ha llegado a suceder que se opere con los Presupuestos de dos años atrás.

Por otro lado, es la única Ley que sólo puede presentar el Gobierno. El *monopolio del Gobierno* sobre el Proyecto de Ley de Presupuestos se explica, precisamente, porque los Presupuestos son la plasmación económica de la política nacional, que corresponde dirigir al Gobierno. Por eso es tan importante la tradicional escena del Ministro de Economía llevando al Congreso, a finales de septiembre, numerosos y gruesos volúmenes que contienen los Presupuestos: porque en ellos se expresa la política que el Gobierno se propone seguir, con aspectos tan relevantes como cuánto cobrarán los funcionarios y los pensionistas o cuál será la cuantía de los tributos que satisfaremos.

Por ese mismo motivo, la Ley de Presupuestos es singular también en su tramitación, pues el Gobierno puede oponerse a las enimendas que supongan aumento de gastos o disminución de ingresos, y actualmente, además, toda enmienda que se presente que suponga aumento de gastos obliga a prever una disminución de gasto equivalente en la misma sección. Ambas cosas están encaminadas a evitar que se desvirtúe la política económica propuesta por el Gobierno, así como que se haga demagogia proponiendo aumentos de gasto insostenibles.

Estas especialidades han conducido al Tribunal Constitucional a establecer que las leyes de Presupuestos sólo pueden contener eso, Presupuestos; pero en muchas ocasiones resulta inevitable, para que los Presupuestos sean eficaces, adoptar medidas legales complementarias y, además, la Ley de Presupuestos no puede crear tributos, aunque sí modificarlos. Por todo ello es hoy habitual que el Proyecto de Ley de Presupuestos —que, en sí mismo, suele ser corto, apenas un centenar de artículos; lo voluminoso son los *Anexos* en los que se detallan los gastos e ingresos estatales— vaya acompañado de la que se llama, precisamente, *Ley de Acompañamiento*, donde se recogen todas esas medidas que, en no pocas ocasiones, tienen gran importancia.

Hasta hace relativamente poco los Presupuestos tenían una trascendencia extraordinaria: bastaba observarlos para percibir, según su tendencia, la orientación del Gobierno que los elaboraba. Hoy siguen siendo muy importantes, pero hay que tener en cuenta, al menos, tres cosas: la primera, que un enorme porcentaje —en torno a los dos tercios— de los gastos del Presupuesto están comprometidos de antemano —por deuda pública, sueldos de funcionarios, pensiones, obras en curso, etc.—, de manera que el margen de libre decisión del Gobierno es muy pequeño; la segunda que el Gobierno siempre puede reducir el gasto presupuestado, y también puede aumentarlo, siempre que las Cortes lo aprueben, pidiendo ampliaciones de crédito, esto es, dicho en términos vulgares, más dinero; la tercera, que en España una muy considerable proporción del gasto público —aproximadamente el 40 por ciento— no corresponde al Estado, sino a las Comunidades Autónomas, Ayuntamientos y Diputaciones.

Los Presupuestos establecen con precisión los ingresos que el Estado puede cobrar, y señalan, también con detalle, los gastos. Estos están divididos en Secciones, que se corresponden con cada Departamento —Casa del Rey, Cortes Generales, Tribunal Constitucional, Ministerios, Seguridad Social, etc.— administrativo. A su vez, las Secciones se dividen en Capítulos, según se trate de gastos de personal, mantenimiento, inversiones, etc.

Pero hay algunos gastos que no están previstos con detalle, y que hay que reseñar, debido a la repercusión política que últimamente han tenido. Se trata de los *gastos reservados*, que se ponen a disposición de tres Ministerios —Asuntos Exteriores, Justicia e Interior y Defensa— que, por sus funciones específicas, necesitan disponer de cantidades, sin dar cuenta de su empleo, para los más diversos menesteres: pagar a confidentes, financiar operaciones, etc. En principio, estos gastos son, por su propia naturaleza, secretos: a diferencia de lo que sucede con los demás, las Cortes autorizan una cantidad global para cada uno de los Ministerios citados, sin especificar su destino. Su importe es, en comparación con los gastos generales, ínfimo, y el Estado asume, al autorizarlos, que su destino no será precisamente la beneficencia. Pero lo que está claro es que están para ser utilizados en beneficio del Estado, y no de sus gestores. Las turbulencias producidas en los últimos tiempos han concluido en la aprobación de una ley en virtud de la cual el Ministro de Justicia e Interior dará periódicamente cuenta a la Comisión de Secretos Oficiales del Congreso del empleo de esos fondos.

Capítulo XVI
Cómo se gobierna

1. Ejecutar y gobernar

Gobernar es dirigir la trayectoria política y económica del país.

En el esquema clásico de la separación de poderes, al Gobierno le correspondía, fundamentalmente, la función de *ejecutar* —poner en práctica— las leyes aprobadas por el Parlamento. Por ello, al Gobierno y la Administración se los ha denominado tradicionalmente *poder ejecutivo*.

Pero esta noción es insuficiente en el mundo de hoy. El Gobierno de un país como España, de cualquier país, hace mucho más que ejecutar las leyes: decide qué orientaciones deben tener las actividades políticas, económicas y sociales, qué metas u objetivos conviene alcanzar y que instrumentos han de utilizarse para ello. El Gobierno, pues, no sólo ejecuta las leyes: impulsa la aprobación de nuevas leyes y la derogación de otras, promueve la celebración de Tratados Internacionales, aprueba numerosas normas de todo tipo —Decretos-leyes, Decretos, Órdenes Ministeriales, etc.—, emite deuda pública, mantiene una paridad para la moneda, define los objetivos de la Administración, fija los ritmos de la actuación de ésta, impulsa la construcción de carreteras, vías férreas, hospitales o escuelas, promueve iniciativas de todo tipo y acepta o rechaza las ajenas. El Gobierno, en suma, no sólo ejecuta: como dice la Constitución, *dirige la política* exterior e interior y la Administración civil y militar.

2. La organización del Gobierno

El Gobierno se compone del Presidente y, en definitiva, de aquellos otros que el Presidente decida. En efecto, el Gobierno está formado por el Presidente, él o los vicepresidentes y los ministros; pero el número de vicepresidentes —o su inexistencia— y de ministros, y la dedicación de cada uno de ellos, es cosa que sólo el Presidente decide, y que puede cambiar libremente, en cada momento, con solo aprobar un Decreto. De hecho, no es infrecuente que en un cambio de Gobierno el Presidente decida, también, modificar los Ministerios: suprimir algunos, crear otros nuevos, refundir varios o fraccionar otro preexistente, así como modificar las competencias de todos ellos. Ello puede obedecer a conveniencias administrativas, porque se piensa que es más útil una organización diferente; pero puede responder también a circunstancias políticas, por ejemplo, para introducir en el Gobierno a determinadas personas, o para asignarles competencias concretas.

Esto es particularmente habitual cuando hay un *Gobierno de coalición*, pues el acuerdo de Gobierno puede exigir la creación de diversos Ministerios nuevos para dar entrada en el Gobierno a distintos miembros de la coalición. La propia figura del o los vicepresidentes es difusa: puede tener un encargo concreto —por ejemplo, los Asuntos Económicos— o no tener ninguno en especial. Incluso, pueden crearse Ministerios *sin cartera*, esto es, que forman parte del Gobierno pero no tienen ningún Ministerio específico encargado. La expresión coloquial «cartera» hace alusión a cuando, antiguamente, los Ministros acudían a despachar con el Rey llevando en su cartera los expedientes correspondientes; por eso se decía, cuando se nombraba a algún Ministro, que se le había encomendado la cartera de que se tratase.

En resumen, pues, es el Presidente, cuando nombra su Gobierno, el que decide el número y denominación de los Ministerios. Las competencias de los Ministerios se reflejan en un Decreto que aprueba el Reglamento de Organización y Funcionamiento de cada Ministerio.

3. Gobierno, Gabinete y Consejo de Ministros

En no pocos países, el Gobierno se divide en dos esferas o círculos o, dicho de otra forma, hay diversas categorías de miembros del Gobierno. Así, el *Gobierno* puede estar formado por ministros y secretarios de Estado, y también puede haber varias categorías de ministros: Ministros «normales» y Ministros de Estado, con un rango superior, como en Francia o Ministros de Gabinete, Ministros normales y Ministros Junior, con rango descendente, como en Gran Bretaña. En estos casos, hay un Gobierno amplio y un *Gabinete*, que adopta las principales decisiones políticas, más restringido. El ejemplo típico es el caso británico, donde una cosa es ser miembro del Gobierno y otra, muy distinta, serlo del Gabinete: el Gobierno tiene un elevado número de ministros, pero sólo unos pocos forman parte del Gabinete.

En España este modelo es perfectamente posible, puesto que la Constitución distingue entre el Gobierno y el Consejo de Ministros. Por tanto, sería factible discernir entre uno y otro, configurando un Gobierno amplio y numeroso y un Consejo de Ministros —Gabinete— más restringido, y en el que sólo tendrían asiento el Presidente y los vicepresidentes y ministros. Hasta el momento no se ha hecho así, y las ventajas del cambio de modelo no están claras.

El Gobierno actúa a través de órganos colegiados y unipersonales. El más importante de los primeros es, desde luego, el *Consejo de Ministros*, que adopta las decisiones más trascendentes, tanto políticas como administrativas. Entre las primeras, delibera sobre la cuestión de confianza y la disolución de las Cámaras, acuerda los nombramientos más importantes y aprueba los Proyectos de ley y, entre ellos, el de Presupuestos Generales del Estado; entre las segundas, aprueba, en el ejercicio de la potestad reglamentaria, los Decretos-leyes. Pero hay otros órganos colegiados del Gobierno, además del Consejo de Ministros, que son las Comisiones Delegadas del Gobierno. Estas Comisiones abordan un área específica de la labor de gobierno —por ejemplo., los Asuntos Económicos, o los Asuntos Autonómicos— y tienen por objeto coordinar la actuación de los Ministerios más directamente implicados en ese área o afectados por ella. Están presididas por un Vicepresidente del Gobierno o un ministro y compuestas por un reducido número de miembros, los titulares de los Ministerios con incidencia en la materia.

Los órganos unipersonales son el *Presidente, él o los vicepresidentes* y los ministros. El Presidente tiene como función la de coordinar y dirigir la acción del Gobierno; no tiene, por tanto, salvo que se reserve una cartera, un área específica de actuación: su área es la totalidad del Gobierno. Él —o los— vicepresidentes pueden tener, o no, una cartera que les está específicamente destinada. La práctica seguida hasta el presente, sin embargo, es que no la tenga, y que se dedique a coordinar un determinado sector gubernamental formado por varios Ministerios. Además, preside la Comisión de Secretarios de Estado y Subsecretarios, un órgano que, como luego veremos, puede tener gran importancia.

Los *Ministros,* por último, son los titulares de un Ministerio, que encabezan. Habitualmente, ese Ministerio se corresponde con un área de actuación —Asuntos Exteriores, Defensa, Educación, Trabajo, etc.— o con varias que se consideran homogéneas o muy interrelacionadas —Justicia e Interior, Economía y Hacienda, Obras Públicas y Urbanismo, etc.— entre sí. Pero cabe también que haya uno o varios Ministros «sin cartera», cuya labor y presencia en el Gobierno es exclusivamente política. En un terreno intermedio, suele haber siempre un Ministerio —actualmente el de la Presidencia— que, aunque tenga algunas competencias secundarias —pues opera como «cajón de sastre» del Gobierno— realiza funciones sustancialmente políticas, como la Secretaría del Gobierno, las relaciones de éste con las Cortes Generales y la Portavocía del Gobierno.

Estas funciones confieren al Ministerio de la Presidencia una gran, aunque a veces oscura, relevancia política. En primer lugar, en su calidad de Ministro Secretario del Gobierno convoca al Consejo de Ministros y la Comisión de Subsecretarios, y fija el orden del día de las reuniones, por lo que la rapidez con la que se afronta un asunto depende, en gran medida, de él. En segundo lugar, desempeña las relaciones del Gobierno con las Cortes —y, por lo tanto, con el Grupo Parlamentario de la mayoría, los que lo apoyan y los de la oposición— y representa al Gobierno en las Juntas de Portavoces de las Cámaras. Por último, en cuanto que Portavoz es, por así decirlo, «la voz del Gobierno», y expresa las posiciones de éste. Estas funciones pueden corresponder a un solo Ministerio o dividirse entre varios, decisión que corresponde al Presidente.

4. Los brazos del Gobierno: la Administración...

Naturalmente, el Gobierno, por numeroso que fuera, no podría actuar por sí solo. Para evaluar la situación y las necesidades, estudiar las medidas necesarias, escoger las más adecuadas y ponerlas en práctica necesita forzosamente de un gran aparato, capaz de llegar a todas partes. Este aparato es la Administración.

La relación entre el Gobierno y la Administración es de una sutileza casi teológica. En los sistemas presidencialistas, el Ejecutivo —y la Administración— se identifican plenamente con el Presidente que la encabeza; por eso se puede hablar con propiedad de la «Administración Bush» o la «Administración Clinton». En los sistemas parlamentarios europeos, como España, esa identificación no es correcta. Hay varias razones para ello. En primer lugar, el carácter de la Administración. En los sistemas presidencialistas, la Administración está poco profesionalizada, y se sigue el llamado *spoil system* («sistema de despojos»), que significa que cada Presidente puede nombrar para los puestos administrativos —hasta para los más bajos en el escalafón, como un cartero— a las personas que considere más adecuadas. En general, suele nombrarse a personas fieles o leales, o a otras a las que se quiere recompensar servicios como, por ejemplo, la ayuda en la campaña electoral. Aunque el paso del tiempo ha mitigado mucho los efectos del *spoil system*, aún se sigue practicando en algunos puestos como, típicamente, los de Embajador. En España también rigió ese sistema, hasta entrado el siglo xx, y las páginas de Larra o Galdós contienen numerosas referencias a los «cesantes», personas que habían sido colocadas en la Administración por algún amigo, y que eran «cesados» si el partido de quien las había colocado perdía las elecciones, o si dicha persona perdía a su vez, el puesto: el nuevo titular nombraba en su lugar, a amigos suyos. Las elecciones o cambios de gobierno provocaban, por tanto, auténticos terremotos en la Administración, y muchas personas perdían sus trabajos, en tanto que otras que estaban en paro obtenían un puesto.

La influencia francesa ha dibujado en Europa, sin embargo, otro tipo de Administración completamente distinta y altamente profesionalizada. La inmensa mayoría de los funcionarios públicos obtienen su puesto por la superación de un examen —«oposición»— y, una vez obtenido, pueden permanecer en él hasta su jubilación. Los cambios de Gobierno, por tanto, no les afectan, y el nuevo Gobierno debe trabajar con la misma Administración que el anterior.

Es claro que este sistema tiene ventajas e inconvenientes. Entre éstos figura que desmotiva al funcionario que, una vez superada la oposición, ve asegurado su futuro con independencia del esfuerzo que realice. Entre las primeras, evita la arbitrariedad en la provisión de los cargos, dificulta o hace menos útil la parcialidad política del funcionario y permite una mayor profesionalidad, pues el funcionario llega a conocer bien su trabajo merced a su larga permanencia en él. Sobre todo, garantiza la actuación administrativa en tiempos de incertidumbre política: como las experiencias francesa o italiana demuestran, hace posible que el Estado siga funcionando aunque el Gobierno no exista, o cambie con frecuencia.

Todo ello se traduce en que Gobierno y Administración, aunque actúen conjuntamente —pues aquél lo hace a través de ésta, que sigue sus directrices— son realidades políticas y jurídicas diferentes. El Gobierno es un órgano constitucional, emanado de la mayoría parlamentaria y sujeto a ella, y *dirige* la Administración, pero *no es* la Administración: ésta es una organización estatal permanente, que no sirve al Gobierno, sino a la colectividad, y lo hace con objetividad, aunque lo haga siguiendo las directrices gubernamentales. Ambos están engranados por los Ministros, que son simultáneamente miembros del Gobierno y titulares de los órganos administrativos. A veces —por ejemplo, cuando aprueba un Real Decreto— el Gobierno actúa como cabeza de la Administración y en tal caso sus actos son controlables por los Tribunales; pero otras veces —por ejemplo, cuando aprueba un Proyecto de ley, realiza negociaciones internacionales o hace una declaración— actúa sólo como Gobierno.

5. ... y los escalones políticos

El grado de profesionalización —esto es, de desvinculación de los avatares políticos— de las Administraciones varía según los países. Pero incluso en aquellos donde mayor es, siempre existen, además del Gobierno, cargos administrativos que son designados políticamente. El sentido de estos cargos es asegurar que el análisis y la evaluación de las situaciones y necesidades y la puesta en práctica de las medidas responde a la orientación política fijada por el Gobierno emanado del Parlamento. En última instancia, pues, pretende asegurarse que la actuación del poder ejecutivo responde a la orientación deseada por la voluntad popular representada en el Parlamento; además, este fenómeno está vinculado a la responsabilidad gubernamental: ya que el Gobierno es políticamente responsable, quiere asegurarse de que sus directrices son fielmente ejecutadas.

En España, los cargos puramente políticos se limitan a los escalones superiores de la Administración: Ministros, desde luego, Secretarios de Estado, Subsecretarios, Secretarios Generales y Directores Generales en la Administración Central. Además, Presidente, Ministros y Secretarios de Estado cuentan con un Gabinete, personas de su absoluta confianza que realizan las labores más estrictamente políticas como, por ejemplo, las relaciones con el Parlamento. Todos ellos son los terminales o «antenas» de los ministros en su relación tanto con el exterior como con la propia Administración. En la Administración periférica —la diseminada por todo el país— los escalones políticos se limitan a los Delegados del Gobierno y Gobernadores Civiles. En la Administración exterior representativa, a los Embajadores.

Esta diversidad de cargos no guarda relación, sin embargo, con su número que es más bien reducido; además, en la realidad, gran parte de ellos —por ejemplo, la mayoría de los Directores Generales— son funcionarios. En realidad, el carácter puramente político queda hoy reservado a las Secretarios de Estado, Delegados del Gobierno, Gabinetes y algunas —los de más carga política— Secretarías Generales y Direcciones Generales. Los Embajadores, por su parte, son en su inmensa mayoría diplomáticos de carrera.

6. Con qué se gobierna

Las formas de realizar la función de gobernar son casi tantas como los campos afectados por esta actuación. La mayor parte de las veces la acción de gobierno se plasma formalmente en una norma jurídica, que en muchas ocasiones es una ley: en la actualidad, la ley dista de ser la expresión de la voluntad popular, en el sentido de que las leyes que se aprueben sean pocas y sobre muy importantes materias: las leyes son numerosísimas y versan sobre las más distantes —y, a veces, más abstrusas— materias. Aunque formalmente la ley sea un producto del Parlamento, la mayoría de las leyes, si es que no todas, son políticamente un resultado de la acción del Gobierno, generalmente plasmada en un proyecto de ley.

En otros casos la acción del Gobierno se plasma en normas jurídicas distintas de las leyes, algunas veces con rango de ley (Decreto-legislativo o Decreto-ley) o, más frecuentemente, sin él: Reales Decretos cuando se trata de actos del Consejo de Ministros, Órdenes Ministeriales si son de los ministros y Resoluciones de las Secretarías de Estado o las Subsecretarías o Secretarías Generales si proceden de estos órganos. Con mucha frecuencia el Consejo de Ministros adopta, también, decisiones que se formalizan, pero no en una norma sino en lo que se denomina un «Acuerdo».

Para ello, el Gobierno dispone de lo que se llama la «potestad reglamentaria», esto es, la potestad de dictar reglamentos que plasman jurídicamente la decisión política. Básicamente, hay tres tipos de Reglamentos. El primero de ellos es el Reglamento que desarrolla una ley. En estos casos, se produce una colaboración entre el Legislativo y el Ejecutivo: las Cortes aprueban la ley que explicita las líneas generales, o las decisiones políticas globales más relevantes, y el Reglamento detalla y especifica los aspectos que la ley, por su globalidad, no puede concretar. Además, el Gobierno puede utilizar la potestad reglamentaria para autoorganizarse, esto es, para organizar los Ministerios y los demás servicios administrativos. Por último, existen también los llamados «Reglamentos autónomos», así llamados porque no derivan de una ley, pero establecen normas generales.

Pero el Gobierno actúa, además de a través de normas jurídicas, por otros muchos procedimientos, pues la acción de Gobierno es notablemente más compleja de la que se traduce en normas jurídicas. Así, el Gobierno actúa, desde luego, aprobando proyectos de ley, que ponen en marcha el procedimiento de «fabricación» o producción de las leyes; pero también haciendo declaraciones individuales o colectivas, interviniendo en las Cortes, fijando objetivos, señalando directrices o impartiendo instrucciones, aprobando planes o programas de actuación y negociando con otros órganos, tanto con los otros centros de poder, públicos —Comunidades Autónomas, Ayuntamientos, etc.— o privados, como con Estados extranjeros u organizaciones supranacionales.

7. El poder del Gobierno

Esta amplia gama de actividades no debe llamar a engaño, sin embargo, sobre las posibilidades reales de actuación del Gobierno; éstas son, en realidad, mucho menores
de lo que se cree. Ello obedece a muy diversos factores.
En primer lugar, factores puramente económicos o, mejor
dicho, presupuestarios: la capacidad real de libre actuación del Gobierno está, para empezar, enormemente limitada por los compromisos contraídos con anterioridad.
Cada vez que se elabora un Presupuesto, el Gobierno se
encuentra con que un altísimo porcentaje —en torno al
75 por ciento— de los recursos económicos no está disponible, por estar ya comprometido, por ejemplo, por las
pensiones, las nóminas de los funcionarios, las necesidades de mantenimiento de las instalaciones oficiales o las
obras públicas —carreteras, hospitales, etc.— en curso de
realización. Así pues, el porcentaje de los recursos económicos de los que se puede disponer discrecionalmente,
para asignarlos a unas u otras políticas, es notablemente limitado.

El campo de actuación del Gobierno es, además, reducido, pues en muchas materias, que están reservadas a la
ley, no puede disponer o, por lo menos, no puede hacerlo
libremente. Por otra parte, en un Estado democrático el
poder, el poder real, está enormemente fragmentado. Los
centros de poder son numerosísimos, y el Gobierno no
puede actuar libremente, en la práctica, ni siquiera allí
donde en teoría puede hacerlo: debe contar forzosamente
con los parlamentarios del grupo o los grupos de la mayoría, e incluso con los de las minorías, con las posiciones de
las Comunidades Autónomas y los Ayuntamientos, y con
las reacciones de los medios de comunicación. Además,
tiene que cumplir y respetar un gran número de requisitos
y obligaciones legales, y debe prever, por tanto, las posibles resoluciones de los Tribunales y tener en cuenta la ju-

risprudencia de éstos. A ello hay que añadir las posibles repercusiones internacionales de sus medidas y, desde luego, las repercusiones económicas. Todo ello configura un panorama en el que el poder en general, y el poder ejecutivo en particular, está considerablemente limitado. Por último, sobre la actuación del Gobierno y del Parlamento influyen numerosos grupos y colectivos, cada uno de los cuales cuenta con numerosos medios para defender sus intereses.

Capítulo XVII
Cómo se influye en la actuación de los gobernantes

1. Presiones y pasillos

En efecto, hay un elevado número de grupos sociales que influyen notablemente en la actuación de los gobernantes. Estos grupos operan en forma muy diversa: promoviendo actuaciones que les benefician, obstaculizando aquellas otras que los perjudican, condicionando las actuaciones a otras compensaciones, extrayendo beneficios de ellas, etc. Generalmente, actúan durante el proceso de elaboración de las decisiones, provocando que éstas sean de un determinado género, pero en otras ocasiones —y cada vez más frecuentemente— son ellos mismos los que provocan o impiden las decisiones.

El *silencio, la discreción y la oscuridad* constituyen los rasgos *clásicos* de las formas de actuación de estos grupos: con frecuencia, nadie llega a enterarse de su intervención, aunque ésta sea decisiva. Puesto que no aparecen públicamente, no asumen responsabilidad alguna; nunca reconocerán, pues, que una determinada decisión fue iniciativa suya o resultado de sus posiciones, y generalmente ni siquiera reconocerán que les beneficia. Utilizan, para actuar en el silencio, su posición económica o social —son Presidentes o cargos de tales o cuales empresas u organismos— y sus relaciones personales: la suma de ambas les abre todas las puertas. Su medio de actuación tradicional son, pues, los despachos y los pasillos de los organismos oficiales y, más modernamente, el teléfono. Pero aunque la forma clásica de actuar sea el «pasillo» reservado, el almuerzo discreto o la llamada telefónica, cada vez se impone más la forma de actuación cabalmente contraria, esto es, la que se realiza a través de los medios de comunicación. Esta mecánica exige contar con buenas relaciones con los medios de comunicación y, sobre todo, requiere una gran habilidad para presentar las reivindicaciones no como propias, sino como valiosas por toda la sociedad: habrán de ocultarse los intereses económicos, corporativos o de otro tipo que se defienden, y asegurar que se obra en beneficio del interés general, ya sea de los derechos humanos, de los consumidores, de los ciudadanos todos o de la prosperidad económica.

2. Profesionales y aficionados

En algunos países, existen personas que hacen de la presión sobre quienes adoptan decisiones políticas, en beneficio de los grupos de intereses, su profesión. El caso clásico es el de los Estados Unidos, donde están no sólo tolerados, sino regulados, los llamados *lobbys,* así denominados porque tradicionalmente actuaban en el pasillo o corredor (*lobby*). Se trata, en estos casos, de empresas, relativamente similares a una asesoría jurídica o económica o a una empresa de servicios, que están especializadas en influir sobre los políticos, y cobran por ello. Conocen a quién dirigirse en cada caso y cómo hacerlo, qué argumentos se han de manejar y, sobre todo, mantienen buenas relaciones que les facilitan el acceso a las personas decisivas. Para ello se sirven con frecuencia de antiguos políticos o altos funcionarios que, cuando cesan en sus cargos, atraviesan lo que allí se llama *revolving door* («puerta giratoria») y utilizan los conocimientos y amistades que hicieron durante su estancia en la Administración o el Congreso.

En Europa en general, y en España en particular, aunque últimamente han surgido supuestas asesorías jurídicas o económicas que son, en realidad, *lobbys*, no gozan de tradición. Ello obedece a dos razones: en primer lugar, el poder ha estado hasta tiempos recientes, muy concentrado, lo que impide la actuación de estos grupos; en segundo lugar, no eran necesarios, porque los «grupos de presión» que defendían los grandes intereses económicos y sociales mantenían, ellos mismos, estrechas relaciones con el poder, y no necesitaban intermediarios. En términos generales, pues, los grupos de presión españoles hacen, ellos mismos, su propia tarea, aunque para ello se sirvan, cuando conviene, de apoyo de abogados, economistas y técnicos de todo tipo que les suministran datos y argumentos que apoyan sus pretensiones.

3. Sindicatos, empresarios y banqueros

La lista de los grupos de presión que influyen sobre las decisiones políticas, o pretenden hacerlo, es interminable, por la sencilla razón de que es tan larga como la de cuantos tienen intereses diversos y están organizados para defenderlos. Algunas de estas organizaciones son particularmente significativas, por la frecuencia e intensidad de sus presiones y por los medios singularmente eficaces de que disponen para llevarlos a cabo.

Así, los *sindicatos y asociaciones de empresarios* tienen como objetivo, precisamente, la defensa de los intereses de sus afiliados. Cuentan para ello con muy poderosos mecanismos. Para empezar, es sabido que todos ellos mantienen estrechas relaciones con los más relevantes partidos políticos; éstos canalizan políticamente, pues, las pretensiones de sindicatos y asociaciones de empresas, y las canalizan con interés y eficacia, pues unos u otros constituyen su base social y, por consiguiente, el núcleo central de su electorado. Además, los empresarios cuentan con su poder económico, y los trabajadores con la fuerza que les otorga su número y la posibilidad de ejercer sus derechos fundamentales, como los de reunión y huelga.

Sólo hay una cosa que un Ministro, o cualquier responsable político, tema más que una manifestación contra las medidas que propone: una huelga contra esas mismas decisiones. Modificar la legislación relativa al mundo laboral, a la seguridad social o al salario mínimo, por solo poner unos ejemplos conocidos, es, por eso, una cirugía especialmente delicada para cualquier político. En el caso de los empresarios, la relación sería absolutamente interminable: desde las cotizaciones a la Seguridad Social hasta la pretensión de que los yates sean considerados a efectos impositivos artículos de primera necesidad, y no de lujo, hay una casi ilimitada gama de materias.

La *gran banca y las entidades financieras* o aseguradoras son, también, un grupo de presión tradicional y con enorme influencia. Su peso se apoya, sobre todo, en las magnitudes económicas que mueven y en el reducido número de personas con capacidad de decisión en esos ámbitos, lo que facilita una actuación sincronizada, especialmente si se tiene en cuenta que sus intereses son coincidentes. Sus argumentos suelen partir de las enormes repercusiones económicas globales de cualquier decisión, por aparentemente inocua que sea. Un ejemplo: el Anteproyecto de ley Cambiaria y del Cheque preveía que los bancos estarían

obligados a remitir a los clientes las letras de cambio firmadas por ellos cuando hubieran sido satisfechas; pero los
grandes bancos argumentaron que, siendo como son millones de letras de cambio, ello suponía un enorme coste...
¡en sellos de correos! La ley se aprobó, naturalmente, sin
incluir para los bancos la gravosa obligación de devolver
las letras de cambio a los librados; el banco destruye la letra, algo menos costoso que enviarla por correo aunque
así quepa, para los ciudadanos, el perjuicio de que nunca
sabrán si la letra ha sido efectivamente destruida.

5. Profesionales, funcionarios y elites

Otro relevante grupo de presión, con gran capacidad
de ejercer influencia, está constituido por los *Colegios Profesionales*, especialmente por algunos y señalados de entre
ellos, como son los de abogados, médicos y arquitectos.
Estos grupos son —entre otras cosas porque su objeto
primario se presta a ello— especialmente hábiles para
presentar como necesidades o exigencias sociales, relativas a los derechos fundamentales, la justicia, la salud o la
vivienda, lo que no son sino demandas corporativas. Por
otra parte, el privilegiado *status* del que sus asociados gozan en esta sociedad les convierte en grupos fundamentalmente reaccionarios o conservadores, en el estricto sentido de ese término: su actividad se enfoca, sobre todo, a
conservar lo existente, reaccionando frente a cualquier intento de modificación de la situación. Es comprensible
cuando, como en el caso de los colectivos profesionales
descritos, se parte de una situación privilegiada, que abarca aspectos de lo más diversos: desde el hecho de que todos cuantos quieran defender un derecho, hasta de los
más sencillos —como, por ejemplo, desahuciar a un
arrendatario que no paga, o disolver un matrimonio estando los cónyuges de acuerdo en todo— deba contar, obli

gado por la ley, con un abogado, hasta la circunstancia de que gran parte de los gastos de los Colegios, y de las prestaciones de los colegiados, no son satisfechos por éstos, sino por los ciudadanos, a través de los llamados «bastanteos» —antigualla que sirve para que sean los litigantes quienes paguen los gastos corporativos de los abogados— los certificados médicos o el visado de un proyecto arquitectónico.

Todos estos grupos disfrutan, por su posición social, de una gran cercanía a los círculos del poder político. En el caso de los abogados saben, además, por su propia profesión, cómo moverse en ellos. Lo saben tan bien que, por solo citar un ejemplo, en los últimos años era tan seguro que cada vez que se elaboraban los Presupuestos Generales del Estado los abogados presionarían para elevar la cantidad destinada al turno de oficio que el resultado de su presión se conocía popularmente, entre los diputados, como «enmienda Pedrol», en referencia al entonces Presidente de los Abogados españoles. La seguridad de que esa presión, y por tanto la enmienda, prosperarían era tal que el presupuesto inicial se elaboraba premeditadamente bajo, para que cuando la presión obtuviese éxito no resultase desmesuradamente alto.

Los *funcionarios* constituyen también un grupo de presión clásico. Su cercanía a quienes toman las decisiones, y su dependencia de los Presupuestos Generales del Estado, les hace especialmente influyentes. Entre ellos, cobran especial relevancia los llamados grupos de *élite*, compuestos por funcionarios de alta cualificación y generalmente muy reducido número, cuyos conocimientos técnicos son indispensables para el funcionamiento de la Administración y a los que su prestigio social otorga gran capacidad de presión. Los grupos de presión de esta índole son, clásicamente, los Abogados del Estado, jueces y fiscales, notarios y registradores. En los últimos tiempos, su influencia histórica ha decaído, sin embargo —salvo en el caso de los jueces puesto que, entre otras cosas, controlan la actividad administrativa— y han aparecido muchos grupos de gran pujanza como, por ejemplo, los Administradores Superiores del Estado y los Técnicos Comerciales del Estado, pues no pocos de sus miembros ocupan o han ocupado cargos de gran relevancia política y administrativa.

5. La presión de la modernidad

Junto a los grupos de presión clásicos han aparecido recientemente otros de nuevo cuño, que son el inevitable producto de las transformaciones sociales. Un ejemplo característico de este fenómeno son las *asociaciones de consumidores,* aún poco poderosas —aunque su influencia es claramente creciente— en España, pero depositarias de notables cuotas de poder en otros países europeos más desarrollados, como los nórdicos, y, sobre todo, en los Estados Unidos. Se trata, en este último caso, de un poder que supera los ámbitos de lo político y se asienta en el social: una campaña negativa de las más importantes asociaciones de consumidores sobre un producto implica el fracaso de éste.

Hay otros grupos de presión que son un fruto típico de los tiempos que vivimos. Por ejemplo, la creciente preocupación por el medio ambiente otorga una también ascendente influencia a los grupos denominados *ecologistas*: lo último que hoy desea un gestor público, o un promotor privado, es que sus iniciativas sean denostadas por estas entidades como perjudiciales para el medio ambiente. Igualmente, la incorporación de la mujer a la vida política, económica, laboral y social, y la evidente necesidad de superar su situación histórica de postergación, que aún pervive en no pocas facetas, ha dado lugar a influyentes grupos de presión femeninos. Tanto en este caso como en el de los ecologistas, se trata de grupos especialmente activos, hasta el punto de que no es exagerado afirmar que, hoy por hoy, el más influyente grupo de presión es el constituido por las mujeres con presencia política, profesional o social.

Por último, otro fenómeno característico de los tiempos que corren es la existencia de pequeños pero muy poderosos, y difícilmente definibles, grupos de presión en cuyos pocos componentes se entrecruzan una gran diversidad de intereses. Son grupos asentados fundamentalmente sobre una tupida trama de relaciones personales que se retroalimentan, y que se ven potenciados por una constante presencia pública que obedece a los más diversos motivos. Lo que algunos han dado en llamar la *jet-set*, un reducido núcleo de personas adineradas, famosas y en no pocos casos ociosas, cuyo poder reside en su proximidad al poder, en su supuesto —pero multiplicado por los medios de comunicación— encanto personal y en las puertas que, real o teóricamente, pueden abrir.

6. El medio es el mensaje

La enumeración de los grupos de presión no puede, hoy, prescindir de una referencia a los *medios de comunicación*. Tradicionalmente denominados como el *cuarto poder*, en expresión que da idea cabal de su influencia, constituyen hoy un fenómeno imprescindible para comprender el funcionamiento real de las instituciones políticas en una sociedad democrática moderna. Una cosa puede adelantarse: su influencia es enorme. No hay nada —nada— que un ministro o cualquier otro político tema más que un titular negativo, salvo su destitución, y ésta puede depender, precisamente, de tales titulares.

Los medios de comunicación siempre han tenido influencia política. La expresión «cuarto poder» no es de hoy, y el *Times* inglés, *Le Monde* en Francia o, durante la

II República española, *ABC, El Sol* y *El Debate* habían gozado, en sus respectivos momentos, de esa influencia, al igual que el *New York Times* o el *Washington Post* en Estados Unidos. Lo que sucede es que hoy el poder de los medios de comunicación es exponencialmente superior al que disponían antaño.

Ello obedece a muchas razones, pero pueden destacarse cinco. En primer lugar, su alcance, que les permite hoy llegar —y numerosas veces al día— a casi todas las personas con mensajes insistentes y repetidos; en segundo lugar, la relativa carestía de un medio con gran alcance, que reduce a muy pocos la capacidad de disponer de ellos. En tercer lugar, y como consecuencia de lo anterior, son un gran negocio, que moviliza ingentes cantidades y proporciona grandes beneficios, lo que hace que la perspectiva económica —mayores ventas o audiencia para conseguir más publicidad y, por ende, más ingresos— prevalezca sobre las exigencias de rigor y formación. En cuarto lugar, la concentración de la mayoría de los medios, los más importantes, en muy pocas manos, de manera que se oirá o leerá lo que esas pocas manos quieran y cómo y cuándo quieran. Por último, su absoluta carencia de control: Gobierno y Parlamento, partidos políticos, sindicatos, asociaciones, entidades bancarias y Colegios Profesionales están sometidos a diversos controles; los medios de comunicación, como negocio que son, pertenecen a su dueño, que hace con ellos lo que quiera. Son, por tanto, un resorte de poder no sometido a control.

En una sociedad como la actual, no importa tanto lo que se hace como lo que se proyecta públicamente, y de qué forma se proyecta. Así pues, todos los actores públicos, políticos, sindicalistas, empresarios, artistas, escritores, deportistas, toreros y un largo etcétera dependen, para su supervivencia, de los medios de comunicación: su carrera será lo que ellos quieran que sea. Su dominio se proyecta, incluso, sobre los personajes no públicos, pues bastará con publicar que un médico ha sido acusado de abusos sexuales, o que un abogado es deshonesto, o de cualquier persona que es alcohólico, se droga o tiene aventuras sexuales para hundir su carrera profesional y, con frecuencia, su vida personal y familiar. Nada de lo que suceda después, ni siquiera una sentencia judicial, amortiguará el daño causado.

La relevancia de los medios tiene dos momentos. Por una parte, el de la selección de lo que es noticiable y de lo que no lo es, que es tanto como decir de lo que es público y de lo que no lo es. De igual suerte que un antiguo —y, como hechos recientes han demostrado, trasnochado— aforismo jurídico rezaba que lo que no está en los autos no está en el mundo, hoy puede decirse que lo que no está en los medios de comunicación no está en el mundo. Al seleccionar lo que publican, los medios propulsan a algunos al estrellato y condenan a otros al ostracismo. Todo o casi todo lo que hoy se hace en la vida pública está pensado en razón de procurar o evitar su difusión: desde el horario de los Consejos de Ministros hasta el de las inauguraciones, desde los lugares de las manifestaciones —que sólo cobran sentido si adquieren difusión— hasta las fechas de las huelgas.

El segundo momento de la actuación de un medio es la presentación de lo noticiable: de en qué página, con qué tipografía, con qué titular y con qué fotos se haga depende el éxito o el fracaso de lo emprendido. Además, el titular y el texto condicionan totalmente la percepción de la noticia. Incluso siendo estrictamente fiel a lo sucedido se puede, sin ninguna dificultad, dar una versión de ello que provoca una percepción contraria a lo real. Solo quienes han sido afectados de cerca conocen la altísima capacidad de manipulación que permite, incluso manteniéndose fiel a la verdad, un medio de comunicación; de hecho, hay medios especialistas en mentir incluso cuando dicen la verdad.

Las relaciones entre los medios de comunicación y la política son estrechas, permanentes y complejas. Por una parte, los políticos necesitan a los periodistas para proyectarse, y éstos a aquellos para obtener información; por otra, los políticos desean que algunas cosas se difundan masivamente, y que otras permanezcan ocultas, pero las que interesan a los periodistas son en general las ocultas, y no las públicas. El político sabe que lo más querido para él, su imagen, depende del periodista, pero éste la deteriora con frecuencia, aunque más tarde pueda arrepentirse de ello y describir al inmolado como hombre y político ejemplar: el caso de Adolfo Suárez es bien expresivo, pero dista de ser el único. En todas partes se han creado supuestos hombres de Estado donde nada había, y en todas se ha frustrado la carrera de valiosas personas cuya imagen fue destrozada. En no pocas ocasiones el periodista desea ser él mismo protagonista de la noticia, y no faltan políticos que anhelan escribir los textos periodísticos. Es, pues, una curiosa relación de simbiosis adversa, en la que cada uno necesita al otro y, sin embargo, sus intereses son contrapuestos.

Dos cosas son, sin embargo, evidentes. La primera es que la relación entre medios y poder es antagónica, en tanto que la que existe entre medios y oposición es complementaria. Esto se explica porque defender al gobernante no es, en ninguna parte, popular, en tanto que criticarlo sí lo es. Por tanto, la defensa no es, en términos de empresa periodística —y, no se olvide este factor, de progreso de la carrera del periodista— rentable, y criticar sí. Entre Gobierno y medios de comunicación hay en todo país libre y moderno, pues, intereses enfrentados. En cambio, la oposición es el cliente ideal de la prensa: la necesita para proyectarse y, por tanto, la inunda de noticias negativas y titulares espeluznantes.

Lo segundo que es seguro es que los medios de comunicación no son ellos mismos, si es que alguna vez lo han sido, ajenos a la política: tienen sus propios intereses, y los defienden con vehemencia. Antiguamente se trataba de un interés directamente ideológico: cada partido tenía un periódico y cada periódico era de un partido. Se trata, claramente, de un fenómeno en vías de extinción, aunque subsistan ejemplos de ellos, como la vinculación entre el *Times* y el Partido Conservador inglés o la existente en España entre el *ABC* y la derecha tradicional centralista e integrista española.

Lo habitual hoy en día, sin embargo, es que los medios de comunicación pertenezcan a grandes grupos empresariales o sean, ellos mismos, un gran grupo empresarial. En este caso difunden sus propios intereses, y actúan de conformidad con ellos. Lo que en todo caso puede asegurarse es que un medio de comunicación es, hoy, cualquier cosa menos un mero e inocente transmisor de noticias: es él mismo el que crea, provoca, selecciona, modela, produce y transmite la noticia; es, en suma, un productor de noticias, como otros producen bienes materiales.

Esta situación plantea graves problemas. Históricamente, las amenazas a la libertad de expresión provenían del poder político, poco deseoso de ser criticado. En las modernas sociedades democráticas, los medios de comunicación son los auténticos señores del poder: ellos crean y derriban gobiernos, famas y fortunas. Las amenazas a la libertad de expresión no provienen, pues, de los Gobiernos, sino de los propietarios de los medios de comunicación, pues son ellos quienes deciden lo que se defiende y lo que no, y cómo se defiende, igual que proporcionan proyección o trabajo a quien ejecuta sus consignas y privan de él a quien no lo hace. La propiedad y su concentración son, pues, los problemas de la libertad de expresión. Y, sobre todo, su opacidad: la cosa cambiaría, o podría hacerlo, si todos supiésemos quién está detrás de cada cual. Pero no es así, y a los ciudadanos no se les ha enseñado a distinguir el trigo de la paja, y difícilmente puede hacerse.

Si el Poder Judicial es el gran reto *institucional* que las sociedades democráticas afrontan en su futuro inmediato, el poder y la ausencia de control de los medios de comunicación, así como los efectos de sus informaciones son, sin duda, el gran reto *social*.

LOS LÍMITES DEL PODER

Capítulo XVIII
El gobierno de las leyes

1. El Estado y el Derecho

Sustituir «el gobierno de los hombres por el gobierno de las leyes». Esta era la voluntad de los revolucionarios liberales. Con ello pretendían, básicamente, dos cosas: en primer lugar, dignificarse, porque la obediencia de un hombre a otro provoca rechazo; obedecer a una norma abstracta es, sin embargo, muy diferente y mucho más aceptable. En segundo lugar, buscaban seguridad, porque la voluntad del hombre es cambiante y está dominada por los prejuicios personales. La ley ofrecía esa seguridad, pues es abstracta y, por tanto, sobre ella no influyen la inquina o la amistad; duradera y, por ello, está a salvo de la voluble voluntad humana; y es conocida de antemano, por lo que permite saber a qué atenerse y anticipar los efectos de la propia conducta.

La regulación de las conductas y de sus efectos por normas obligatorias dignificaba, pues, al hombre y le ofrecía seguridad. Pero constituía también un límite para el poder: era un freno para la arbitrariedad, pues el poder no podía ya actuar según su deseo o su conveniencia, sino que había de hacerlo con arreglo a la ley.

La relación entre el Estado y el Derecho es tan antigua como el intento de los hombres de dignificar la sumisión al poder, de limitar éste, de impedir su actuación arbitraria y de garantizar seguridad y certeza. Nacen, así, el *rule of law* anglosajón y lo que en la Europa continental se llamaría el *Estado de Derecho,* aunque con la diferencia de que el *rule of law* descansa fundamentalmente sobre las decisiones de los jueces y el Estado de Derecho continental sobre la norma escrita.

El gobierno de las leyes, el Estado de Derecho, no es equivalente, sin embargo, al Estado democrático: es sólo un Estado donde el poder no actúa ya personalmente, sino a través de la ley, pero sin que ésta sea el resultado de la voluntad popular. De hecho, el Estado de Derecho nace en la Alemania del siglo XIX como un intento de legitimar de forma *no* democrática el casi absoluto poder del *kaizer*, limitándolo mediante la ley. Esta limitación se realizaba mediante tres caminos que se entrecruzaban: el sustantivo, pues el Estado sólo podía actuar de una forma cuando el Derecho lo permitiese; el orgánico, pues sólo podían actuar en cada caso los órganos previstos para ello; y por último, el procedimental, pues éstos órganos debían seguir en su actuación un procedimiento preestablecido. La transición del Estado de Derecho al Estado democrático no se verifica sino cuando al gobierno de la ley se unen otras condiciones: que la ley sea expresión de la voluntad popular manifestada a través de elecciones libres, que se respeten los derechos fundamentales de los ciudadanos y que todos los cargos que ejercen poder político real tengan una legitimación democrática, esto es, surjan de la elección de los ciudadanos. El Estado democrático de Derecho que es la España de hoy nace, pues, como consecuencia de la unión entre el Estado de Derecho en cuanto que gobierno de las leyes y la consagración del principio democrático, que supone la aceptación de la voluntad mayoritaria como la decisiva para elaborar las leyes y elegir a los gobernantes.

La ligazón entre el Estado moderno y el Derecho es absoluta, y tiene un triple sentido: por una parte, el Estado actúa a través del Derecho; por otra, el Derecho, aunque sea una producción del Estado, limita el poder estatal; por último, en un Estado democrático las decisiones mayoritarias se plasman a través del Derecho. El Estado democrático de Derecho une a las limitaciones —sustantiva, orgánica y procedimental— que el Estado de Derecho impone al poder el muy importante nutriente del principio democrático o, lo que es lo mismo, de la sustitución de la voluntad de una persona por la voluntad de la mayoría.

Por último, la limitación del poder por el Derecho supone la *integración de la ética* en el ejercicio del poder. Porque el poder es en sí —no tiende a ser; es— por naturaleza, ilimitado y despótico. En la esencia del poder está que corresponda al más fuerte, y que sea ejercido por él en su beneficio y el de los suyos. En cuanto que limita sustantiva, orgánica y procedimentalmente el poder —esto es, en cuanto que dice qué cosas puede hacer quien y con qué requisitos— el Derecho limita el poder. Pero esa limitación es artificial, ajena a la naturaleza del poder: obedece a la voluntad de los hombres; es una *creación ética,* que impide utilizar indiscriminada, arbitraria e ilimitadamente el poder y sustituye el poder del más fuerte por el de la mayoría.

Como ya vimos al principio, el nuestro es un sistema que podríamos calificar como de *alta densidad jurídica*: la Constitución recoge el producto de siglos de experiencia —y de intentos fallidos— de limitación del poder por medio del Derecho, y aplica esa experiencia. El español es un sistema altamente juridificado, especialmente en materia de derechos fundamentales

2. La primacía de la Constitución

El primer y más importante producto de la voluntad popular es la Constitución. De hecho, es el único en el que la voluntad popular se manifestó *directamente*, al aprobarla, tal cual es, en referéndum.

La Constitución es, por eso, el primer y más alto vínculo entre el Estado —o el poder— y el Derecho: el primero, porque de ese vínculo, de la Constitución, surgen todos los demás; el más alto, porque es producto directo de la voluntad popular y porque esa voluntad, al aprobarla, expresaba una decisión política básica, la de regular la vida de la comunidad de una determinada forma.

En cuanto que organiza el poder, la Constitución limita el poder: lo limita *materialmente*, reconociendo los *derechos fundamentales* y delimitando así un campo en el que el poder no puede actuar, y lo limita *formalmente*, obligando al poder a actuar de una forma determinada, y no de otra. En la medida en que el poder actúa a través del Derecho y limitado por el Derecho, la Constitución es la más alta expresión del Derecho: nada ni nadie puede ignorarla o contradecirla. Puesto que *regula* cómo se alcanza y se ejerce el poder, la Constitución es, ella misma, una *norma jurídica;* en cuanto que determina cómo se aprueban las demás normas jurídicas, es el *manual de instrucciones* del ordenamiento jurídico: dice lo que se puede hacer y lo que no se puede hacer, aunque no lo que se debe hacer, y dice cómo se puede hacerlo.

La Constitución no lo dice todo: ni podría hacerlo en sus 169 artículos ni podría, tampoco, congelar para siempre la voluntad de los españoles. Pero sí dice lo más importante: cómo se legitiman, actúan y se relacionan entre sí los poderes del Estado, qué derechos tienen los ciudadanos y quién, cuándo y cómo puede producir las demás normas jurídicas. La Constitución no dibuja un orden político concreto —eso es cosa del legislador, al que los ciudadanos eligen para eso— sino que se limita a fijar el marco jurídico en que habrá de moverse ese orden político. Respecto de lo que ella misma regula, y ya que ella misma es una norma es, ella misma, Derecho; respecto de lo que no regula ella misma, puesto que indica como se producen las demás normas, es una norma que regula *la producción* del Derecho. De ahí vienen todas las formas con las que se denomina: Carta Magna, Ley Suprema, *norma normarum* (norma de las normas), norma suprema, ley fundamental, etc.

La Constitución es singular y única en sentido doble. Por una parte, es única por su forma de aprobarse, modificarse o derogarse, y por su categoría: hay muchísimas leyes, incluso numerosos Estatutos de Autonomía, pero solo hay una Constitución. Por otra parte, es única por su contenido, porque sólo ella determina la estructura política del país, regula sus instituciones básicas y reconoce los derechos de las personas.

El concepto clásico de Constitución la define como una norma que limita el poder, organiza su ejercicio y reconoce los derechos de los ciudadanos. Y, desde luego, la Constitución española es todo eso. Pero una Constitución como la española es, también, algo más que eso: es un proyecto de ordenación de la convivencia y de organización social basada en la libertad, la justicia, la igualdad y el pluralismo. Tiene, por consiguiente, elementos, muy importantes, que trascienden de la mera limitación del poder, y que imponen al poder obligaciones de la mayor trascendencia, desde proteger el medio ambiente o la juventud y la infancia hasta mantener un régimen de seguridad social.

3. Cambiar de Constitución

Por las mismas razones que se acaban de citar, la Constitución es una norma orientada hacia la estabilidad y, simultáneamente, necesitada de ella. Casi todas las normas jurídicas —no todas: las hay temporales, de las que los Presupuestos Generales del Estado son un claro ejemplo— tienen vocación de permanencia: están pensadas para permanecer en vigor permanentemente, aún cuando puedan ser derogadas o modificadas enseguida. En el caso de la Constitución esta vocación de permanencia es especialmente intensa, por varias razones.

La primera de ellas es que la Constitución expresa las decisiones políticas fundamentales que el país adopta sobre su forma de ordenar la convivencia: en la elaboración de la Constitución es donde se pone de relieve la *línea directa* que enlaza al pueblo, al poder y a la Constitución. Es claro que decisiones de esa índole —que afectan, entre otras cosas, a la forma del Estado, la forma de gobierno o los derechos de los ciudadanos— no pueden estar sometidas a cambios frecuentes, porque ello provocaría una inestabilidad política de tal envergadura que tornaría difícil la propia convivencia, erosionaría la confianza social reflejada en la Constitución y perturbaría el funcionamiento de las instituciones constitucionales: la propia inestabilidad de las decisiones constitucionales las invalidaría como decisiones básicas, «constitutivas» del orden que la comunidad se otorga a sí misma. Por eso no sólo la Constitución está orientada hacia la estabilidad, sino que también está necesitada de ella, porque su reforma o modificación permanente la cuestiona como norma capaz de ordenar la convivencia nacional.

Además de lo anterior las Constituciones se elaboran normalmente por un procedimiento especial, distinto al de las leyes ordinarias, más complejo y que en algunos casos, como el español, incluye un referéndum popular. Lógicamente, el mecanismo que se siga para cambiar las reglas del juego, para reformar la Constitución, debe ser igual o parecido que el utilizado para aprobarla. A esta especial complejidad de los trámites precisos para modificar o derogar una norma —en este caso, la Contitución— se la denomina *rigidez*.

En términos generales, la rigidez, al dificultar las reformas, favorece la estabilidad constitucional. Lo habitual es que modificar la Constitución sea algo muy complicado y que, habitualmente, exija el consenso —ya que sobre el consenso se fundó la Constitución— de la mayor parte de los actores políticos. La rigidez parte de un notable apego al pasado y de una cierta desconfianza hacia un futuro incierto, basado no sólo en la confianza que otorga el conocimiento de lo existente y en el vértigo que provoca lo desconocido, sino también en el hecho cierto de que está comprobado que con la regulación constitucional vigente fue posible el consenso, en tanto que el consenso futuro siempre está por demostrar. La estabilidad es, pues, un valor, especialmente cuando se refiere a los elementos fundacionales de la convivencia. Pero no cabe duda de que, en ocasiones, es necesario cambiar las Constituciones: porque la realidad se transforma, porque aparecen exigencias, dificultades o conveniencias o porque se abren nuevos horizontes en la vida comunitaria.

Es elemental que las Constituciones más precisas, concretas y detallistas suelen exigir más reformas, en tanto que las más ambiguas o polivalentes asimilan mejor, sin necesidad de ser reformadas, la modificación de las circunstancias: por ejemplo, si la Constitución de los Estados Unidos cuenta con más de 200 años de vida —aunque es verdad que se la han incorporado enmiendas que la modificaron, pero sin alterar su tronco esencial— y ha resistido las enormes transformaciones sociales producidas desde que se aprobó es, sin duda, debido a su ambigüedad y su escaso grado de detalle.

La Constitución española es *muy rígida*, y no sin motivo: lograr el consenso general en ella plasmado costó dos siglos y varias guerras, así que proteger ese consenso parece del más elemental sentido común, sobre todo mientras

exista una duda, por ínfima que sea, sobre posibles consecuencias desestabilizadoras.

La protección del consenso —y, por tanto, de la rigidez— son, sin embargo, *desiguales*: unos elementos de la
Constitución, los más delicados o *sensibles*, exigen un
complicadísimo procedimiento de reforma. Este procedimiento debe ser utilizado cuando se pretenda una reforma total de la Constitución, o la reforma de las declaraciones de principio contenidas en el Título Preliminar, de los
Derechos Fundamentales o de la Corona. En estos casos,
una vez que la reforma sea aprobada por las Cortes, éstas
deberán disolverse para que se celebren elecciones, de
manera que las nuevas Cortes ratifiquen la reforma que,
además, debe obligatoriamente ser sometida a referéndum.

Para el resto de los preceptos constitucionales existe un
mecanismo de reforma que, en comparación con el anterior, se podría denominar *ligth* si no fuera porque también
es bastante complicado. Exige un muy amplio acuerdo en
el Congreso y el Senado, y *puede* —pero no es obligatorio
que así se haga— ser sometida a referéndum, para lo cual
basta que lo solicite una décima parte de los miembros de
alguna de las dos Cámaras.

4. La fuerza de la Constitución

En un Estado Democrático de Derecho, como España,
la Constitución es la ley suprema: ningún acto ni norma
puede contradecirla; ninguno es válido fuese de ella o
contra ella. Es la máxima expresión de la voluntad popular, y nada se admite que sea contrario a ella.

Sin embargo, las Constituciones fueron consideradas
durante mucho tiempo, más que como una norma jurídica, como un programa. Ello significaba que no era obligatorio cumplir sus mandatos: se cumplían si se podía, pero

si no se cumplían nada pasaba. Los preceptos constitucionales tenían pues, un carácter más orientador que vinculante. De otro lado, la obligatoriedad de la Constitución se reducía a los poderes públicos: los ciudadanos nada tenían que ver con la Constitución y, por tanto, ésta no les obligaba. Así pues, y por poner un ejemplo, si la Constitución consagraba la igualdad y prohibía la discriminación, se entendía que el Estado debía «intentar» tratar igualmente a todos y no discriminar, pero nada pasaba si así no lo hacía. Los ciudadanos, por su parte, podían actuar con absoluta libertad.

La Constitución de 1978 sigue una línea totalmente diferente: es una norma jurídica que, como tal, ha de ser aplicada por todos los poderes públicos y, especialmente, por los jueces y tribunales. No es, pues, un programa orientador, sino auténtico Derecho vinculante y obligatorio. Lo es porque ella misma lo dice, cuando define que «los ciudadanos y los poderes públicos están sujetos a la Constitución»; pero lo es, además y sobre todo, por otras cosas. Por ejemplo, porque su Disposición Derogatoria deroga todas las normas que a ella se opongan, y porque las que se aprueben en el futuro serán declaradas inconstitucionales y, por lo tanto, nulas por el Tribunal Constitucional, si tienen rango de ley, y no serán aplicadas, si tienen rango inferior, por jueces y tribunales.

Además, la Constitución es vinculante para todos, y no sólo para los poderes públicos. Obliga también, por tanto, a los *ciudadanos.* Esto es así porque la Constitución expresa el sistema de valores que rige nuestra sociedad. Vulnerarla es, por tanto, quebrantar dicho sistema de valores, por lo que tal vulneración no es, no puede ser, un asunto privado, sino público. Es verdad que la Constitución afecta a poderes públicos y ciudadanos *de forma distinta;* pero aunque la forma sea distinta, les vincula, sobre todo en las materias que pueden considerarse *de orden público*, esto es, las fundamentales.

5. Estado de excepción

En ocasiones, las circunstancias mandan, y es necesario rendirse a la evidencia de que el mantenimiento de la convivencia pacífica, de la integridad territorial o de la soberanía nacional exige de los órganos que ejercen el poder actuaciones rápidas y decididas. Las limitaciones que la Constitución impone al poder pueden, entonces, resultar inconvenientes para salvaguardar el propio orden constitucionalmente consagrado. En definitiva, a veces resulta preciso, para salvar la Constitución, suspenderla temporalmente. El estado de excepción es, pues, un mecanismo de defensa de la Constitución frente a las amenazas, internas o externas, de que pueda ser objeto. Es un mecanismo de la mayor importancia, puesto que supone suspender la vida de la Constitución o de parte de ella, de las limitaciones que impone al poder y de los derechos de los ciudadanos. Por eso un importante teórico alemán, Carl Schmitt, decía —en una época, bien es verdad, caracterizada por constantes y graves turbulencias de todo tipo— que «el auténtico soberano es el que decide sobre el estado de excepción», puesto que él es quien decide sobre la vigencia de la Constitución y, por tanto, sobre las normas que se aplican. En una democracia, sin embargo, estas situaciones excepcionales deben estar siempre limitadas, tanto en su duración como en su contenido, por difíciles que sean las circunstancias a afrontar. Ni siquiera la II Guerra Mundial alteró el funcionamiento democrático en Gran Bretaña o los Estados Unidos. Por eso la Constitución prevé expresamente que incluso en estas circunstancias seguirán funcionando normalmente los poderes del Estado, y en particular las Cortes Generales que, como representantes de un pueblo que también es soberano durante los estados de excepción o sitio, serán convocadas de inmediato si no estuvieran en sesiones.

La Constitución española prevé tres tipos de situaciones excepcionales, según la gravedad de los problemas a afrontar. El primero y más liviano de ellos es el *estado de alarma*, que está básicamente previsto para situaciones como las provocadas por graves catástrofes naturales, epidemias o similares. Lo decreta el Consejo de Ministros dando cuenta al Congreso y, salvo posibles limitaciones a la libertad de circulación, no supone mayores alteraciones.

El *estado de excepción* atiende ya a situaciones de mayor gravedad, en las que se encuentren seriamente perturbados el normal funcionamiento de las instituciones democráticas o el libre ejercicio de los derechos de los ciudadanos. Lo declara el Gobierno, pero necesita la previa autorización del Congreso. Puede incluir limitaciones a la libertad personal y la ampliación, hasta un máximo de diez días, de la duración de la detención policial —aunque los detenidos siguen gozando de los derechos a ser informados de los motivos de la detención y a la asistencia letrada—, a la inviolabilidad del domicilio y el secreto de las comunicaciones, a las libertades de circulación y residencia, a las libertades de expresión e información, a la libertad de reunión, al derecho a la huelga y a las medidas de conflicto colectivo.

La utilización del estado de excepción, sin embargo, está muy limitada en España, porque es precisa la autorización del Congreso, porque el Decreto que lo promulgue debe determinar sus efectos y su ámbito territorial y, sobre todo, porque su duración está limitada a un máximo de treinta días, prorrogables, como máximo, por otros treinta; no cabe, pues, el estado de excepción indefinido.

El escalón más elevado de estos supuestos de suspensión de la Constitución lo ocupa el *estado de sitio*. Debe ser declarado por el Congreso de los Diputados por mayoría absoluta y, básicamente, supone añadir al estado de excepción la atribución de competencias a la autoridad militar y la ampliación del ámbito de la jurisdicción militar.

Por último, la Constitución prevé también la necesidad de combatir a bandas armadas y elementos terroristas que utilizan para defenderse los derechos que la Constitución contra la que atentan les concede. Por eso, establece que con muy rigurosos controles, que incluyen la previa autorización judicial, el plazo máximo de setenta y dos horas de detención policial puede ampliarse cuarenta y ocho horas más, y pueden intervenirse las comunicaciones de los sospechosos y registrarse los domicilios.

Capítulo XIX
El poder de la ley

1. El valor de la ley

La Constitución es, en definitiva, una ley, una ley muy especial, santificada directamente por la voluntad popular como la que rige la vida comunitaria y situada, por eso, en el más alto escalón de la pirámide normativa. Pero la voluntad popular no aprueba Constituciones con frecuencia: la voluntad popular actuando como autora de una Constitución —lo que se llama el poder constituyente— es, por definición, muy esporádica.

Sin embargo, con mucha frecuencia es preciso tomar decisiones que afectan a la vida ciudadana, regular las actuaciones y relaciones de los ciudadanos. Para ello, y directamente situada bajo la Constitución, existe la ley.

La ley es teóricamente, en un Estado democrático, la expresión de la voluntad popular. Es, también, la norma jurídica nuclear del sistema, del ordenamiento jurídico que,

encabezado por la Constitución, tiene en la ley su principal instrumento: casi todos los derechos, obligaciones y
procedimientos se encuentran en las leyes. Es, igualmente
—y en el mundo de hoy quizá sobre todo— un instrumento de gobierno, a través del cual el Gobierno y la mayoría parlamentaria que lo apoya aplican las políticas que
consideran más convenientes: solo un fundamentalista
podría sostener que la voluntad popular se expresa en la
Ley de Metrología, o en la de Pesas y Medidas, o en tantas otras acusadamente técnicas.

La fuerza de la ley proviene, desde luego, de la Constitución, que la sitúa como el eje del ordenamiento jurídico;
pero si la Constitución le confiere esa fuerza es por una razón: porque la ley es elaborada y aprobada por el Parlamento libremente elegido por los ciudadanos. De esa característica auténticamente esencial proviene su posición en el sistema. La diferencia entre la Constitución y la ley deriva de
que si bien ambas son expresiones de la voluntad popular,
la Constitución lo es de la voluntad popular —del *poder*—
constituyente y, en nuestro caso, lo es directamente, puesto
que fue aprobada en referéndum, y la ley lo es indirectamente, ya que es aprobada por un *poder constituido,* previsto en la Constitución y el que elegimos para ello. Además,
la Constitución es el producto de la decisión, global y política, de organizar la vida de la comunidad, mientras que la
ley es una decisión sobre una o unas materias concretas.

De su aprobación por el Parlamento libremente elegido
provienen todas las carcterísticas de la ley, fundamentalmente la publicidad en su procedimiento de elaboración,
para que todos podamos saber la posición de cada uno y
considerar si procede elegirlo de nuevo para esa tarea, y la
imposibilidad de derogarla o modificarla por otro mecanismo que no sea, precisamente, la aprobación de otra ley:
en cuanto que la ley es producto de la voluntad popular
reflejada en el Parlamento, sólo la propia voluntad popular puede modificarla o derogarla.

2. Un amplio surtido de leyes

Aunque la ley sea única, y su fuerza sea la misma, pues esa fuerza deriva del órgano que la produce y ese es siempre el mismo —las Cortes Generales— tenemos en España una gran variedad de leyes. La diferencia entre ellas depende, fundamentalmente, de las materias a tratar.

Así, la Constitución configura algunas materias como «casi constitucionales». Su importancia justificaría que fuesen reguladas por la propia Constitución, pero eso la haría interminable. Sin embargo, considera que esas materias deben gozar de un amplio consenso, dado su carácter cuasiconstitucional: considera, pues, que no basta una simple mayoría para aprobar, modificar o derogar las leyes que regulan esas materias. Por eso, y para eso —y sólo para eso— crea las *leyes orgánicas*.

Las leyes orgánicas se distinguen de las *ordinarias* —esto es, de las demás— en dos cosas: en la materia que regulan y en el procedimiento para su aprobación. Por lo que a la materia se refiere están reservadas para regular los Estatutos de Autonomía, los derechos fundamentales, el régimen electoral y algunos órganos fundamentales del Estado, como el Poder Judicial, el Tribunal Constitucional o las Fuerzas de Seguridad. Su procedimiento de elaboración también es singular, pues no basta que sean aprobadas por la mayoría simple —más votos a favor que en contra— de Congreso y Senado, como las demás leyes, sino que es necesaria, *además*, la *mayoría absoluta* —la mitad más uno *de los miembros* de la Cámara— del Congreso de los Diputados en una votación final y conjunta, y no artículo por artículo.

Tanto por las materias que tratan como el procedimiento especial de elaboración se dice que las leyes orgánicas forman parte del *bloque de la constitucionalidad*, es decir, de un grupo de normas, integrado por la propia Constitución, los Estatutos de Autonomía y las leyes orgánicas, que regula los elementos esenciales de la orgnización política del país. La misma dificultad de su aprobación impide que las leyes orgánicas sean utilizadas para otras materias distintas de las expresamente previstas en la Constitu-ción, pues si así fuese el ordenamiento quedaría «congelado» o «petrificado»: una nueva mayoría parlamentaria que no sea absoluta no podría modificarlas y, por tanto, el principio democrático —la voluntad de la mayoría— quedaría fraudulentamente perjudicado. Por eso, si es verdad que hay materias reservadas a las leyes orgánicas, también es cierto que las leyes orgánicas están reservadas para ciertas materias.

Otra distinción entre las leyes deriva de que las Comunidades Autónomas —sus Parlamentos o Asambleas— gozan de potestad legislativa. Por tanto, pueden aprobar leyes. Estas leyes tienen el mismo valor y fuerza que las aprobadas por las Cortes Generales. Hay dos diferencias entre ellas. La primera, obvia, es el territorio en el que rigen, ya que las leyes de las Cortes tienen vigencia en todo el territorio nacional y las de las Comunidades Autónomas tienen una vigencia limitada al correspondiente territorio. La segunda diferencia es la materia que regulan: tanto las Cortes Generales como las Comunidades Autónomas sólo pueden aprobar leyes en las materias de su competencia.

Pero otras veces la materia no se asigna al Estado o a las Comunidades Autónomas, sino que, por así decirlo, se divide: el Estado legisla, en una materia, sobre *lo básico*, sobre lo principal o elemental, para garantizar un mínimo uniforme en todo el territorio. Por ello, estas leyes se denominan *básicas,* y sólo recogen lo nuclear de una materia, para que las Comunidades Autónomas regulen todo lo demás.

Hay aún otra categoría de leyes que reciben diversos nombres —leyes marco, de transferencia, de armonización— pero son de uso mucho más infrecuente.

3. Las Leyes del Gobierno

En cuanto que la ley es la expresión de la voluntad popular, el titular habitual de la potestad legislativa, de la facultad de aprobar las leyes, es el Parlamento, que representa la soberanía popular. En ocasiones, sin embargo, el Parlamento *delega* en el Gobierno para que sea éste quien redacte materialmente las leyes. Esta delegación suele utilizarse en dos casos: o cuando las leyes son de gran extensión o complejidad técnica o cuando su interés es más técnico que político.

En efecto, algunas leyes son de alto contenido técnico, muy largas y complicadas, y el Parlamento no es un seminario universitario ni un despacho de abogados, sino un centro político; además, las numerosas enmiendas que pueden presentarse complican aún más la situación, y puede suceder —y en ocasiones ocurre— que la ley finalmente aprobada sea incomprensible, o que varios de sus artículos se contradigan entre sí. En otros casos lo que sucede es que la ley es de interés exclusivamente técnico, y carece de relevancia política. Por último, en otras ocasiones no se quiere aprobar una ley nueva sino que, simplemente, se constata que hay varias leyes sobre una misma materia, lo que crea confusiones ventajosas para los abogados pero perjudiciales para los ciudadanos, y se desea clarificar la situación. Lo habitual es que concurran varios de estos factores.

La solución es lo que se denomina la *delegación legislativa*. Consiste en que las Cortes, titulares habituales de la potestad de aprobar leyes en cuanto que representantes de la voluntad popular, «delegan» en el Gobierno para que legisle sobre una materia. La delegación no se realiza «en blanco» o indefinidamente, sino para una materia concreta y por plazo determinado.

Hay dos formas de realizar una delegación legislativa. La primera de ellas es aprobar lo que se denomina una *Ley de*

Bases, que no debe confundirse con la ley básica, puesto que nadie tiene que ver con ella. Las Leyes de Bases consisten en que las Cortes no entran en el contenido técnico de la ley, y se quedan en el político, estableciendo los criterios y principios que han de presidir la regulación de esa materia, pero delegando en el Gobierno para que, siguiendo esos criterios y principios, redacte el texto definitivo. Así pues, en vez de aprobar una ley «normal», completa, con artículos, aprueban solamente unas «bases» que contienen las líneas generales que las Cortes quieren que se sigan. Sobre esas bases el Gobierno, sirviéndose de los funcionarios y los servicios técnicos de la Administración, elabora el texto completo, el texto articulado.

La segunda técnica se utiliza cuando hay numerosas leyes que regulan una misma materia, por haberse aprobado sucesivamente, lo que da lugar a lo que se llama el «bosque normativo»: un caos de leyes en el que es difícil moverse y nadie sabe bien a qué norma atenerse; un caso clásico suele ser la Seguridad Social, pues constantemente se modifican las normas que la regulan. Para simplificar el panorama, las Cortes *autorizan* al Gobierno a que reúna los distintos textos dispersos y los *refunda* en uno solo.

En ambos casos, delegación legislativa o autorización para refundir, el texto elaborado por el Gobierno se llama *Decreto Legislativo*. A pesar de su nombre no hay que confundirlo con el Decreto-ley, ni aún menos con un Decreto, porque aunque así se denomina tiene la misma fuerza y el valor que la ley, lo que se justifica por la delegación o autorización de las Cortes. En realidad, el Decreto Legislativo lo que hace es aprobar el texto de la ley surgida de la delegación o autorización parlamentaria.

Ambas técnicas son muy útiles. Gran parte de nuestras grandes leyes históricas —por ejemplo, los Códigos Civil y Penal y las Leyes de Enjuiciamiento Civil y Criminal— fueron elaborados merced a alguno de estos dos procedimientos. Sin embargo, la Constitución los contempla con cierta desconfianza, puesto que, al menos en cierta medida, suponen trasladar al ejecutivo la función legislativa que corresponde a las Cortes. Por eso, la Constitución prohíbe que se emplee la delegación legislativa en las materias reservadas a ley orgánica. Como la reserva de ley orgánica es bastante amplia, eso supone que muchas materias —por ejemplo, el Código Penal— no es posible utizar esta técnica.

4. Gobernar por Decreto-ley

Aunque la base del sistema es que las leyes son aprobadas por el Parlamento, en ocasiones es necesario adoptar decisiones sobre una materia que sólo puede ser regulada por ley, y es necesario hacerlo urgente y rápidamente. El problema que surge es, entonces, que el procedimiento legislativo que se sigue en las Cortes Generales, que incluye la aprobación por dos Cámaras y la posibilidad de actuación de todos los parlamentarios, es demasiado lento. Si no existiera otro mecanismo, la puesta en marcha de la decisión urgente debería esperar meses.

Para hacer frente a la urgencia, que impide esperar a que las Cortes aprueben la ley que se cree necesaria, la Constitución prevé que en casos de «excepcional urgencia y necesidad» el Gobierno pueda dictar normas con fuerza de ley, que se llaman *Decretos-leyes*. Estos, en definitiva, son leyes, pero aprobadas no por quien habitualmente hace las leyes —las Cortes— sino por el Gobierno.

Los Decretos-leyes tienen la ventaja de que pueden ser aprobados en apenas unos días, y de que gozan de fuerza de ley; pero tienen el inconveniente paradójico de que, gozando de fuerza de ley, no son aprobados por las Cortes Generales que representan la soberanía popular y son, por ello, los titulares ordinarios de la potestad legislativa.

Naturalmente, el Gobierno no puede aprobar Decretos-leyes por su sola voluntad; si así fuese, casi podríamos cerrar las Cortes. Sólo puede hacerlo en ciertas condiciones y con severos controles.

La condición fundamental es que debe existir una *excepcional y urgente necesidad*. Dicho con otras palabras, debe ser necesario aprobar una ley sin que sea posible esperar a que la aprueben las Cortes. Si hay dudas sobre ello, la primera palabra la tiene el Congreso de los Diputados, y la última el Tribunal Constitucional.

La primera palabra la tiene el Congreso porque no basta con que el Gobierno apruebe el Decreto-ley. La situación presenta aquí cierta intriga. Porque el Decreto-ley entra en vigor desde que el Gobierno lo aprueba... pero queda derogado si, en un plazo de treinta días, no lo «convalida» —esto es, no lo aprueba— el Congreso. La técnica es, pues, sencilla: las leyes las aprueban las Cortes, pero a veces la urgencia exige otro mecanismo más rápido. En tal caso, se autoriza al Gobierno a aprobar la ley, pero el Congreso se reserva la decisión final.

El producto final del Decreto-ley será, pues, una ley elaborada por el Gobierno, pero autorizada por el Congreso. La diferencia es que éste tiene que votar si o no al Decreto-ley en bloque, sin poder modificarlo. Por eso, el Decreto-ley puede, ya aprobado, «transformarse» en Proyecto de Ley, aunque esté en vigor, para que las Cortes lo modifiquen como quieran.

No es infrecuente que sea necesario aprobar un Decreto-ley. Para ello no es preciso que haya una situación realmente dramática: basta con que sea menester aprobar una norma con fuerza de ley de forma inmediata, sin que sea posible esperar a que la tramiten las Cortes.

Ahora bien, hay que tener gran mesura a la hora de aprobar Decretos- leyes. La función legislativa corresponde a las Cortes, a las que elegimos, sobre todo, para eso. Que el Gobierno pueda aprobar leyes es algo excepcional que, de generalizarse, haría desaparecer la diferencia entre las funciones y los poderes Legislativo y Ejecutivo. Por eso, los Decretos-leyes tienen «mala prensa». También por eso, la Constitución prohíbe que los Decretos-leyes regulen determinadas materias de gran importancia, sobre las que desea que sólo las Cortes puedan legislar y que, por tanto, no pueda hacerlo el Gobierno. De ahí que los Decretos-leyes no puedan regular ni las instituciones básicas del Estado, ni los derechos fundamentales, ni el sistema electoral ni el régimen de las Comunidades Autónomas. Tampoco pueden dictarse Decretos-leyes sobre las materias reservadas a ley orgánica.

Podría preguntarse a qué viene esta desconfianza si, en definitiva, los Decretos-leyes han de ser aprobados por el Congreso en solo treinta días. Pero hay que tener en cuenta que el Congreso no puede introducir enmiendas. Además, lo normal es que el Gobierno cuente con mayoría en el Congreso. Por todo ello, la utilización excesiva de los Decretos-leyes terminaría usurpando a las Cortes su función legislativa.

5. Materias reservadas

Porque de nada serviría todo este complejo sistema, que parte de que la ley expresa la voluntad popular representada en las Cortes, si las decisiones más importantes, las que afectan a los bienes y derechos de más enjundia, pudiesen ser adoptadas por otro sistema que no fuese la ley. La importancia de la ley como expresión de la voluntad popular debe complementarse con la obligación de que las decisiones más relevantes se adopten por el órgano que representa a la soberanía popular, esto es, por las Cortes, y precisamente mediante el procedimiento de elaboración de las leyes, que permite una gran intervención de los representantes populares.

Para asegurar que el propósito de que las decisiones

más trascendentes sean adoptadas por el Parlamento que representa al pueblo la Constitución utiliza un mecanismo: exige que determinadas materias sean reguladas, precisa y concretamente, por ley. Cuando, según la Constitución, una materia debe ser regulada por ley se dice que hay, en esa materia, una *reserva de ley*.

Ahora bien, hemos visto que hay muy distintos tipos de normas con rango de ley, y que algunas de ellas las aprueba el Gobierno. Por tanto, la reserva de ley asegura que la norma que regule una materia tenga rango de ley, pero no garantiza que sea aprobada por las Cortes. Pues bien, a veces la reserva de ley se completa con la prohibición de que esa materia sea regulada por ninguna otra norma, incluso aunque tenga rango de ley, impidiendo así que sea el Gobierno, por Decreto-ley o mediante Decreto-legislativo, quien norme esa materia; en esos casos se dice que la reserva de ley es *absoluta*.

En otras ocasiones, sin embargo, la reserva de ley sólo es *relativa*, lo que significa que esa materia debe ser regulada por una norma con rango de ley, pero puede serlo por un Decreto-ley o un Decreto Legislativo.

A veces la Constitución no sólo reserva una materia para la ley, sino que la reserva, precisamente, para la ley orgánica: considera que la importancia de esa materia es de tal envergadura que no se contenta con que sea regulada por una norma con rango de ley, ni tampoco con que sea el Parlamento que representa al pueblo quien la apruebe: quiere, además, que sea apoyada por la mayoría absoluta del Congreso. A esa previsión constitucional en virtud de la cual una materia sólo puede ser regulada por ley orgánica se la denomina *reserva de ley orgánica*. La reserva de ley orgánica sólo alcanza a muy escasas y escogidas materias: por ejemplo, hay reserva de ley orgánica para desarrollar, esto es, regular el ejercicio de los derechos fundamentales, o para aprobar la normas electorales.

En algunos casos, por último, no sólo hay reserva de ley

orgánica, sino también de una *determinada* ley orgánica: la Constitución quiere que sea precisamente una ley concreta, y sólo ella, la que regule una materia, para asegurarse de que el legislador pondere esa regulación en su conjunto. Así sucede, por ejemplo, con las normas relativas a incompatibilidades, que han de figurar en la ley electoral, o con las relativas a la estructura del poder judicial, que han de incluirse en la ley orgánica del poder judicial.

6. Leyes muy públicas

La propia relevancia de las leyes, el hecho de que pueden recoger derechos u obligaciones de la mayor importancia, con consecuencias perjudiciales o sancionadoras de enorme gravedad, obliga a asegurarse de que todos puedan conocer las leyes. El objetivo del gobierno de las leyes es otorgar a las personas seguridad, la seguridad que dimana de saber con exactitud qué derechos y obligaciones se tienen, y qué consecuencias puede acarrear nuestra conducta; pero esa seguridad no existiría si las normas fuesen secretas o desconocidas, entre otras cosas porque, si lo fueren, el poder, o los más fuertes, siempre podrían alegar que existía una norma que obligaba a hacer una cosa o prohibía hacer otra. Además, para que las leyes sean efectivas y se pueda obligar a su cumplimiento hay que asegurarse de que todos las conocen, o pueden conocerlas. Por eso el Código Civil señala que *la ignorancia de las leyes no exime de su cumplimiento*, porque si la ignorancia permitiese eludir el cumplimiento de las leyes todos podríamos alegarla para eludir el cumplimiento de las obligaciones legales.

Pero para que la ignorancia no pueda servir como excusa es menester asegurarse de que todos tienen posibilidad de conocer las leyes. Para ello, la Constitución garantiza la *publicidad* de las normas jurídicas.

La publicidad de las normas significa que las normas no obligan hasta que no han sido hecho públicas. La forma de hacerlo —esto es, la forma de conseguir que obliguen— es la publicación en el Boletín Oficial del Estado o, si se trata de normas de otra Administración Pública, en el Boletín Oficial de dicha Administración (Comunidad Autónoma, Ayuntamiento, etc.). Las normas pueden prever, ellas mismas, cuándo entran en vigor, esto es, cuándo comienzan a ser de obligado cumplimiento. Por ejemplo, pueden prever que entran en vigor al día siguiente de su publicación, o al mes siguiente, o el primer día del año siguiente; si no dicen nada, entran en vigor, según el Código Civil, a los veinte días de su publicación. El período que media entre la publicación y la entrada en vigor se denomina muy expresivamente *vacatio legis*, vacación de la ley, porque la ley ya es tal, puesto que ha sido aprobada y publicada, pero no está en vigor. La *vacatio legis* es útil para que todos —ciudadanos, abogados, jueces, policías, etc.— tengan tiempo para conocer y estudiar la ley, por lo que es aconsejable que sea larga cuando la nueva ley es muy innovadora o muy compleja.

7. El escalafón legal

Como el sistema produce muchísimas normas, es preciso, para evitar el caos, ordenarlas de alguna manera; de otra forma no se sabría cuál de entre ellas hay que aplicar en cada caso. Además, es relativamente frecuente que para una misma materia, no haya una sola norma, sino dos o más, y no es infrecuente que esas normas no digan lo mismo, o incluso que digan lo contrario; a esas contradicciones entre las normas se las denomina antinomias.

Aunque la mayoría de la gente piensa que en el Derecho lo importante es saberse de memoria un enorme número de leyes y artículos, esa idea es absolutamente infundada: el Derecho es sobre todo un sistema lógico—matemático, y lo importante no es tanto saberse de memoria los preceptos legales —para eso están los Códigos y, hoy en día, las bases de datos y los CD ROM— como conocer las reglas a aplicar. Los problemas que se presentan no consisten tanto en saber los preceptos como en saber qué hacer cuando hay varios preceptos aplicables.

Pues bien, en el Derecho hay dos reglas o criterios básicos: el de jerarquía y el temporal. El *criterio jerárquico* implica la ordenación jerárquica, por categorías, de las normas que integran el ordenamiento —por eso, porque está ordenado, se llama así— jurídico, de suerte que unas normas tienen más fuerza que otras, un rango superior. Una norma inferior no puede contradecir lo dispuesto en otra de rango superior. En caso de conflicto, esto es, si varias normas de distinta jerarquía regulan un supuesto de forma diferente se aplica la de mayor rango o categoría. Naturalmente, las normas superiores pueden modificar, contradecir o derogar normas inferiores en rango.

Aunque es tan antiguo como el Derecho, el criterio jerárquico —y, como luego veremos, también el temporal— sigue una estricta relación lógica con el principio democrático. En efecto, la jerarquía o categoría de las normas depende fundamentalmente de su fuente de producción, esto es, de quien la ha aprobado. Por eso, la norma de mayor categoría, la norma suprema, es la Constitución, que fue aprobada por el pueblo español en referéndum; la siguen las leyes, que son aprobadas por las Cortes o por los Parlamentos de las Comunidades Autónomas, que son elegidos directamente por el pueblo y lo representan; aquí entra en juego el principio de competencia, porque cada uno de ellos sólo puede aprobar leyes en las materias de su competencia. Pero incluso dentro de estas leyes hay clases, porque algunas de ellas, los Estatutos de Autonomía de las Comunidades Autónomas, han sido aprobadas por un procedimiento especial, que en algunos casos —País

Vasco, Cataluña, Galicia y Andalucía— también incluía referéndum. Con la misma categoría de las leyes —«con fuerza de ley»— hay otras normas: los Decretos Legislativos y los Decretos-leyes.

Después del Parlamento, el órgano más importante es el poder ejecutivo: el Gobierno, o sus equivalentes de las Comunidades Autonómas. Por tanto, el escalón jerárquico inmediatamente inferior a la ley está ocupado por las normas emanadas de estos órganos, los Decretos. El siguiente nivel es el de los ministros o consejeros; las Órdenes Ministeriales o de las Consejerías son, por ello, las que ocupan el siguiente lugar en esta peculiar clasificación. Y comoquiera que quienes siguen en importancia a los Ministros son, por este orden, secretarios de Estado, subsecretarios y secretarios generales y directores generales, las Resoluciones de ellos emanadas son, también por ese orden, las que ocupan los lugares de cola de la clasificación. Con esta base, no resulta difícil elaborar la siguiente clasificación de categorías:

1ª. Constitución
2ª. Estatutos de Autonomía
3ª. Normas con fuerza de ley: Leyes Orgánicas, Leyes ordinarias (de las Cortes y de las Comunidades Autónomas), Decretos Legislativos y Decretos-leyes
4ª. Decretos del Consejo de Ministros.
5ª. Órdenes Ministeriales
6ª. Resoluciones de las Secretarías de Estado.

Así pues, el conjunto de las normas que integra lo que llamamos ordenamiento jurídico puede representarse como una pirámide. En la cúspide de la pirámide hay una sola norma, la más alta de todas, la Constitución. En el escalón inferior figuran las leyes; en el siguiente, los Decretos; en el posterior, las Órdenes Ministeriales... y así sucesivamente, hasta que llegásemos a la base de la pirámide, donde se encontrarían las miles de normas que revisten el rango inferior.

El principio de jerarquía se completa con otro, indispensable complemento, que se expresa con un latinajo —*contrarius actus*— fácilmente traducible: el de «acto contrario», que quiere decir que una norma sólo puede ser modificada por otra de igual o superior categoría, puesto que sólo alguien de igual o superior categoría a quien la dictó puede modificar su voluntad.

8. El tiempo y la ley

Pero puede suceder que una misma materia esté contradictoriamente regulada por normas que gozan del mismo rango. Para solucionar este problema el Derecho utiliza el tiempo: la voluntad más moderna prevalece sobre la más antigua.

La aplicación del tiempo al Derecho supone que, dentro de la misma categoría, la regla posterior deroga a la anterior, de forma que si nos encontramos ante dos normas de idéntico rango, se aplica la posterior. Así pues, en caso de que dos o más normas regulen un mismo supuesto de formas diferentes, el sistema para elegir la aplicable se basa en dos criterios: en primer lugar se aplica el criterio *jerárquico*, determinando cuál es la norma de rango superior y aplicando ésta; pero si hubiera dos o más normas de similar rango, habría que utilizar el *criterio temporal*, y aplicar la que se aprobó en último lugar.

La razón del criterio temporal es fácilmente comprensible. Las normas no pueden ser eternas, porque cambian las circunstancias y, aunque no lo hagan, se modifica la voluntad de los ciudadanos: para eso, para que se modifiquen las normas, elegimos a nuestros gobernantes, y elegimos unas veces a unos y otras a otros, y no siempre a los mismos. Por eso, dentro de la misma categoría, la norma posterior prevalece sobre la anterior, porque expresa la voluntad más reciente.

Naturalmente, no todo es tan sencillo, porque hay otros criterios —especialidad, competencia, etc.— que también hay que usar, pero los mencionados son los dos principales. Nuestro sistema se asienta sobre ellos, y se asienta, además, con una absoluta lógica política, porque estos dos criterios están vinculados con la base del sistema democrático.

Pero el tiempo también se relaciona con la ley en otro sentido distinto, el de su *eficacia*. Porque el tiempo limita, de acuerdo con la Constitución, el poder del legislador: en un Estado de Derecho, ni siquiera la ley, por más que exprese la voluntad popular, puede hacerlo todo. En primer lugar, ha de respetar la Constitución. En segundo lugar, sólo puede, en principio, actuar hacia el futuro, esto es, tener efectos frente al futuro; el pasado es intocable, si al tocarlo se lesionan derechos de las personas.

Este mecanismo se denomina *irretroactividad* de las leyes sancionadoras o restrictivas de derechos y sirve, una vez más, en compañía de los otros mecanismos ya vistos, para darnos algo también protegido por la Constitución que es la *seguridad jurídica*, la certeza de nuestros derechos, obligaciones y deberes, que difícilmente podríamos tener si las normas jurídicas que nos obligan no se publicasen o si el legislador futuro pudiera decir mañana que lo que hoy hemos hecho legalmente pasa a ser delito, y se nos castigase por ello.

En términos generales, las leyes pueden ser retroactivas, esto es, que el legislador de hoy no sólo dispone del presente y del futuro, sino también del pasado. Ahora bien, cuando una ley quiera tener efectos retroactivos debe preverlo expresamente. Y nunca puede ser retroactiva si impone sanciones o restringe derechos.

Esto último no quiere decir, sin embargo, que los derechos o las expectativas de derechos de los que hoy disponemos sean eternos. La irretroactividad no significa que el

Parlamento no pueda modificar nuestros derechos *hacia el futuro,* aunque los tuviésemos desde tiempo atrás; puede hacerlo, siempre que respete la Constitución, porque si no pudiese no se podría cambiar casi nada, ya que todo o casi todo lo que existe genera algún derecho para alguien. Lo que el Parlamento no puede hacer es restringir nuestros derechos *hacia el pasado*, suprimiendo hoy, pero con efectos para ayer, los derechos que teníamos; puede conseguir que el futuro sea distinto al presente, pero no puede impedir que el pasado haya sido como fue.

9. Las leyes y la esencia

Por último, el poder del legislador está limitado por la Constitución en cuanto a lo que puede hacer. La Constitución marca un límite, una barrera, que el legislador no puede propasar, y el Tribunal Constitucional declarará inconstitucional y nula la ley que así lo haga.

En particular, la Constitución señala que cuando las Cortes regulen los derechos fundamentales de persona, las leyes que para ello aprueben deberán respetar el *contenido esencial* del derecho que regulan. Esta previsión se utiliza para evitar la táctica de algunas dictaduras, entre ellas el nazismo y el franquismo, que decían regular los derechos por ley pero, en realidad, los suprimían.

Naturalmente, el problema se plantea a la hora de determinar cuál es en concreto el contenido esencial de un derecho, pues lo que para unos es esencial, imprescindible, para otros es superfluo. Por eso, sólo el Tribunal Constitucional puede decidir si una ley respeta o no el contenido esencial de un derecho. Para ello tiene dos criterios. El primero es muy sencillo: es el que podríamos llamar de *reconocimiento de identidad*. Consiste en que todos tenemos una idea de que es un derecho concreto, de en qué consiste, de cuál es su identidad; por tanto, basta comprobar si, al leer la ley, reconocemos el derecho para ver si se ha respetado o no lo esencial de él.

Un segundo criterio, complementario del anterior, es el del *interés protegido*. Todo derecho protege unos intereses; bastará comprobar si con la ley esos intereses quedan protegidos para dilucidar si respeta el contenido esencial.

Un ejemplo práctico, la libertad de reunión. Todos sabemos en qué consiste: en poder reunirse pacíficamente sin que ello quede al arbitrio del poder, o sea, sin que éste pueda impedir las reuniones que no le gusten o no le convengan. El interés protegido es el de los que desean poder reunirse en libertad. La ley que regule la libertad de reunión respetará el contenido esencial del derecho si cumple esos requisitos, aunque añada otros —por ejemplo, necesidad de comunicar las reuniones previamente— y no lo hará si supedita las reuniones a una autorización, porque entonces ya no podremos reconocer, porque no la habrá, la libertad de reunión, ni estará protegido el interés de quienes desean tener libertad para reunirse.

Capítulo XX
El derecho a vivir

1. La protección de la vida

El primero de los derechos fundamentales es, naturalmente, el derecho a la vida y la integridad física. En nuestro sistema, la vida humana es un valor supremo. Por eso
mismo, el ordenamiento no sólo reconoce este derecho,
sino que rehusa tajantemente privar de él a nadie, cualesquiera que sean las circunstancias. La Constitución abole,
por ello, la pena de muerte, y sólo mantiene una muy residual y excepcional tolerancia —que, por otro lado, ha
desaparecido legalmente— para lo que puedan prever las
leyes militares en tiempo de guerra. El valor que la vida
humana tiene en el ordenamiento se traduce en la necesidad de protegerla. A tal efecto, el Estado sanciona como
delito no sólo dar la muerte —esto es, privar de la vida—
a otra persona, sino también el no hacer lo posible para
ayudarla cuando está en peligro.

Ese valor que la vida reviste en nuestro sistema consti-

tucional obliga al Estado y sus autoridades a intervenir,
para protegerla, allí donde esté en peligro, especialmente
cuando la persona en peligro no goce de absoluta libertad
y capacidad de autodeterminación. No gozan de ella, por
ejemplo, los reclusos, o quienes están cumpliendo el servicio militar, porque se hallan bajo la tutela estatal y el Estado ha de proteger su vida y su integridad física. Tampoco
gozan de ella, otro ejemplo, los menores de edad. En este
caso, ciertamente, su voluntad puede, en general, ser sus-
tituida por la de sus padres y tutores; pero esa sustitución
no cabe cuando de un bien tan elevado como la vida se
trata. Por ello, aunque un padre se niegue por razones religiosas a que su hijo reciba tratamiento médico adecuado,
las autoridades estatales deben intervenir para garantizar
ese tratamiento, porque ninguna voluntad puede suplir la
propia rechazando ese bien supremo que es la vida, de
suerte que si la persona no tiene jurídicamente edad para
tener voluntad ha de prevalecer la conservación del más
alto bien constitucionalmente consagrado.

2. El comienzo de la vida

Uno de los problemas generales de gran parte de las sociedades actuales es el del momento en el cual surge, en
términos jurídicos y, por lo tanto, debe protegerse la vida
humana. Es el llamado problema de la despenalización
del aborto, esto es, la posibilidad de practicar el aborto sin
que ello constituya un delito. Hay tres sistemas básicos al
respecto, pero con muy numerosas variantes. El primer
sistema es la conceptuación del aborto como delito y, por
consiguiente, la persecución criminal de quienes lo predican. El segundo, y más opuesto, consiste en dejar a la mujer un amplio campo de decisión. El aborto absolutamente libre, carente de todo requisito, no existe, al menos en
la letra de la ley, en prácticamente ningún país, pero sí hay
bastantes países que exigen pocos requisitos, y fáciles de

cumplir. Por último, existen sistemas intermedios, en los que no se persigue el aborto siempre que se verifiquen ciertas condiciones. En la actualidad, el ordenamiento español se sitúa entre estos últimos, pues tipifica el aborto como delito, salvo que se practique para evitar un riesgo para la salud de la madre, porque el feto presenta serias taras o porque el embarazo sea producto de una violación.

La discusión jurídica suele centrarse en determinar en qué momento nace la vida. Si se decide que la vida comienza con la concepción, el aborto deberá ser perseguido, ya que el Estado protege la vida. En el caso español, esta controversia ha sido ya resuelta por el Tribunal Constitucional, que resolvió que el derecho a la vida pertenece a las personas humanas, esto es, a los ya nacidos. Por tanto, cabe despenalizar el aborto. Sin embargo, el feto debe ser, aunque no sea un ser vivo, objeto de protección. No cabe, por ello, el llamado aborto libre, absolutamente incondicionado y carente de todo tipo de requisitos. En resumen, cabe despenalizar el aborto, y cabe hacerlo más aún de lo que ya lo está, pues el legislador goza de un margen para ello que le permitiría despenalizar la práctica totalidad de los supuestos de aborto deseado; pero no cabría despenalizarlo completamente, y eximirlo de todo tipo de condiciones o requisitos.

3. El final de la vida

También en el final de la vida se presentan problemas. No con el suicidio, que en España no está penado, pero sí con aquellas eventualidades en los que una persona desea poner fin a su propia vida en forma tal que exige la abstención o, incluso, la participación de otros.

De lo primero hay dos supuestos típicos. Uno de ellos es la denominada huelga de hambre. En estos casos hay que distinguir dos situaciones: que la persona de quien se trate esté bajo el cuidado estatal o que no lo esté. Si suce-

de lo primero, y ya hay algún precedente al respecto
—cuando unos reclusos del llamado GRAPO intentaron
permanecer en huelga de hambre hasta morir— es claro
que el poder público bajo cuya dependencia está la persona tiene obligación de evitar, en la medida de lo posible,
su muerte. Si la persona no está bajo la dependencia estatal la cosa es distinta. El Tribunal Constitucional ha señalado que no hay un *derecho* a suicidarse o dejarse morir,
esto es, a exigir que la abstención estatal le deje a uno
suicidarse; por tanto, el Estado ha de intervenir, si puede,
para proteger la vida, pero no asume responsabilidad alguna si la intervención no es posible o no tiene éxito.

Hay otros supuestos conflictivos. Ya se ha mencionado
el planteado cuando se rehúsa el tratamiento médico, algo
amparado por la ley cuando se es mayor de edad. El más
actual de estos problemas es, sin duda, el suscitado por la
eutanasia.

Técnicamente, el problema de la eutanasia se plantea
porque el Código Penal —como en la mayoría de los países— sanciona a quienes provoquen la muerte de una persona o no hagan lo posible para impedirla, aún cuando la
propia persona así lo haya solicitado. Hay dos tipos de eutanasia, activa y pasiva. Esta última consiste, simplemente,
en abstenerse de procurar un tratamiento que podría alar-
gar la vida del enfermo, aún con dolores y sólo por tiempo determinado. La eutanasia activa, sin embargo, va más
allá, pues exige una intervención activa para quitar la vida
de una persona. La eutanasia pasiva es de cada vez mayor
aceptación, y no puede haber ningún inconveniente constitucional para que se aplique.

4. La integridad física

La Constitución no solo protege la vida, sino también la
integridad física y moral. Ello supone, en primer lugar, la
prohibición de cualquier conducta que las pueda perjudi-

car, lo que se traduce penalmente en que lesionar a otra persona es un delito. En el caso de los poderes públicos implica, en primer lugar, la prohibición —y tipificación como delito— de las *torturas*. En éstas hay que incluir no solo las más sangrientas, sino también aquellas otras que, aunque sea en menor medida, lesionen la integridad física, como el propósito de impedir dormir a una persona, etc. Tortura es, desde la perspectiva constitucional, cualquier conducta encaminada a alterar, por el uso de la fuerza o la coacción, la libre voluntad de las personas. Cualquier intento encaminado a conseguir una confesión o una declaración será, pues, tortura aún cuando sea de carácter moral como, por ejemplo, la amenaza de provocar un mal a nuestros allegados. A ello hay que añadir la prohibición de cualesquiera *tratos inhumanos o degradantes* como, característicamente, los *trabajos forzados*. Por último, la consagración del derecho a la integridad física y moral acarrea a los poderes públicos la obligación de velar por la de quienes por cualquier razón —estar recluidos en un centro penitenciario, o cumpliendo el servicio militar, por ejemplo— se hallan bajo su tutela.

Pero cuando la Constitución consagra la integridad física o moral no solo protege frente a las intromisiones más violentas, como la tortura: hace de nuestro propio cuerpo parte de nuestra privacidad, un ámbito en el que nadie puede intervenir sino con nuestro consentimiento. La integridad física supone, pues, la libre disposición sobre el propio cuerpo. Ello implica la posibilidad de negarse, salvo en determinadas condiciones, a cualquier práctica que penetre en ese ámbito de integridad física. Así, los tratamientos médicos indeseados, salvo en caso de peligro de padecer una enfermedad contagiosa, los análisis clínicos o cualesquiera otras prácticas similares. Ello cuestiona muy seriamente las prácticas policiales que en ocasiones se siguen, sin previa autorización judicial, para detectar si alguna persona lleva un producto oculto en su propio cuerpo.

Capítulo XXI
Iguales ante la ley

1. La igualdad de los liberales

La igualdad era uno de los grandes objetivos de los revolucionarios liberales —libertad, igualdad, fraternidad— cuando luchaban contra el Antiguo Régimen. La igualdad que ellos perseguían no consistía, sin embargo, en que todos los hombres fuesen iguales, sino en que fuesen iguales *ante la ley*.

Este objetivo puede hoy parecer un elemental presupuesto de la condición humana, pero entonces constituía una ruptura —revolucionaria— con el régimen anterior. En este régimen las leyes no afectaban a todos por igual, sino que la forma en que se aplicaban las leyes, y los Tribunales que lo hacían, dependían del estamento al que se perteneciese. Lo que los revolucionarios pretendían era que la ley se aplicase a todos por igual, y por los mismos Tribunales. Era, por eso, una igualdad *formal*.

La igualdad formal sigue siendo, hoy, un requisito elemental del Estado de Derecho. Significa que la ley ha de ser universal, general y abstracta, esto es, que ha de valer para todos, contemplar la generalidad de los casos, y no los casos singulares, y aplicarse a todos por igual, con indepencia de su condición personal. La igualdad formal supone un límite para los poderes públicos porque, al obligar al legislador a hacer leyes generales y abstractas, le impide hacer, sólo en casos muy excepcionales, leyes singulares, pensadas para una persona o sector concretos. Supone, también, un límite para el poder judicial, porque le obliga a aplicar las leyes a todos por igual y le impide, por consiguiente, hacer excepciones con una persona o grupos de personas determinadas. Y obliga al poder ejecutivo porque, una vez más, le obliga a tratar a todos por igual.

2. La forma y la materia

El correr del tiempo ha enriquecido el concepto de igualdad que postulaban los liberales. Fundamentalmente, al concepto formal de igualdad se ha añadido otro *material*. Esto significa que se considera a las autoridades no sólo iguales ante la ley, sino también *en la ley* o dentro de la ley: no sólo es que la ley afecte o se aplique a todos por igual, sino que debe tratar a todos por igual. No se trata solo, pues, de que la ley alcanza a todos, sino de que los trata igual, sin que sea posible otorgar tratos distintos a unos u otros en razón de su condición personal o social. No sólo los efectos de la ley han de ser iguales para todos, sino que también ha de ser igual el *contenido* de la ley.

3. La igualdad de la modernidad

La realidad demuestra, sin embargo, que no todos somos iguales. Es patente que las circunstancias económicas, sociales, educativas, etc. de los españoles son muy diferentes. Cuando la Constitución proclama la igualdad, formal y material, no acaba con estas desigualdades. Pero eso no quiere decir que se conforme con ellas. Por eso obliga a los poderes públicos a promover las condiciones para que la igualdad sea real y efectiva.

La concepción actual de la igualdad es, pues, el resultado de varios conceptos superpuestos. Parte del concepto liberal de igualdad formal ante la ley e incorpora el concepto democrático de igualdad en la ley y el concepto promocional, de origen socialista, de persecución de la igualdad real y efectiva.

La igualdad tiene en la Constitución española, por eso, un triple sentido. Por una parte, es un principio general de nuestro sistema, un valor que se configura como superior en nuestro ordenamiento y que, por consiguiente, lo inspira en su conjunto; por otra parte, es un mandato de actuación a los poderes públicos para que consigan la igualdad real y efectiva; por último, al obligarles a tratar a todos por igual, es también un límite para la actuación de los poderes públicos. El resumen de todo eso es que es un derecho, el derecho de los ciudadanos a ser tratados en condiciones de igualdad y sin ser discriminados.

4. Prohibido discriminar; permitido diferenciar

Al reconocer el principio de igualdad la Constitución española obliga a los poderes públicos —y, en ciertas condiciones, también a los particulares— a tratar a todos por igual, y les prohíbe discriminar a los ciudadanos. *Discriminar* es tratar de forma diferente a personas que están en la misma situación. Por eso, porque están en la misma situación, la discriminación es forzosamente arbitraria, caprichosa y gratuita.

La prohibición constitucional de la discriminación no es puramente retórica; tiene, por el contrario, considerables consecuencias jurídicas. Las tiene, por ejemplo, en el Código Penal, que sanciona como delito la negativa a prestar un servicio público —como puede ser servirle en un bar— a una persona por razón de su raza, sexo, religión o circunstancias similares, agravando la pena si quien discrimina es funcionario público, y que califica de ilícitas las asociaciones que promuevan la discriminación racial o inciten a ella. Y tiene, también, consecuencias en el mundo laboral, donde cualquier medida perjudicial que un empresario adopte para con un trabajador y que pueda considerarse constitutiva de discriminación obligará al empresario a demostrar que no está discriminando y será, en otro caso, nula.

Ahora bien, parece presentarse aquí una contradicción: por una parte, la Constitución obliga a los poderes públicos a perseguir la igualdad real, y es claro que la única forma de hacer eso es beneficiar a los desfavorecidos; pero, por otra parte, la Constitución prohíbe discriminar. Podría parecer, pues, que no podrá perseguirse la igualdad real, puesto hay que tratar a todos por igual, con lo que siempre subsistirán las desigualdades existentes. Sucedería, así, que el reconocimiento constitucional de la igualdad tendría, como paradójica consecuencia, la consagración de la desigualdad. Además, si hubiese que tratar a todos por igual, sin diferencia alguna derivada de su posición particular, se llegaría a resultados absurdos: por ejemplo, en el supuesto arriba mencionado —delito por discriminar— no sería posible sancionar más severamente al funcionario público, que está al servicio de la colectividad, que a un particular.

Pero ya se ha dicho que discriminar es tratar desigualmente a los que están *en igual* situación. Eso es lo que está prohibido. Pero la Constitución no prohíbe tratar desigualmente a los que están en distintas situaciones, a los desiguales. Esto no se denomina discriminación, sino *diferenciación,* y está permitido por la Constitución.

Por tanto, cuando contemplamos tratos desiguales lo primero que habremos de hacer, para saber si estamos ante una discriminación o ante una diferenciación, es comprobar cómo son las situaciones de hecho, los puntos de partida, de las personas desigualmente tratadas: si son iguales, estaremos ante una discriminación prohibida por la Constitución; si son diferentes, podemos estar ante una diferenciación admitida. Así pues, si queremos alegar que hemos sido discriminados lo primero que debemos hacer es encontrar un supuesto de alguien que se encuentre en idéntica situación y haya sido tratado de forma distinta, lo que se llama un *término de comparación*.

Pero el solo hecho de que las situaciones sean iguales no permite tratar de forma diferente. Para ello son precisas otras condiciones. En primer lugar, el trato diferente ha de tener una finalidad, y esa finalidad ha de estar admitida por la Constitución. En segundo lugar, el trato que se otorga ha de estar vinculado a la situación de la persona a la satisfacción de esa finalidad. Por último, debe ser un trato proporcionado a la situación de la persona y a la finalidad que se persigue. Un ejemplo: los minusválidos están en situación de desfavorecimiento, y tienen dificultades especiales para acceder al mercado laboral. Imaginemos que se otorga un trato fiscal especial a las empresas que otorguen trabajo a minusválidos. Sería admisible, porque los minusválidos están en diferente situación respecto de los no minusválidos, la finalidad que se persigue, integrar a los minusválidos en el mundo laboral, es constitucionalmente legítima y el trato especial que se adopta es coherente con ese objetivo y proporcionado. No sería admisible, sin embargo, que se otorgase a los minusválidos descuentos fiscales para la adquisición de artículos de lujo.

5. Una discriminación positiva

El ejemplo utilizado es, además, un supuesto de lo que se conoce como discriminación positiva. Esta práctica consiste en favorecer a los sectores que, por razones históricas, culturales, económicas o sociales, se encuentran en situación de postergación o inferioridad. En Europa el caso clásico es el de la mujer, históricamente segregada de la vida educativa, política y económica y a la que, además, se suele añadir la carga de tener una especial responsabilidad en el trabajo doméstico y en la crianza de los hijos. Para compensar estos factores que dificultan la incorporación de la mujer a la órbita social en condiciones de igualdad se adoptan medidas encaminadas a favorecer esa incorporación. En otros países, como Estados Unidos, esas técnicas se utilizan también para con determinadas razas o minorías tradicionalmente marginadas.

La discriminación positiva es admisible, y hasta obligada por el mandato constitucional de conseguir que la igualdad sea real y efectiva: cuando la Constitución prohíbe la discriminación por razón de sexo no impide adoptar medidas compensadoras, sino que se propone acabar con la histórica situación de postergación de la mujer. Sin embargo, para que la discriminación positiva sea admisible ha de reunir ciertas condiciones. En particular, la medida compensadora que se adopte ha de estar encaminada a conseguir la efectiva igualdad del sector desfavorecido, y no ser una mera medida protectora o paternalista que suponga, en realidad, una barrera para la integración social.

6. Sospechoso de discriminación

La Constitución prohíbe especialmente la discriminación por algunas razones concretas, aunque no únicamente por ellas. Tales razones son el sexo, la raza, la religión y el nacimiento. La alusión expresa a estas causas de discriminación obedece a que se consideran especialmente repugnantes, como la basada en la raza, o a que han resultado históricamente frecuentes.

La mención especial de estas causas de discriminación tiene varios efectos. Por una parte, configura la prohibición de discriminar por estas causas como un asunto de orden público, asumido y defendido por la colectividad de la misma manera que asume y defiende, por ejemplo, la libertad y la propiedad. Cuando se discrimina por estas causas no se limita a los poderes públicos, sino que alcanza a los particulares.

Además, la mención especial de estas causas supone que cualquier trato diferente basado en ellas resulta sospechoso de ser discriminatorio. Quien realice un trato diferente basado en el sexo, la raza, etc., habrá de asumir, pues, un plus de argumentación para demostrar que no está discriminando: habrá de demostrar con razones fundadas, objetivas y razonables que no está discriminado.

La igualdad y la prohibición de discriminar están protegidas de muy diversas maneras. Cuando se trata de una discriminación por una de las causas especialmente sospechosas y rechazables expresamente mencionadas por la Constitución, la discriminación puede ser un delito; si se produce en el ámbito laboral, tiene una protección especial y su efecto —por ejemplo, el despido— es radicalmente nulo.

7. La igualdad y los jueces

El principio de igualdad se proyecta, fundamentalmente, sobre los poderes legislativo y ejecutivo, pero también sobre el poder judicial. Sin embargo, en este último caso presenta varias especialidades. Estas especialidades derivan de que el poder judicial no es ejercido por un órgano único, o por varios con una única dirección jerárquica, sino por una multiplicidad de órganos independientes y no sometidos a nadie. La independencia judicial impide, pues, que un juez deba tratar a una persona —esto es, resolver un caso similar— de la misma manera que lo hizo otro juez, ya que todos los jueces son independientes y ninguno está sometido a las decisiones o precedentes de otros.

Los jueces no están obligados, pues, a tratar los casos que han de resolver igual que los otros similares ya resueltos. Puede suceder, por tanto, que supuestos iguales sean resueltos —juzgados— de forma diferente, en virtud de la independencia judicial y de que cada juez hace su propia interpretación de la ley.

Ello significa, pues, que no cabe exigir que un caso sea resuelto de la misma forma que lo fue otro igual. Pero tampoco autoriza a los jueces a ser arbitrarios y tratar desigualmente a los ciudadanos. Lo que sucede es que la proyección del principio de igualdad es, aquí, más limitada.

Los jueces no están obligados a seguir los precedentes sentados por otros, pero sí tienen vetado actuar caprichosa o arbitrariamente, de forma selectiva y según quien sea el justiciable. Por eso, sí están obligados, en principio, a seguir sus propios precedentes. Pueden, ciertamente, cambiar de orientación, porque puede cambiar su interpretación de la ley. Pero entonces están obligados a razonar —aunque sea implícitamente— el cambio, y a demostrar que se trata de un cambio que tiene carácter general para el futuro, y no es ocasional o arbitrario, ni para un solo y concreto caso.

Capítulo XXII
El pensamiento liberado

1. Pensar, creer y actuar libremente

La esfera personal protegida por la Constitución no es sólo física: es también mental, o moral, o espiritual, como se prefiera. La Constitución reconoce lo que ella llama libertad ideológica y religiosa, que nosotros podríamos muy bien llamar libertad de pensamiento, puesto que ampara cualquier manifestación de éste: al mencionar no sólo la libertad religiosa, sino también la ideológica, la Constitución pone de manifiesto que su protección se extiende a cualesquiera creencias, y no sólo a las de carácter religioso. Tan legítimo es, y tan amparado por la Constitución está, profesar una creencia religiosa como una ideología, cualquiera que ésta sea.

Y, realmente, la ideología o religión puede ser cualquiera. La libertad de pensamiento, a diferencia de otros derechos fundamentales, es completamente ilimitada mientras se mantenga como eso, como pensamiento; esto es, mientras permanezca confinada al ámbito intelectual de las personas. Cualquiera puede pensar lo que desee, incluso las mayores atrocidades, siempre que se limite a pensarlas y no las exprese —lo que podría ser apología del delito— o las practique, lo que podría resultar delictivo. Puede pensar, pues, por poner un ejemplo, que los sacrificios humanos son necesarios, pero no ponerlo en práctica o incitar a ellos: las conductas delictivas son éstas, no el pensamiento en sí.

La libertad de pensamiento es, pues, absoluta, tan absoluta que para garantizar que no se vulnerará ese íntimo ámbito de la persona la Constitución reconoce, también, el derecho a no declarar las propias creencias, para así evitar los eventuales efectos negativos que de esta declaración pudieran seguirse. La consecuencia de esta previsión es que nadie —poderes públicos, empresas, etc.— puede obligarnos a declarar nuestras creencias religiosas o ideológicas, salvo en supuestos muy determinados: por ejemplo, es lógico que, si queremos afiliarnos a una confesión religiosa, se nos exija declarar que aceptamos sus creencias, aunque en realidad no se nos obliga a ello, pues nuestro acto de adhesión es voluntario. Claro es también que no estar obligado a declarar las propias creencias no significa que tal cosa está prohibida: quien lo deseee puede propagar sus ideas o creencias religiosas a los cuatro vientos.

2. La libertad de culto

El reconocimiento de la libertad religiosa supone igualmente la libertad para el culto de la religión que se profesa, esto es, para mantener los lugares de culto y realizar en ellos las prácticas correspondientes a cada religión. La distinción entre la libertad del pensamiento, que es ilimitada, y la puesta en práctica del propio pensamiento se manifiesta en la Constitución cuando señala que las manifestaciones de las creencias ideológicas y religiosas —esto es, el culto— sí están limitadas: lo están por el orden público protegido por la ley. Tal vez no sea ocioso señalar que orden público no significa seguridad ciudadana: se entiende por orden público el conjunto de elementos básicos sobre los que se asienta la convivencia y que, por tanto, delimita el ejercicio legítimo de las libertades y derechos. La limitación de las manifestaciones de las ideologías y creencias supone la exclusión de la invocación de tales ideologías o creencias para justificar actuaciones constitucionalmente inadmisibles. Por poner un ejemplo exagerado pero claro, nadie puede matar aduciendo que su religión le obliga a practicar sacrificios humanos.

3. Un Estado sin religión

En cuanto que protege la libertad de todas las personas para elaborar sus creencias libremente y sin interferencias ajenas, la libertad de pensamiento supone, también, una barrera para la actuación de los poderes públicos. La Constitución declara que ninguna confesión religiosa tendrá carácter estatal. España es, pues, un *Estado aconfesional*. Ello significa que ni el Estado, ni los poderes públicos, ni los órganos de éstos profesan religión alguna, que todos ellos son neutrales ante el fenómeno religioso y que ninguna religión tiene carácter oficial ni puede verse favorecida por sus decisiones, ni ninguna otra perseguida.

El carácter aconfesional del Estado impide, desde luego, la existencia de una ideología o religión oficial, asumida por el Estado o por los poderes públicos; ello no obsta, desde luego, para que los titulares de los poderes públicos puedan tener su ideología o religión, pero los poderes públicos en cuanto tales son ideológica y religiosamente neutrales. La libertad de pensamiento conlleva, pues, la exclusión de toda ideología o religión oficial, así como de toda posibilidad de utilizar las actuaciones de los poderes públicos —señaladamente, las que corresponden al ámbito educativo— para imbuir a los ciudadanos una determinada ideología.

4. Las Iglesias y las leyes

Neutralidad no significa, sin embargo, indiferencia, porque los poderes públicos han de tener en cuenta las creencias religiosas de los ciudadanos y cooperar con la Iglesia Católica y las demás confesiones religiosas. Esta cooperación se traduce actualmente en Acuerdos entre el Estado y las confesiones religiosas, que figuran inscritas en un Registro especial, al que se accede cuando se considera que por su antigüedad, difusión, número de personas que la practican, y otros datos semejantes la confesión cuenta con «notorio arraigo». Los Acuerdos contienen diversas formas de cooperación, que incluyen desde la exención de impuestos hasta las facilidades para que los Ministros del Culto impartan su religión en centros públicos como colegios, instalaciones militares o centros penitenciarios.

5. Los privilegios de la Iglesia Católica

El Acuerdo —en realidad, son varios— más complejo es el relativo a la Iglesia Católica que, sin embargo, no está suscrita con ésta, sino con la Santa Sede, que es un Estado soberano. De entre estos Acuerdos destacan dos, los de Asuntos económicos y Asuntos culturales y educación. El primero preveía que la consignación anual que el Estado ofrecía a la Iglesia Católica fuese sustituido por otro siste-

ma vinculado con el Impuesto sobre la Renta. Este sistema comenzó a funcionar en 1988, pero el cambio sobre el
anterior es puramente formal, pues el Estado sigue pagando a la Iglesia Católica, en realidad, la misma cantidad que
antes, unos 19.000 millones de pesetas anuales. Ello obedece a que el sistema se basa en que los ciudadanos, a la
hora de realizar la declaración de la renta, expresan su voluntad de que un porcentaje de sus impuestos —el
0,52%— se asigne a la Iglesia Católica o a «otros fines de
interés social». El ciudadano paga en realidad, de impuestos, la misma cantidad, y no más. Así pues, es en realidad
el Estado, el Tesoro Público, el que paga a la Iglesia. Además, la cantidad resultante de los ciudadanos que asignan
su porcentaje a la Iglesia es insuficiente, por lo que el Estado la completa hasta alcanzar los 19.000 millones. Por
tanto, este sistema es poco más que una fachada para en-
cubrir que el Estado sostiene a la Iglesia Católica; para
que tal cosa no sucediese sería necesario que el ciudadano
que lo deseasse pagara, *además de* los impuestos que le corresponden, una cantidad destinada a la Iglesia. Por último, este sistema vulnera el principio de igualdad y discrimina a los ciudadanos por razones religiosas, ya que quienes destinan su porcentaje de impuestos a «otros fines de
interés social» aportan más para la satisfacción de estos fines de interés general que quienes destinan su porcentaje
a la Iglesia de su elección y, por tanto, a un fin particular.

6. La religión en la escuela

El segundo ámbito problemático de la libertad religiosa —o, para ser más exactos, del ejercicio de la libertad religiosa para la Iglesia Católica— es el escolar. El conflicto
tiene aquí su punto de arranque en una larga tradición
histórica que hizo de la escuela el principal punto de influencia —mejor, de adoctrinamiento— de la Iglesia Ca-

tólica. Evidentemente, la aconfesionalidad del Estado impedía una escuela pública, o unos planes de estudio, confesionales. Pero los Acuerdos de 1979 entre España y la Santa Sede incluyeron el compromiso del Estado de que la religión católica se impartiese en la Enseñanza Primaria en «condiciones equiparables a las demás asignaturas fundamentales», con lo que la religión católica se catalogaba como una de esas asignaturas fundamentales.

Esta estricta previsión no solucionó, sin embargo, el problema. No podía hacerlo, porque si ningún inconveniente hay para que en las escuelas, públicas o no, se imparta la doctrina católica, es claro que ello no puede suponer, a la luz de la Constitución, que se imparta a quienes no quieren recibirla: recibir o no la enseñanza católica es, sin duda alguna, algo voluntario. El conflicto apareció, entonces, no en relación con los que quieren recibir la enseñanza católica, que ningún obstáculo tienen que superar para ello, sino respecto de quienes no quieren; y apareció porque la Iglesia Católica no sólo quiere impartir su enseñanza, sino también determinar lo que pueden o no hacer quienes *no* deseen recibirla.

El Gobierno de UCD, el mismo que había suscrito el Acuerdo con la Santa Sede, estableció una opción obligatoria: o religión católica o ética. Pero el posterior Gobierno socialista modificó esta opción estableciéndola entre la religión católica o el estudio asistido. Ninguno de esos dos sistemas ofrecía al alumno la única opción realmente respetuosa con la libertad, que consiste en ofrecer la enseñanza de la religión católica y permitir a quien no desee recibirla que utilice su tiempo como desee. Pero aún así, el «estudio asistido» pareció a la Iglesia Católica demasiado indulgente, o demasiado atractivo para quienes no tuviesen un encendido deseo de estudiar religión, y recurrió contra este sistema. Inevitablemente, el Tribunal Supremo estimó el recurso, determinando que esta opción era discriminatoria para los católicos, porque mientras ellos recibían la enseñanza por la que voluntariamente habían optado, quienes asistían, obligadamente, al estudio podían estudiar más, en perjuicio de aquéllos.

Como consecuencia en 1994 se aprobó un Decreto insólito en la historia educativa, pues prohíbe a los alumnos que no opten por la religión católica estudiar lo que la misma autoridad educativa ordena estudiar para superar el curso. Así pues, la situación es ahora como sigue: quien desee recibir la enseñanza católica puede, libremente, optar por hacerlo; quien no lo desee, no dispone de su tiempo libremente, y está obligado a asistir a clase, pero no puede estudiar materias fundamentales, para no «despegarse» de los compañeros que, mientras tanto, reciben enseñanza católica.

La enseñanza de la religión en la escuela tiene aún más puntos problemáticos. El primero de ellos es si la puntuación de la enseñanza de la religión —por la que se opta libremente— debe ser contabilizada, equiparándose a las asignaturas obligatorias como matemáticas, literatura o física. El segundo elemento peculiar, que incide en el anterior, es quienes imparten la enseñanza de la religión católica son designados para ello por la jerarquía católica. No se trata, por lo demás, de problemas exclusivos de España —en Italia, por ejemplo, también se han producido— y han dado lugar a alguna jurisprudencia del Tribunal Europeo de Derechos Humanos, ha señalado que es inaceptable que la enseñanza estatal pueda ser vehículo de adoctrinamiento.

Capítulo XXIII
Una vida privada

1. Un castillo propio

La garantía de la libertad y la seguridad han exigido siempre la existencia de un ámbito libre de injerencias externas y protegido frente a ellas. En el pasado, el sentido de esa protección era básicamente el de ayudar a proteger la libertad personal. Así, en Inglaterra se decía que «para cada hombre, su casa es su castillo», queriendo indicar así que, en su casa, una persona estaba absolutamente protegida, como un noble pudiera estarlo en su castillo. Más modernamente, es famosa la frase de Churchill, según la cual la democracia es un sistema en el cual «si llaman a tu puerta a las seis de la mañana, es el lechero». Esta concepción está aún hoy recogida en numerosas legislaciones. Por ejemplo, las leyes francesa y belga prohíben detener a las personas en sus domicilios, o registrar éstos, durante la noche, porque la invasión nocturna del

domicilio ha sido siempre identificada con la arbitrariedad y la represión.

En la actualidad, la libertad personal cuenta con muchos y eficaces mecanismos de protección, por lo que la inviolabilidad del domicilio ha perdido su importancia a esos
efectos. Sin embargo, ha ganado relevancia a otros fines.

Ello obedece a que la sociedad moderna considera un
valor en sí el poder disponer de un ámbito de privacidad,
en el que nadie entre salvo que esté expresamente autorizado para ello. Sin embargo, esa misma sociedad ha creado mecanismos muy diversos que permiten invadir de
muchas formas el ámbito privado de las personas, incluso
sin que éstas se enteren. Además, los medios de comunicación pueden difundir lo averiguado de forma masiva,
con grave perjuicio para el afectado.

Por todo ello, el constitucionalismo moderno considera
la privacidad, el ámbito de la vida privada y el derecho a
resguardarlo de los ajenos como un valor de gran importancia, y diseña numerosos mecanismos para protegerlo.

2. Un domicilio particular

El primero de estos mecanismos es la inviolabilidad del
domicilio. Como ya hemos visto, su sentido original era
ofrecer a la persona un área de protección y seguridad,
pero su sentido actual es más bien delimitar, y proteger de
los extraños, el espacio en el se desarrolla en su mayor
parte la vida privada. La inviolabilidad del domicilio pretende, pues, blindarnos frente a la intromisión ajena.

Por eso, el domicilio protegido por la Constitución no
coincide forzosamente con el civil: domicilio es el espacio
físico cerrado donde vivimos habitualmente de forma privada. Domicilio es, desde luego, la vivienda de cada uno;
pero también lo es la habitación del hotel donde se reside,
el despacho privado propio o, en su caso, la caravana.

En el domicilio ajeno sólo se puede entrar de tres formas. La primera es el consentimiento del titular; del titular del domicilio, no necesariamente del dueño, pues el propietario de una vivienda arrendada no puede entrar en ella, por más suya que sea, sin autorización del inquilino, que es constitucionalmente el titular del domicilio. El consentimiento, además, ha de ser válido, no puede ser viciado. Por ejemplo, no es admisible entrar con engaño, haciéndose pasar, pongamos por caso, por el repartidor de gas, y tampoco cabe aprovechar la ausencia del titular y engatusar a los hijos menores de edad.

La segunda forma es la autorización del juez, autorización que debe ser expresa, estar encaminada a la detención de un delincuente o al esclarecimiento o prevención de un delito y ser concreta. La tercera forma es que se esté produciendo un flagrante delito. ¿Que se debe entender por flagrante? Este interrogante dio lugar al problema planteado por la Ley de Seguridad Ciudadana, y provocó que el Tribunal Constitucional decidiera que flagrante es el delito evidente, percibido directamente, y no por conjeturas, indicios o sospechas; además, debe requerir una intervención urgente.

Por último, y aunque la Constitución no lo diga, es claro que se puede entrar en un domicilio ajeno por causa de fuerza mayor o catástrofe: un incendio, un accidente, etc. Ahora bien, la causa ha de ser evidente y urgente, y no un mero pretexto para invadir el domicilio ajeno.

3. Una comunicación personal

La segunda forma tradicional y concreta de proteger la privacidad es el secreto de las comunicaciones. Eso quiere decir que nadie puede interferir una comunicación ajena para averiguar su contenido. Aunque esta garantía se refería, en su forma clásica, al correo, la modernidad de nuestra Constitución permite incluir todos los modernos medios de comunicación, incluyendo los que puedan desarrollarse en el futuro: teléfonos, fijos o móviles, faxes, videoteléfonos, correo electrónico, etc.

Hay que recalcar que lo protegido es la privacidad de la comunicación, y no exactamente su contenido. Por tanto, se viola el derecho fundamental —puesto que se invade la privacidad— aunque la comunicación interceptada sea absolutamente trivial. Por esa misma razón, nunca pueden vulnerar este derecho —puesto que forman parte de la comunicación y, por ello, no invaden privacidad ajena alguna— las personas que han establecido la comunicación; dicho de otra manera, no se vulnera el derecho al secreto de las comunicaciones, aunque se pueda vulnerar otro derecho, si se hace pública una carta recibida o una conversación telefónica mantenida y grabada por quien la sostenía.

Al igual que sucede con el domicilio, el secreto de las comunicaciones puede ser levantado por autorización judicial. Pero debe tenerse en cuenta que la autorización judicial debe reunir numerosos requisitos: debe ser expresa, motivada, para esclarecer un delito concreto —y no la posibilidad de que exista un delito— y válida sólo para un plazo determinado, aunque luego pueda prorrogarse. Además, las comunicaciones intervenidas deben estar sometidas al control judicial, y el resultado de la investigación debe ponerse en su conocimiento de inmediato y en forma directa, sin manipulación alguna

4. El delito y las pruebas

Hay dos formas de proteger en la práctica la inviolabilidad del domicilio y las comunicaciones, ambas muy efectivas. En primer lugar, violar el domicilio o el secreto de las comunicaciones ajenas es un delito. Por consiguiente, quien lo haga se expone a ir a la cárcel.

La segunda forma de protección es menos espectacular, pero seguramente más eficaz. Para comprenderla hay que tener en cuenta que normalmente esos derechos son vulnerados por las Fuerzas de Seguridad: para esclarecer o prevenir un delito o descubrir o detener al delincuente invaden un domicilio o intervienen comunicaciones. El problema está en que nunca sabemos si sus sospechas son fundadas o no, si actúan de buena fe o con otros fines; precisamente por ello, para protegernos de su eventual arbitrariedad, existen estos derechos fundamentales.

Pues bien, la forma más efectiva de protección consiste en que todo lo que se encuentre en una entrada o registro domiciliario, o una intervención de comunicaciones, realizada sin los requisitos exigidos por la Constitución será *inválido,* y no podrá utilizarse en el juicio para condenar al delincuente, por más claro que con esas pruebas quede quién fue el autor del delito.

Este sistema es eficaz porque así la policía, sabedora de que no podrá utilizar en el juicio las pruebas obtenidas con violación de derechos fundamentales, se abstendrá de vulnerarlos, ya que con ello no conseguirá la condena del delincuente sino, casi seguramente, su absolución. De hecho, ha habido ya numerosos casos en que los acusados fueron absueltos —por ejemplo, en el famoso caso *Naseiro,* o en varios de narcotraficantes— porque las pruebas que había en su contra —cintas de conversaciones telefónicas intervenidas y grabadas— fueron obtenidas con violación de estos derechos fundamentales. Por eso es tan importante respetar escrupulosamente los requisitos constitucionales y legales.

5. Una vida íntima

Las formas clásicas de proteger la privacidad —inviolabilidad del domicilio y secreto de las comunicaciones— fueron suficientes en una época, pero no lo son hoy. Por eso, la Constitución protege, además, la intimidad en general.

El reconocimiento del derecho a la intimidad trata de preservar de la difusión y el conocimiento públicos un área en el que se desenvuelve nuestra actividad privada, puramente privada, y que tenemos derecho —precisamente porque tenemos derecho a la intimidad— a mantener en reserva, pero que no resulta directamente protegida por la inviolabilidad del domicilio o el secreto de las comunicaciones. Algunos ejemplos harán que ésto se entienda mejor: el espacio o recinto de que se dispone en una oficina no es domicilio, pero es hasta cierto punto un ámbito íntimo; y, como antes se dijo, la persona a quien enviamos una carta no rompe el secreto de la comunicación si la difunde, pero puede violar nuestra intimidad haciendo público algo que deseamos mantener oculto. Estos supuestos, y otros muchos similares, pueden ser cubiertos por el derecho a la intimidad. Por ejemplo, en Estados Unidos se considera vulneración de la privacidad rebuscar en las basuras ajenas para ver lo que se ha consumido, o lo que se ha ocultado.

El derecho a la intimidad trata, pues, de que no se penetre en nuestra esfera íntima o, más bien, de que sólo pueda hacerse con nuestro consentimiento. Correlativamente, puede penetrarse en nuestra intimidad con nuestro consentimiento, que puede ser tácito —por ejemplo, se otorga cuando se permite a un periodista de una revista gráfica obtener fotografías en nuestro domicilio—, de igual suerte que no puede hablarse de intimidad cuando nos encontramos en un ámbito no íntimo, sino público: no puede alegar violación de su intimidad, porque se difunden fotos suyas, quien se desnuda en la vía pública, o quien es retratado cuando camina normalmente por ella.

Aunque el derecho a la intimidad resguarda, en realidad, nuestro ámbito de privacidad de intromisiones extrañas no consentidas, su consecuencia práctica más relevante se refiere a la difusión de lo obtenido —fotos, películas, declaraciones, objetos, etc.— con la vulneración del ámbito de la privacidad. La vulneración de la intimidad se hace efectiva, normalmente, cuando se invade ese ámbito —a veces no; por ejemplo, cuando se publican fotos o cartas obtenidas del propio interesado, que las entregó con otro fin— pero se suele manifestar y cobrar relevancia con la difusión pública.

Todos tenemos intimidad. No es cierto que quien desempeña actividades públicas renuncie, por ello, a su intimidad. Pero sí sucede que el desempeño de esas actividades convierte algunas de sus actividades en materia de interés público, por lo que quedan expuestas al ojo público y, por consiguiente, su difusión puede suponer un ejercicio legítimo de otros derechos, como la libertad de información

6. Nuestra propia imagen

La propia imagen cierra el círculo de los derechos que protegen nuestra persona como constitutiva de un patrimonio personal, indisponible por los demás. Supone la prohibición de utilizar nuestra imagen salvo que medie nuestro consentimiento. Al igual que sucede con los anteriores, todos, sin excluir a nadie, tenemos derecho a la propia imagen. Lo que sucede es que los personajes públicos son objeto de la atención pública y, por ello, la obtención y utilización de su imagen, cuando están a la vista del público, no constituye violación de su derecho a la propia imagen, sino ejercicio de la libertad de información.

7. El honor, un patrimonio personal

La Constitución consagra el derecho al honor, pero el concepto de honor al que se refiere no guarda ninguna semejanza con el concepto calderoniano o medieval. Es, por el contrario, un concepto de enorme actualidad en una sociedad en la que somos lo que de nosotros se dice que somos. Es un concepto vinculado con la reputación, con la apariencia, con la imagen social que de cada uno de nosotros se tiene.

El derecho fundamental al honor nos protege, pues, frente a aquellas afirmaciones que sobre nosotros puedan hacerse y que, difundidas, disminuyen nuestro aprecio social, menosprecian nuestra imagen, nos producen descrédito, perjudican nuestra reputación, redundan en nuestro desprestigio. No se trata de lesiones puramente imaginarias, sino que pueden tener efectos muy reales y gravemente perjudiciales. El mundo moderno está edificado sobre relaciones de confianza, y la disminución de la confianza —personal, mercantil, profesional o social— en una persona puede causarle serios quebrantos personales, familiares, profesionales o mercantiles, pues es inevitable que nuestros familiares o amigos, nuestros clientes, nuestros trabajadores o empresarios o nuestros bancos disminuyan su confianza en nosotros si se difunden noticias que nos presentan como personas poco fiables.

Todos, sin excepción, tenemos honor, y el mismo honor. No es tampoco cierto, como a veces se dice, que el honor de los personajes públicos sea más menguado que el de los simples particulares: tienen el mismo. Pero es indudable que la perturbación del honor, ante afirmaciones idénticas, es distinta según la relevancia pública o privada de la persona de la que se trate y de la apreciación que se realice, entre otras cosas porque las apreciaciones sobre las conductas de personas con relevancia pública —políticos, actores, deportistas, etc.— son forzosamente más subjetivas que las vertidas sobre quienes no ejercen esas profesiones. No es que, como también se dice a veces erróneamente, quien desempeñe una actividad pública renuncie a su honor o a parte de él: es que su persona o su actividad son objeto del interés informativo y se expone por ello a la apreciación y crítica general, a una apreciación y crítica que, en no pocas ocasiones, son obligadamente subjetivas y, por ello, discutibles.

8. La protección de nuestra imagen pública

Los medios jurídicos utilizados para preservar nuestra imagen de su deterioro público son muy diversos. Los más antiguos de ellos son los penales, que protegen el más veterano de estos derechos, el derecho al honor. Esta protección se realiza regulando dos delitos, la injuria y la calumnia, que guardan notables diferencias aunque parezcan semejantes. El parecido radica en que ambos se cometen por quien ataca nuestro honor. La diferencia es que la injuria la comete quien profiere expresiones vejatorias, en tanto que la calumnia no es una vejación, sino la acusación de haber cometido un delito.

En el caso de la injuria, no hay más que un interés social, proteger al honor de la persona injuriada. Así pues, basta la expresión injuriosa para que surja el delito. Pero en la calumnia se acusa de un delito, y hay un interés social, muy alto, en descubrir la existencia del delito y sancionar al delincuente. Por tanto, si quien es acusado de calumnia puede probar la existencia del delito que dio origen a la acusación y demostrar que el culpable es la persona a quien acusó, resultará inocente de la calumnia.

Pero si uno resulta injuriado o calumniado la utilización del sistema penal presenta serios inconvenientes. Todos ellos derivan precisamente del carácter penal del procedimiento, que supone, si prospera, una condena penal. En primer lugar, será difícil convencer a los jueces de que condenen penalmente a alguien por unas palabras. Además, si se tiene éxito y se obtiene la condena, el condenado aparecerá como víctima, y quien vio agraviado su honor como agresor. Por otro lado, el acusado de calumnia intentará probar, para ser absuelto, la verdad de lo que afirmó, de suerte que el verdadero acusado e investigado del proceso será el teóricamente agraviado. Por último, lo único que la víctima obtiene es la condena penal de su agresor.

Por todo ello, se han creado mecanismos diferentes para proteger el honor, la intimidad y la propia imagen. El más sencillo de ellos es el denominado de rectificación, que se caracteriza por su sencillez y rapidez y se limita a que el medio de comunicación rectifique la información transmitida, difundiendo la rectificación, a su costa, en el mismo espacio que la rectificada. Este procedimiento se caracteriza porque la rectificación sólo puede afectar a *hechos* no a opiniones.

En segundo lugar, hay un procedimiento civil para reparar el daño causado por las intromisiones en el honor, la intimidad o la propia imagen. El objeto de este proceso es, fundamentalmente, una indemnización económica. Suscita, por ello, un relevante problema, que es determinar la cuantía de la indemnización. A veces, provoca sorpresa que la indemnización sea muy elevada, mucho más que la que procedería, por ejemplo, por haber causado a alguien serias lesiones o hasta la muerte. Ello obedece a dos causas: en primer lugar, lo que aquí se produce es la comercialización de un producto económico. Piénsese en la difusión de fotografías de una persona conocida y agraciada: dicha persona podría haber obtenido una jugosa cantidad por esas fotos si las hubiera concertado voluntariamente. En segundo lugar, interviene un efecto «disuasorio». Ya que los medios de comunicación obtienen notables beneficios de las informaciones lesivas del honor, la intimidad o la propia imagen que difunden, la obligación de indemnizar con una pequeña cantidad no resultará un castigo, sino un coste mínimo para la obtención de un gran beneficio. Por ello, para que la indemnización tenga efecto reparador, y disuasorio para el futuro, deberá ser proporcional al generalmente millonario beneficio obtenido con la difusión de la información. De ahí que, sobre todo en los países anglosajones, las indemnizaciones a satisfacer sean elevadísimas.

Capítulo XXIV
Libertades antiguas y conflictos modernos

1. Expresarse e informar

La Constitución también reconoce las libertades de expresión e información. Para asegurarlas, prohíbe terminantemente todo tipo de *censura previa*, lo que significa que nadie puede supeditar la difusión de ninguna expresión o información a ningún requisito. Es, por eso, inadmisible lo que un conocido periodista —él mismo frecuentemente demandado y repetidamente condenado por ataques al honor de otros— pretendía y un juez le concedió: que otra persona se abstuviera de hablar sobre él. También está prohibido, salvo que lo acuerde un juez, el *secuestro* de una publicación.

Las libertades de expresión e información se confunden con frecuencia. Sin embargo, son totalmente diferentes, al menos en teoría; otra cosa es que en la práctica se practiquen una y otra simultáneamente, pues se informa sobre algo a alguien al tiempo que se opina al respecto, lo que puede complicar el deslinde entre opinión e información. Pero ello no impide que sean muy distintos.

La libertad de expresión lo es del pensamiento. Se expresa, pues, lo que se piensa. Se expresan *opiniones*. Como tales opiniones, son subjetivas y, generalmente, indemostrables, ya que cada uno puede pensar una cosa. Se puede pensar —y, por ello, expresar— lo que se quiera sobre la existencia de Dios, la situación económica, la gestión política de un ministro o la competencia del responsable de un organismo público.

La información es, sin embargo, radicalmente diferente. Se informa sobre *hechos*. Esos hechos podrán merecer a cada uno un juicio distinto, y entonces, cuando de juicios se trate, estaremos en el ámbito de la expresión. Pero la información no admite discusión: o se produjo un hecho o no se produjo, o se produjo de una determinada forma o de otra.

2. La verdad, la expresión y la información

Esta diferencia entre expresión e información tiene una importantísima consecuencia, ya que el ámbito de ejercicio de ambas libertades es muy diferente. En efecto, el ámbito de la libertad de expresión es notablemente amplio, puesto que las opiniones son indemostrables. Por ello, el ámbito de la libertad de expresión está sólo limitado por las expresiones vejatorias, pues la Constitución ampara el derecho a decir lo que se piense, pero no el derecho a insultar; dicho de otra forma, puesto que las opiniones son indemostrables, puede expresarse la opinión que se desee, siempre que no sea vejatoria o defienda un delito o instigue a su comisión. Por esa misma razón, la expresión insultante es inadmisible aunque sea cierta: porque incluso siendo cierta es vejatoria, perjudica el honor de otra persona. La prueba de la verdad carece, pues, de sentido, ya que aunque se demuestre que el insulto describe una realidad es inadmisible. No puede calificarse a una persona como gorda, baja, calva o fea aunque efectivamente lo sea, porque hacerlo no describe una realidad, sino que supone una degradación de su persona. Cuando el periodista deportivo antes citado, el mismo que luego pretendió que no se le pudiese criticar, fue condenado por injurias, no lo fue, como él pretendía, por ejercer sus libertades de expresión o información, sino por injuriar, esto es, por insultar. Nadie le condenó por informar sobre las actividades de la persona objeto de su comentario; se le condenó por aludir a sus características de forma vejatoria.

El ámbito de la libertad de expresión es, pues, casi ilimitado: sólo las expresiones vejatorias están fuera de él. La verdad o falsedad de lo que se afirma es, además, irrelevante y, en general, indemostrable. Cuando el honor se protege contra afirmaciones vertidas en el ejercicio de la libertad de expresión —esto es, contra opiniones— la tarea es, en principio, fácil, pues se reduce a deslindar lo vejatorio de lo que no lo es.

3. El honor de los políticos y la intimidad de los famosos: colisiones y prevalencias

La situación se complica notablemente, sin embargo, cuando no se hace uso de la libertad de expresión sino de la de información, esto es, cuando no se expresan opiniones, sino que se informa de hechos. La complicación proviene de lo que suele llamarse la colisión entre los derechos fundamentales o, más precisamente, entre el ejercicio de los derechos fundamentales. La teoría de la colisión se asienta sobre la suposición de que se produce un «choque» entre dos derechos fundamentales: por una parte, colisionan las libertades de expresión o de transmitir información, y por otro los derechos al honor o a la intimidad.

Casi ninguna teoría es gratuita; prácticamente todos están encaminados a defender una conclusión. Tampoco la teoría de la colisión es inocente, puesto que es el presupuesto de la teoría de la prevalencia: si dos vehículos colisionan, uno de ellos circulaba por el sentido correcto y otro no; si dos derechos colisionan, uno circula en el sentido correcto y otro no, y el primero debe prevalecer. Como nadie puede sostener que desaparezcan las libertades de expresión e información, son éstas las que deben prevalecer.

La teoría de la prevalencia es inadmisible porque supone la desaparición de derechos fundamentales —el honor, la intimidad y la propia imagen— consustanciales a la dignidad de la persona. Un derecho está llamado a servir cuando el bien al que protege está amenazado o ha sido dañado. Mi derecho a la propiedad sirve cuando me roban o amenazan hacerlo. Mientras la amenaza o el daño no se producen, el derecho existe, pero no es activo. Si cuando se produce el daño no puede utilizarse el derecho, éste no sirve para nada: la propiedad no valdría nada si no pudiera ser utilizada contra quien nos despoja de algo o pretende hacerlo. La utilidad de los derechos surge, precisamente, en las situaciones conflictivas, pues en las pacíficas nada es menester, ni siquiera derechos. Los derechos al honor y a la intimidad son de utilidad cuando el honor o la intimidad son amenazados, y sólo pueden serlo porque alguien los ataca. Ahora bien, si quien los ataca está *siempre* haciendo uso de las libertades de expresión e información, y si éstas prevalecen sobre los derechos al honor y a la intimidad, éstos no sirven de nada. La teoría de la prevalencia supone, pues, la desaparición de los derechos al honor y la intimidad, la consagración de las libertades de expresión e información como los únicos derechos ilimitados, y la absoluta irresponsabilidad —no ya impunidad— de quien dice ejercerlos. La teoría de la prevalencia supone la consagración del derecho al insulto. Supone que hay un vehículo que siempre circula por el camino correcto, y todos los que con él se encuentren circulan por el camino erróneo. Así pues, salvo que se vayan apartando —algo seguramente imposible— al paso del otro vehículo, colisionarán, y la culpa será suya, aunque estuvieran parados en un semáforo en rojo y fueren agredidos por detrás. Para eso, mejor será no circular.

4. Prevalencia y ponderación

La teoría de la prevalencia implica consagrar un derecho ilimitado y, consecuentemente, la desaparición de otros. La teoría de la colisión es indefendible porque no puede pensarse que algo constitucionalmente protegido, como el ejercicio legítimo de un derecho fundamental, colisiona con el ejercicio, también legítimo, de otro derecho asimismo fundamental.

Conflicto, desde luego, hay. Lo hay porque la Constitución protege los derechos al honor y a la intimidad. Y protege también la libertad de transmitir y recibir información. De ello no se deduce que, so pretexto de expresarse o informar, pueda decirse o informarse cualquier cosa; se deduce solo que, si se ejercen las libertades de expresión e información, se ejercen derechos fundamentales, cosa que está constitucionalmente protegida.

La cuestión reside, pues, en determinar si quien ha expresado algo o transmitido alguna información lo ha hecho o no ejerciendo ese derecho fundamental; ésto es, si lo ha hecho o no dentro de los límites de derechos fundamentales que no son ilimitados.

Por lo que a la libertad de expresión se refiere, ya se vio que su ámbito es muy amplio: ampara todas las opiniones, excepto las vejatorias. Naturalmente, las expresiones vejatorias tampoco se admiten cuando se transmite información sobre hechos. Eso justifica que dos periódicos que transmitieron una información relativamente pareja sobre un mismo hecho, un accidente de aviación, fueran tratados de forma muy diversa: ambos transmitían información sobre la reputación del comandante, pero mientras uno de ellos incluía expresiones despectivas, y fue por ello condenado, el otro no las incluía, y resultó absuelto.

Las expresiones insultantes son, pues, el único límite de la libertad de expresión. Cuando se usan tales expresiones, no hay colisión de derechos alguna, puesto que quien insulta se sitúa *fuera* de la libertad de expresión: insultar o vejar no es ejercer la libertad de expresión, es otra realidad diferente. Si la opinión que se vierte sobre una persona incluye consideraciones sobre el oficio de su madre no se ejerce la libertad de expresión, se injuria, aún cuando se pudiera demostrar que la madre del agraviado ejercía efectivamente ese oficio. Para determinar si se ejerce la libertad de expresión lo único que hay que hacer, pues, es precisar si se han utilizado o no, al expresar opiniones, términos insultantes: si no se ha hecho, se estará en el ámbito de la libertad de expresión, sin que quepa lesión alguna del derecho al honor porque alguien exprese sus opiniones en términos no insultantes; si se hizo no se estará en presencia del ejercicio de la libertad de expresión, sino de otra cosa, y tampoco habrá, por tanto, colisión alguna.

Con la libertad de información la cosa es más complicada porque, efectivamente, el ejercicio de esta libertad puede constituir, al transmitir informaciones sobre una persona o situación, una intromisión en el honor, la intimidad o la propia imagen de otra persona. Intromisión, no lesión, pues ya se vio que no cabe que el legítimo ejercicio de un derecho fundamental lesione otro. Habrá que ver, pues, si esa intromisión está legitimada, esto es, si estamos ante un ejercicio legítimo de la libertad de información. Si es así, no hay colisión sino, precisamente, ejercicio legítimo de un derecho; si no es así, tampoco hay colisión, pues no se estará ejerciendo legítimamente la libertad de información sino haciendo otra cosa, y no es posible que colisione algo que no existe. La inverificable —en el sentido de que no cabe que se verifique— teoría de la colisión es, pues, inaplicable, y como consecuencia lo es también la de la prevalencia que, además, no es de recibo en la medida en que supondría la supresión de los derechos al honor, a la intimidad y a la propia imagen, constitucionalmente reconocidos.

Es una lástima, porque la teoría de la prevalencia es, desde luego, de muy fácil utilización: basta con negar la razón a quien defiende su honor o intimidad aduciendo que prevalece el ejercicio de la libertad de información. Pero sucede que el ejercicio de esta libertad es inexistente si no es legítimo. Y para determinar si es o no legítimo habrá que recurrir a técnicas más complicadas que las de la muy sencilla prevalencia: habrá que ponderar las situaciones; las situaciones, no los derechos fundamentales.

5. Veracidad, insidias, noticias y rumores

La teoría de la prevalencia se basa en que la libertad de información es prevalente porque, como ha dicho el Tribunal Europeo de Derechos Humanos, «el libre flujo de la información es capital para la formación de una opinión pública libre en una sociedad democrática». Y eso es verdad: para que la sociedad sea democrática los ciudadanos han de poder tener y emitir su opinión, y para poder hacerlo han de estar informados. Pero esa misma frase nos ofrece la clave de por qué no existe prevalencia: porque para que el ejercicio de la libertad de información sea legítimo ha de estar orientado a la formación de una opinión pública libre en una sociedad democrática. Por tanto, no toda información transmitida lo es legítimamente, si constituye una intromisión en el honor o la intimidad ajena; sólo lo es aquella que contribuye a formar la opinión pública libre de una sociedad democrática.

Cuando se informa, se transmiten hechos, es casi forzoso que se penetre, en la medida que sea, en el honor, la intimidad o la imagen de los sujetos de la información. Si ésta está encaminada a la libre formación de la opinión pública, nos hallaremos ante el libre ejercicio de la libertad de información. Si no es así, y se lesionan —lo que no siempre ocurre— honores, intimidades o imágenes ajenas, ello generará la responsabilidad que corresponda. Para dilucidar si estamos ante uno u otro supuesto habrá que ponderar todos los elementos, —la información, el personaje y los efectos— y concluir una solución. Pero no estamos tan huérfanos a la hora de ponderar. Hay varios criterios o parámetros a los que ceñirse.

El primero de esos criterios es la *veracidad*: lo que la Constitución protege es la libertad de transcribir información veraz. La información mendaz, pues, no está amparada. Ahora bien, información veraz no equivale e información *cierta*, correcta. Si sólo la información absolutamente cierta estuviese protegida, casi nadie de los que transmiten información lo estaría, porque casi siempre las informaciones tienen alguna inexactitud, y siempre corren el riesgo de ser falsas, por aparentemente comprobadas que estén. Si sólo se protegiese la información correcta, la única manera de estar seguro de que no se incurrirá en responsabilidad es no informar de nada, puesto que nunca cabe estar absolutamente seguro de que lo informado será correcto. Surgiría, entonces, un *efecto silenciador*: para no incurrir en responsabilidad, nadie informaría. Pero, por otro lado, es claro que tampoco puede estar protegida una información lesiva para el honor y la intimidad ajena y, además, irresponsable, no comprobada, producto de simples insidias, bulos o rumores.

Así pues, sólo la información veraz está protegida, pero información veraz no equivale a información cierta. ¿Qué es, entonces? Es la información responsable: la *comprobada* según los cánones de la profesión. El informador responsable es diligente para comprobar que lo que difunde se corresponde a la verdad y no es una mera invención, una patraña sin fundamento. Esa información, la comprobada según los cánones de la profesión, es la constitucionalmente protegida. El informador no tiene, pues, la obligación de probar que la información que transmitió es absolutamente correcta: bastará con que demuestre que obró con diligencia para comprobarla, que no actuó con un temerario desprecio por la verdad.

Pero no toda información veraz que afecte al honor o la intimidad ajena está protegida. La razón de que la información sea digna de protección es que contribuya a la libre formación de la opinión pública. Por tanto, sólo la información que cumple ese requisito será merecedora de protección o, dicho de otra forma, sólo se ejerce la libertad de transmitir información cuando lo que se transmite, además de ser veraz, contribuye a *formar una opinión pública libre*. Para determinar cuando ésto es así hay dos criterios: el carácter público de lo informado y el de la persona objeto de la información. Si ésta desempeña una función o profesión de *proyección pública,* es bastante probable que estemos ante una información de interés público. Para que sea seguro es preciso, además, que lo informado, la materia objeto de la información, sea de *relevancia pública:* de relevancia, no del mero interés que puede surgir del puro cotilleo. No es, pues, que los personajes públicos no tengan honor ni intimidad: es que cuando se informa sobre sus actividades, si éstas son de relevancia pública, se está ejerciendo la libertad de información, porque la información transmitida es, por su protagonista y por la materia, relevante para la libre formación de la opinión pública de una sociedad democrática.

6. La conciencia y los secretos de los periodistas

Las peculiaridades de la labor informativa, su estrecha relación con, de una parte, las convicciones personales y, de otra, la formación de la opinión pública, dan lugar a dos instituciones igualmente singulares.

La primera de ellos es la cláusula de conciencia de los profesionales de la información. En esencia, consiste que, en caso de que la línea editorial de un medio informativo se modifique acusadamente —por ejemplo, por un cambio en la propiedad del medio— el informador puede rescindir su relación laboral con el medio, tomando él la iniciativa y percibiendo, aunque es él quien libremente decide romper la relación, la misma indemnización que si hubiese sido objeto de un despido improcedente. La justificación de esta facultad excepcional es el carácter de derecho fundamental de las libertades de expresión e información, y su condición de proyección de la libertad de pensamiento. Se parte de la base de que la labor informativa guarda una profunda conexión con la libertad de pensamiento. El informador establece su relación partiendo de la base de que el medio de comunicación sigue una determinada línea informativa, y puede ver violentada su conciencia si, al modificarse esa línea, se ve obligado a colaborar con un proyecto informativo diferente a sus convicciones y hasta contrario a ellas.

Muy distinto es el caso del secreto profesional del informador. Lo que aquí se protege es, en el fondo, la circulación del flujo de información necesaria para formar una opinión pública libre. Este flujo podría verse taponado en su origen si quien posee la información no desease que se sepa que es él quien la proporciona y, ante el temor de que trascienda el origen de la información, decide no transcribirla. El informador es aquí, pues, un mediador, un intermediario, pues a quien en verdad ampara el secreto profesional es a la fuente y, aún más, a la libre circulación de la información. El secreto profesional no es, pues, un derecho del informador, sino una garantía del derecho de la sociedad a estar informada.

1. Todo lo que no está prohibido, está permitido

El objeto fundamental de las Constituciones es asegurar la libertad de los ciudadanos. Por eso, la Constitución garantiza el derecho a la libertad personal. También reconoce y protege algunas libertades o derechos concretos, aquellos que se considera conveniente consagrar expresamente, bien porque han sido frecuentemente vulnerados a lo largo de la historia, bien porque presentan una problemática particular. Todos ellos son, sin embargo, emanaciones o concreciones de la libertad, que es reconocida con carácter general.

No se trata, por tanto, de que sólo tengamos los derechos expresamente recogidos en la Constitución: gozamos, en general, de libertad para actuar, salvo que ello esté lícitamente prohibido; y, en particular, somos titulares de los derechos expresamente recogidos en la Constitución, pero sin que esta mención expresa de algunos derechos concretos impida que nos corresponda una libertad general en el marco de la Constitución y las leyes. Por ejemplo, la Constitución no consagra nuestro derecho a alimentar a las palomas, o a tener un perro o un gato, o a jugar al fútbol, o a vestir como queramos. Pero aunque no los recoja expresamente tenemos esos derechos, porque forman parte de nuestra libertad, y la Constitución, aunque no nos garantice esas libertades concretas, ni otras muchas, sí nos asegura la libertad en general. Lo que sucede es que, a lo largo de la Historia, algunas libertades han sido más perseguidas que otras. En algunos países se ha prohibido jugar al ajedrez, o llevar corbata, o vender alcohol, pero eso no es lo normal, estadísticamente hablando: lo normal es que se persigan las libertades de expresión, reunión, asociación y sindicación, o que se detenga a las personas sin causa, o sin más causa que la de querer ejercer sus derechos. Por eso casi todas las Constituciones, la española entre ellas, protegen especial y concretamente estas libertades, tradicionalmente reprimidas en los regímenes autoritarios. Pero ello no quiere decir que no proteja las libertades que no menciona, sino que protege especialmente las que menciona. Incluso es pensable una Constitución —la alemana lo hace— que sólo proteja la libertad en general, sin aludir a algunas de sus concretas expresiones.

La libertad protegida en nuestro sistema tiene, pues, dos perspectivas. Una, general, nos autoriza a hacer aquello que no esté prohibido por las leyes. Otra perspectiva, más particular, protege nuestra libertad frente a los agravios de que pueda ser objeto.

2. Libertad para circular...

La primera manifestación de la libertad es la posibilidad de desplazarse libremente por todo el territorio nacional, sin trabas, barreras ni requisitos de ningún tipo, garantizada por la Constitución para todos los españoles, directamnte, y para los extranjeros comunitarios indirectamente. Eso supone que las autoridades no pueden utilizar mecanismos, como los salvoconductos, utilizados por algunos Estados autoritarios, ni tampoco obligar a los ciudadanos, o a algunos de ellos, a permanecer en zonas determinadas.

La libertad para ir y venir puede verse limitada, sin embargo, en ocasiones determinadas y para zonas concretas por causas que lo justifiquen, como pueden ser la seguridad o la sanidad; por ejemplo, la existencia de una epidemia, una catástrofe natural o un aviso de bomba pueden justificar limitaciones de carácter general a la libertad de movimientos.

Este derecho corresponde exclusivamente a los españoles y a los extranjeros comunitarios. El resto de los extranjeros pueden sufrir limitaciones de sus movimientos, pues se les puede obligar a permanacer en zonas determinadas, o impedirles desplazarse a territorios concretos.

La libertad de desplazamiento es absoluta en el territorio nacional. Sin embargo, tiene limitaciones cuando se trata de entrar o salir de España. Una vez más, la situación es distinta según que quien quiera entrar o salir sea o no español.

A los españoles no se les puede negar la entrada en el territorio nacional. Pero la ley puede prever situaciones en las que se les pueda denegar la salida al extranjero. Desde luego, es posible negársela a aquellas personas contra las que se sigue un procedimiento judicial. En todo caso, las razones que la ley prevea para impedir la salida al extranjero deben ser de carácter general, no personal; y en ningún caso se puede impedir la salida de España por razones políticas o ideológicas. Se impide así la práctica, seguida por las autoridades franquistas, de denegar el pasaporte a los disidentes políticos.

A los extranjeros no comunitarios, además, puede ne-

gárseles la entrada en España. De hecho, los ciudadanos
de muchos países precisan, para poder entrar en España, de un visado, que puede o no concedérseles en razón
de sus circunstancias personales o de las relaciones que
se mantengan con su país de procedencia. De hecho, la
exigencia de visado, o la decisión de no concederlo a los
naturales de determinado país, constituye una represalia
diplomática en caso de conflicto: por ejemplo, la llamada «guerra del fletán» llevó a que España exigiese a los
ciudadanos canadienses un visado que antes no necesitaban.

3. ...y elegir dónde quedarse

Como complemento de la libertad para ir y venir la
Constitución garantiza también la libertad de elección de
residencia, que alcanza, igual que la anterior, a los españoles y los ciudadanos de la Unión Europea. Ello supone
que ninguna autoridad, salvo los jueces en caso de condena penal, puede obligar a una persona a residir en un lugar determinado, ni tampoco impedirla fijar su residencia
donde desee. Ninguna autoridad: tampoco, por tanto,
Comunidades Autónomas o Ayuntamientos.

La situación de los extranjeros no comunitarios es distinta, puesto que a ellos sí se les puede denegar la residencia en determinados lugares, u obligarles a residir en una
zona concreta.

4. Cuándo y por qué se puede detener

Históricamente, la más clásica agresión a la libertad ha
sido la detención arbitraria, sin causa, sin juicio y sin lími-

te de tiempo. En el Antiguo Régimen, el poder político podía privar de libertad a las personas sin apenas requisitos y sin límites de tiempo, como le sucedió, por poner un ejemplo famoso, al Conde de Montecristo. En los sistemas autoritarios, el poder goza también de muy amplios márgenes de actuación.

En los sistemas democráticos, sin embargo, la privación de libertad está sujeta a condiciones, límites y requisitos muy estrictos. Se intenta, precisamente, otorgar a las personas seguridad y protección contra la posible arbitrariedad del poder.

En primer lugar, sólo la *ley* —que, en España, ha de ser ley orgánica— puede regular las *causas* que pueden dar lugar a privación de libertad: sólo los representantes del pueblo pueden detallar, a través de la ley, qué conductas merecen un reproche social tan grave que justifican la pérdida de la libertad. Y, en realidad, ni siquiera ellos pueden hacerlo a su libre albedrío, pues están obligados, en todo caso, a respetar la proporcionalidad entre la conducta que se prohíbe y sanciona y la grave consecuencia que supone la pérdida de la libertad.

En España, la ley especifica que sólo se puede detener en casos muy determinados: cualquier persona puede detener a otra cuando intente cometer, o esté cometiendo, un delito o cuando una persona se hubiese fugado. Además, los agentes de la autoridad pueden detener cuando tengan motivos racionalmente bastantes para pensar que se ha cometido un delito, y que lo ha cometido esa persona concreta. Este último es, naturalmente, el caso más frecuente.

La ley reduce las posibilidades de detención, pues, a la sospecha de haber cometido un delito. Y debe ser una *sospecha racional* de haber cometido un delito concreto. No basta una apariencia general de que alguien es sospechoso «de algo» para detenerlo: ha de serlo de un delito concreto. En otro caso, la detención será ilegal.

5. En presencia de mi abogado: cómo hay que detener

La detención debe realizarse, además siguiendo un procedimiento muy estricto. En primer lugar, se debe *informar* al detenido de su *detención*, precisamente para que sepa que está detenido. En segundo lugar, se le debe informar de los *motivos* de la detención, de los motivos concretos, no de los técnicos. El objeto de esta información es que, si la detención es ilegal por no basarse en la sospecha razonable de un delito concreto, el detenido pueda luego demostrar esa ilegalidad.

Además, hay que informar al detenido de los *derechos* que le asisten. Entre ellos se cuentan el derecho a *no declarar,* contestando a las preguntas que se formulen sólo si se desea hacerlo; el derecho a no confesarse culpable; el derecho a ser asistido por intérprete si no conoce el español; el derecho a que se avise de la detención, y del lugar donde está detenido, a un familiar o persona próxima y el derecho a *la asistencia letrada.*

Todos estos derechos tienen por objeto proteger al detenido en una situación de notable impotencia, como la provocada por la detención, y, simultáneamente, evitar que la policía, en su celo por descubrir a los culpables de los crímenes pueda violentar la voluntad del detenido. Entre estos derechos tiene una especial importancia el derecho a la asistencia de abogado, pues las diligencias policiales no son válidas si no se encuentra presente el abogado. Se trata de un derecho irrenunciable, salvo que se trate de asuntos de tráfico, y puede hacerse efectivo de dos formas: o bien el detenido designa —y paga a su costa— a un abogado concreto, o bien elige que se le asigne uno de oficio que paga el Estado.

Estos derechos gozan, en las sociedades democráticas, de una enorme importancia como instrumentos para proteger a las personas frente a la posible arbitrariedad de la policía. Por eso, su inobservancia tiene gravísimas consecuencias: convierte la *detención* en *ilegal*. Eso es, en primer lugar, un delito por el que pueden ser condenados los policías que no respeten dichos derechos. Y, en segundo lugar, *invalida las pruebas* que la policía pueda obtener vulnerando los derechos del detenido: por ejemplo, la confesión del detenido no servirá para nada si no se respetaron sus derechos, y recientemente se anuló una condena de 30 años de prisión, por robo con homicidio, impuesta a un delincuente que había confesado durante la detención, porque no se había respetado su derecho a la asistencia letrada. La consecuencia de la vulneración de los derechos del detenido puede ser, pues, la impunidad del delincuente —como dijo un juez norteamericano, «el delincuente sale libre porque el policía ha patinado»— pero ese es el rentable precio a pagar para asegurarnos contra la posible arbitrariedad de la policía. La profesionalidad de ésta se pone de relieve deteniendo sólo cuando procede, respetando las formalidades exigidas para la detención y garantizando los derechos del detenido, para así asegurar que la detención no será declarada ilegal.

Hay un plazo máximo de tiempo durante el cual una persona puede estar detenida: el estrictamente indispensable para realizar las diligencias policiales; por tanto, será ilegal la detención prolongada —y algún caso ha habido— durante más tiempo del imprescindible. En todo caso, la detención policial no puede exceder de 72 horas, aunque puede obtenerse del juez una prórroga de 48 horas si al detenido se le acusa de pertenecer a un grupo terrorista o banda armada. Pasado ese plazo, la persona detenida debe ser puesta en libertad o a disposición judicial.

6. *Habeas Corpus*

Para asegurar la legalidad de la detención y la protección de los derechos del detenido existe un procedimiento especial, de antiquísimo origen británico. Se denomina *habeas corpus* porque el juez ordenaba que el cuerpo de la persona detenida de forma supuestamente ilegal fuese llevado ante él.

Cuando una persona sea ilegalmente detenida, o no se respeten sus derechos, ella misma, su cónyuge o pareja, sus ascendientes, sus descendientes y sus hermanos —además del Defensor del Pueblo y el Fiscal— pueden denunciar al juez la ilegalidad de la detención o de sus condiciones. No hace falta para ello abogado ni procurador, sino solo comparecer ante el juez, o remitirle un escrito, denunciando la ilegalidad de la detención.

El juez comprobará entonces la legalidad de la detención. Si determina que la detención ha sido ilegal, o que no se respetaron los derechos del detenido, puede ordenar que éste sea puesto en libertad o a disposición judicial, o que sea llevado a otro centro de detención.

7. En prisión espero...

Finalizada la detención policial o transcurridos los plazos antes señalados, la persona detenida puede ser puesta en libertad o a disposición judicial. En este último caso, el juez puede considerar que es posible que, efectivamente, sea culpable de un delito, y que hay que juzgarlo. Pero un juicio tarda tiempo, y el enjuiciado podría aprovecharlo para escapar o destruir las pruebas. Por ello, el juez puede decretar que, hasta que el juicio tenga lugar, sea internado en *prisión preventiva*, pero para que pueda hacerlo es preciso que las partes —generalmente el fiscal— lo soliciten.

La prisión preventiva no es una condena anticipada, ni un procedimiento para sancionar a una persona, por más execrable que sea el delito del que está acusado, ni un sistema para conseguir que el acusado confiese: es, única y exclusivamente, un medio para asegurar que no huirá ni destruirá pruebas. Es, por eso, una medida *excepcional,* pues hay que tener en cuenta que ir a prisión es cosa muy seria, que produce un grave perjucio, y puede luego suceder que la persona encarcelada sea inocente. De ahí la excepcionalidad de la prisión preventiva, sólo utilizable, hay que repetirlo, para evitar la huida del procesado o la destrucción de las pruebas, y no para aplacar el ansia de justicia o como instrumento de presión contra el procesado. No procede la prisión preventiva, pues, cuando es claro que el procesado no se propone huir ni destruir las pruebas.

La excepcionalidad de la prisión preventiva es, precisamente, la causa de que tenga unos *límites,* más allá de los cuales no puede prolongarse. No es razonable que una persona no condenada permanezca largo tiempo privada de libertad; es al Estado a quien corresponde realizar rápidamente el juicio.

Por eso, sólo puede decretarse la prisión preventiva cuando el delito del que se acusa al detenido es tan grave que tiene señalada una pena superior a seis años, o cuando, aún teniendo prevista una pena inferior, el delito haya provocado grave alarma social. Además, la prisión preventiva tiene unos límites máximos, que dependen de la pena imponible al detenido en caso de ser condenado. El límite máximo es, antes del juicio, de cuatro años para los delitos más graves; una vez celebrado el juicio, si el detenido es condenado y recurre se puede prolongar la prisión preventiva hasta la mitad de la pena impuesta en la sentencia. Como a veces son los propios abogados del detenido los que provocan artificialmente demoras en el juicio, para que transcurran los plazos y su defendido salga en libertad, estas demoras no se tienen en cuenta para computar los plazos.

Capítulo XXVI
Un juicio justo

1. Sanciones y condenas

La sociedad democrática admite comportamientos extraordinariamente diferentes. El hecho de que un comportamiento sea exclusivo de unos pocos no supone que deba ser sancionado. Hay algunas conductas, sin embargo, que la sociedad no tolera. Estas conductas, y solo esas, son sancionadas penalmente. Por eso se dice que el Código Penal expresa el *mínimo ético* de una sociedad: en una sociedad democrática y tolerante, que protege el derecho a la diferencia, el Código Penal recoge exclusivamente las conductas socialmente consideradas como inadmisibles. Y solo recoge esas, las inadmisibles. Por eso, el Código Penal no refleja aquellas conductas —el aborto es, hoy, un buen ejemplo— que muchos no llevarían, personalmente, a cabo, pero que no se consideren éticamente inadmisibles. Dicho en otras palabras, el Código Penal no sanciona las conductas minoritarias, o no contempladas con buenos ojos, o que muchos no estarían dispuestos a realizar, sino sólo aquellas que la sociedad no tolera que se cometan, por considerarlas comprendidas por debajo de ese listón del reproche social que es el mínimo ético; las demás conductas podrán ser objeto de otros reproches —social, cultural, de imagen, o incluso de una sanción administrativa— pero no penalmente sancionables. Otro buen ejemplo es el adulterio: casi todos en esta sociedad reprueban la conducta de los adúlteros, pero nadie o casi nadie considera que se deba ir a la cárcel por cometer adulterio.

La consecuencia de que el Código Penal marque el mínimo ético, aquello que no estamos dispuestos a tolerar, es que rige el denominado *principio de intervención mínima*. Eso significa que el Código Penal no recoge todas las conductas reprobables y jurídicamente sancionables, sino sólo aquellas que se asumen como intolerables. Hay fuera del Código Penal no pocas conductas reprochables como, por ejemplo, circular a velocidad superior a la permitida, no prestar atención cuando se conduce y provocar por ello daños en el automóvil que tenemos delante o no pagar la letra de cambio de la lavadora que hemos adquirido. Pero se entiende que esas conductas resultan suficientemente sancionadas con una sanción administrativa, o si pagamos los daños causados o el montante de la letra y los gastos derivados. Sin embargo, si nuestra excesiva velocidad pone en peligro a los demás, nuestro descuido con el automóvil provoca daños —o hasta la muerte— no a un vehículo, sino a una persona, o si no sólo dejamos de pagar la letra, sino que lo hicimos —por ejemplo, falsificando la firma— con engaño, la cosa es diferente, ya que la sociedad no se contenta con que paguemos los daños: quiere, además, que paguemos por nuestra conducta. Eso, el pagar por nuestra conducta, y no por los daños causados, es lo característico del delito, del Código Penal. Esa es, también, la razón de que la *responsabilidad penal* sea estrictamente *personal e intrasferible*: sólo somos penalmente responsables de nuestra propia conducta, mientras que en otros ámbitos del Derecho —por ejemplo, el civil— podemos vernos obligados a responder por la conducta de otros.

El principio de intervención mínima supone que la sociedad solo nos hace pagar por nuestra conducta cuando lo considera inevitable: cuando nuestra conducta es tan inadmisible, y su generalización haría tan difícil la convivencia, que exige que paguemos por ella. Para los demás casos, la sociedad se considera satisfecha con que paguemos los platos rotos o, en algunos casos, con que hagamos frente a una sanción administrativa, generalmente una multa.

2. No hay crimen sin ley

La conclusión de todo lo anterior es que las conductas que dibujan ese mínimo ético, así como todas aquellas otras que puedan acarrear una sanción, deben estar previamente mencionadas en una ley. Tenemos derecho a saber qué conductas son consideradas socialmente como indeseables y, especialmente, tenemos derecho a saber cuáles de entre ellas aparejan una pena. Y tenemos derecho a ello para gozar de seguridad jurídica, para saber qué actividades podemos realizar y cuáles otras no están vetadas, para poder predecir los resultados de nuestra conducta. Seguramente, todos sabemos que no podemos matar o robar. Pero hay otras conductas que son tan claramente reprobables, o lo son sólo en ciertas condiciones. La mejor prueba de ello es que pueden entrar o salir del Código Penal, como el aborto, que hay conductas que pueden ser delito en unos países y no en otros, como de nuevo el aborto, o que pueden ser delito sólo a partir de ciertos límites, como el exceso de velocidad o el delito fiscal.

Por tanto, la única forma de asegurar que sabemos qué conductas nos exponen a una sanción es que tales conductas estén previamente fijadas en una ley. Además, puesto que el Código Penal expresa el mínimo ético socialmente asumido, lógico es que sean los representantes del pueblo, y solo ellos, los que lo expresen: es el pueblo, a través de sus representantes en el Parlamento, el que fija el mínimo ético vigente en cada momento. Por último, ello nos libra de la arbitrariedad, pues impide que el Gobierno fije, de un día para otro, conductas delictivas. Algo parecido sucede con las penas, que también expresan el reproche social, y tampoco son inmutables: por ejemplo, las penas por los delitos contra la libertad sexual, antes bajas, son ahora más altas, como consecuencia de la mayor sensibilidad social hacia esas conductas.

El principio de legalidad exige, precisamente, que toda conducta delictiva y toda pena o sanción estén previamente fijadas en una ley. Se resume muy bien en un latinajo: *nullum crime nulla poena sine lege*, que significa que no hay delito ni pena si no están previstos en una ley. Esta *ley* ha de ser una ley *escrita y formal*, aprobada por las Cortes Generales, sin que quepan aquí los Decretos-leyes u otras normas aprobadas por el Gobierno; además, si la ley impone sanciones de privación de libertad, ha de ser orgánica. Ha de ser, por otro lado, *previa* al hecho que se trata de enjuiciar, sin que quepan las leyes con carácter retroactivo. Y, por último, ha de ser una ley *clara*, concreta, que determine con claridad la conducta castigada y la pena correspondiente. No cabe tampoco, pues, decir que una conducta no está sancionada, pero que se pretendía que lo estuviera, o que sí está sancionada otra conducta muy parecida, o que hay costumbre de sancionarla: sólo puede sancionarse penalmente por lo que está expresa, concreta y claramente señalado como delito en la ley penal, y sólo puede imponerse la pena prevista. Hay que hacer, sin embargo, una salvedad: la complejidad de la sociedad moderna y de determinados delitos —por ejemplo, los fiscales, urbanísticos o medioambientales— obligan cada vez más a recurrir a las llamadas leyes penales *en blanco*, que no describen ellas mismas la conducta, sino que sólo la prevén genéricamente y remiten a otra ley la descripción detallada. Estas leyes son admisibles, pero sólo si cumplen severos requisitos, entre ellos que la ley en blanco señale la conducta y el núcleo esencial de la prohibición.

Las líneas generales de nuestro ordenamiento penal se completan en otro latinajo, *ne bis in idem*. Esta expresión indica que está prohibido enjuiciar o sancionar dos veces una misma conducta.

3. El proceso debido

El Estado de Derecho implica, en sentido material, que sólo las leyes pueden definir qué conductas son delictivas y pueden, si las cometemos, aparejar que se nos condene o sancione, y que solo los jueces, integrantes del Poder Judicial independiente, pueden resolver que hemos cometido una conducta delictiva. Pero en el Derecho las formas son muy importantes, porque se considera —en general, con razón— que aumentan las posibilidades de hacer justicia y, sobre todo, disminuyen las posibilidades de que se cometa una injusticia. Por eso, además de exigir que las conductas sancionables estén previstas en una ley, el Estado de Derecho exige que los jueces sólo puedan condenar después de un *proceso con todas las garantías*.

Condenar a una persona es algo muy serio. Supone para la persona condenada no sólo la condena en sí, que puede incluir la cárcel, sino también muchísimas, y muy graves, consecuencias en su vida personal, presente y futura, familiar, social y laboral. Por eso, el proceso penal está rodeado de toda una larga y compleja serie de garantías del acusado. Algunas de esas garantías son materiales, se refieren al fondo del asunto; otras son formales. Pero todas ellas tienen una enorme importancia porque, en definitiva, el Derecho es sobre todo cuestión de forma: la forma en que se alcanza y se ejerce el poder, la forma en que se disfrutan los derechos o, como aquí, la forma de condenar a una persona. Todas esas formas están orientadas a una sola finalidad: asegurar que nunca se condene a un inocente. El precio que debemos pagar por ello es que a veces, cuando se vulneran las formas que protegen los derechos de todos, un culpable puede quedar impune.

Hay dos grandes modelos de proceso penal: el proceso inquisitivo y el proceso acusatorio. El primero es el clásico de la Inquisición, y se basa en que se investiga la conducta de una persona, sin respetar sus derechos, hasta encontrar un delito por el que condenarle: se investiga a la persona, no el delito. El proceso acusatorio, por el contrario, se basa en que se dirige, contra una persona, una acusación de haber cometido un delito concreto, y hay que probar que así ha sido. El juicio se limita, entonces, a establecer si esa persona ha cometido ese delito.

El proceso penal español ha sido históricamente una mezcla del proceso inquisitivo y del acusatorio, con más elementos del primero. La Constitución implantó un proceso acusatorio, que es el que más garantías ofrece, pero nuestras leyes penales no responden en su integridad, todavía, a ese modelo. Así, en el proceso acusatorio clásico el que acusa es alguien ajeno al Poder Judicial —generalmente el Fiscal— y los jueces se limitan a vigilar la legalidad del proceso y dictar la sentencia. Aquí, son los propios jueces —los denominados *instructores*— los que investigan y, en su caso, formulan la acusación. Se produce, por tanto, una situación singular: el que investiga es un integrante del Poder Judicial, el mismo poder al que se concede independencia no para investigar, sino para resolver en la sentencia. Como consecuencia, el mismo juez que investiga es el que decide si ingresa o no en prisión preventiva al investigado, y el mismo que decide si lo procesa o no. Por tanto, a la hora de acordar la prisión o el procesamiento no es imparcial, pues al ser él quien ha investigado se ha formado ya una idea de la culpabilidad o inocencia del acusado. Además, cuando se eleva la investigación —la instrucción— al Tribunal que ha de juzgar, que es otro diferente, esa investigación está sacralizada, al ser un juez quien la ha realizado, y la defensa del acusado se torna muy complicada. En fin, como no pocos jueces tienen como misión la investigación, no pueden juzgar, de manera que tenemos, en realidad, menos jueces que los que teóricamente existen, con lo que los juicios se retrasan.

El proceso acusatorio, el proceso con todas las garantías, exige que el juez sea absolutamente neutral: que, salvo en lo que se refiere a proteger los derechos de la persona, no tenga nada que ver con la investigación, para así poder decidir con absoluta imparcialidad. Mientras esta situación no se alcance plenamente, no podremos decir que tenemos un proceso plenamente acusatorio.

4. Presunto inocente

La base de nuestro sistema es la *presunción de inocencia,* que significa que todos somos inocentes mientras no se demuestre lo contrario. Así pues, para que se nos condene tiene que haberse probado que somos culpables.

Y es la acusación quien tiene que probarlo. El acusado puede permanecer durante todo el juicio pasivo, sin decir ni hacer nada; si la acusación no consigue probar su culpabilidad será absuelto.

Algunas veces nos escandalizamos de que alguien a quien creemos culpable sea absuelto; otras veces nos llama la atención que se denomine «presunto» autor de un delito a quien, con toda evidencia, es culpable. Y, sin embargo, esta es una pieza básica del sistema que garantiza nuestra libertad: todo el mundo es inocente hasta que no sea condenado por un juez tras un juicio en el que se demuestre su culpabilidad. Hay al menos tres razones para ello. La primera es de pura lógica, en la que repararemos en seguida si pensamos un poco en la materia: en no pocas ocasiones —salvo que se tenga una coartada clara, indiscutible y demostrable— es imposible demostrar la inocencia, o sea, demostrar que uno no ha hecho aquello de lo que le acusan. Incluso con la coartada puede resultar imposible demostrar que no se ha pagado a alguien para que cometa un delito: a eso, a la necesidad de probar lo que no se puede demostrar, lo llaman los abogados la «prueba diabólica».

La segunda razón para la consagración de la presunción de inocencia es ética: la sociedad que se organiza como Estado de Derecho prefiere que un culpable quede sin castigo a la posibilidad de que un inocente resulte injustamente condenado. Tiene que elegir entre dos males posibles en términos generales —la impunidad del culpable o el injusto castigo del inocente— y opta por el primero porque considera que la libertad del inocente es un valor superior a la necesidad social de castigar al culpable; por eso, acepta la posibilidad de la impunidad del culpable a cambio de la casi absoluta certeza de que ningún inocente será injustamente sancionado, y la acepta, también, por egoísmo, porque todos quieren tener seguridad de que no serán condenados sin razón.

La tercera razón es política: si la presunción de inocencia no existiera bastaría que el poder posara sobre alguien el dedo de la sospecha, o que la policía acusase, para que uno fuera considerado culpable. Todos estaríamos, entonces, en manos del poder y de la policía.

Así pues, para que alguien sea condenado es preciso que se demuestre su culpabilidad, que se *rompa* su presunción de inocencia. La forma normal de hacerlo es mediante la *prueba de cargo*: la acusación presenta pruebas contundentes, irrebatibles, de su culpabilidad como, por ejemplo, un testigo que presenció el delito e identifica al acusado. Otras veces, no existe una prueba tan contundente, pero sí diversos elementos que permiten, en conjunto, concluir la culpabilidad del acusado: por ejemplo, no hay testigos directos del delito, pero alguien le vio abandonar el lugar del crimen, otro le vio esconder lo robado y, además, se encontró en su poder el arma utilizada. A ésto se le denomina prueba *indiciaria*, y es admisible siempre que los indicios resulten probados, y no sean meras sospechas.

Por último, la presunción de inocencia impone al juez que condena dos obligaciones fundamentales: en primer lugar, no puede condenar sin que se haya realizado una *actividad probatoria,* por mínima que sea; en segundo lugar, debe expresar —*motivar*— en la sentencia el razonamiento que le ha llevado a concluir que el acusado es culpable. Esta exigencia de motivación es especialmente vigorosa cuando la condena no se basa en una prueba de cargo, sino en una prueba indiciaria. Ahora bien, siempre que la prueba se haya practicado, su valoración —es decir, su capacidad para romper la presunción de inocencia y demostrar la culpabilidad del acusado— cooresponde al juez o, en su caso, al jurado, que gozan a este respecto de un *libre arbitrio*, es decir, de libertad para esa valoración, siempre que no sea manifiestamente irracional.

5. El derecho a defenderse

Las garantías constitucionales encaminadas a asegurar que no se condene a un inocente incorporan toda una serie de elementos que, en su conjunto, forman lo que en la terminología anglosajona se denomina el *proceso debido*. Estas garantías son de la mayor importancia, y su vulneración puede dar lugar a la anulación del juicio. En anticipado resumen, todas ellas están enfocadas a un único fin:

asegurar que el acusado puede defenderse, ya que se parte de la base de que si un inocente puede defenderse un Tribunal imparcial nunca lo condenará. Aunque ésto pueda parecer optimista, y aunque siempre cabe que un inocente sea condenado, es verdad que, en general, la combinación de la presunción de inocencia, las garantías del proceso y la imparcialidad del juez ofrecen un muy bajo índice de posibilidades de que tal cosa suceda; en realidad, es mucho más probable que un culpable sea absuelto.

El primer elemento del proceso debido es el derecho a ser acusado, a ser acusado de un delito concreto: nadie puede ser perseguido penalmente si no se le acusa de un determinado delito o falta. Además, tan pronto como exista esta *acusación,* debe ser puesta en conocimiento del acusado, para que éste pueda defenderse, y debe notificársele con todos los elementos necesarios, ya que es imposible defenderse frente a una acusación que se desconoce.

La acusación tiene una enorme importancia porque delimita, por así decirlo, el marco del juicio. Con algunos matices que aquí no proceden, el juez está prisionero de la acusación: no puede ir más allá de ella; no puede, por tanto, condenar al acusado por otro delito distinto de aquel del que ha sido acusado, y tampoco puede imponerle penas más graves que las solicitadas en la acusación. La acusación no es sólo, pues, la imputación de un delito y la solicitud de una pena: es, también, un límite para la actuación judicial.

El derecho a defenderse incluye, también, el derecho a utilizar un abogado, y a elegirlo libremente, sin que pueda ser impuesto por el Estado, siempre que, naturalmente, se pueda pagarlo. Si el acusado no designa abogado, porque no puede o porque no quiere, el Estado le provee siempre de abogado de oficio. En el resto de los procesos la posibilidad de que el Estado sufrague el abogado depende de los medios económicos del litigante, pero en el proceso penal no importa la fortuna del acusado: aunque sea el hombre más rico del país, el Estado le proveerá de abogado si él no designa uno. Lo que sucede es que, en términos generales, la defensa será más esmerada si el acusado elige —y paga— su propio abogado. Sea de libre designación o de oficio, el abogado tiene la obligación de defender a su cliente lo mejor posible, y está en todo caso obligado por el secreto profesional, a fin de asegurar que el acusado pueda transmitirle toda la información necesaria para la defensa.

Por último, el derecho a defenderse incluye, también, el derecho a utilizar los medios de *prueba* pertinentes. Eso no quiere decir, sin embargo, que pueda solicitarse todo tipo de pruebas, incluidas las imposibles o las innecesarias: es el juez quien debe decidir si las pruebas solicitadas han de practicarse o no, y puede denegar las pruebas imposibles, las innecesarias —por ejemplo, porque se pretende probar algo sabido— y las que no guardan relación con el objeto del proceso.

6. Los aforados

Uno de los elementos clave del proceso es el derecho al *juez ordinario* predeterminado por la ley. Como este derecho no es exclusivo del proceso penal, sino de todos los procesos, se analizará más adelante, al abordar los mecanismos de defensa de nuestros derechos.

Pero el derecho al juez ordinario cobra una especial importancia en el proceso penal, precisamente por la gran entidad —la libertad o la prisión— de lo que está en juego. Por esa misma razón, existen en el proceso penal algunas especialidades, supuestos en los que, según las características del procesado, el proceso se ventila ante un Tribunal concreto, o exige determinados requisitos. En todo caso, el Tribunal sigue siendo ordinario, y sigue estando predeterminado por la ley, pues es precisamente la ley la que prevé estas singularidades; pero no es el mismo Tribunal que juzgaría, por así decirlo, a un ciudadano normal.

Estos supuestos en los que si se juzga a una determinada persona ha de hacerlo un Tribunal también determinado se llaman *aforamientos*, palabra que proviene de que tienen un fuero personal que exige, precisamente, que sean juzgados por un Tribunal concreto. Los aforamientos están previstos, a veces, muy pocas, en la Constitución. En realidad, la Constitución sólo afora a los miembros del Gobierno y a los diputados y senadores. En los demás casos —por ejemplo, Magistrados del Tribunal Constitucional y del Tribunal Supremo, miembros del Consejo General del Poder judicial, jueces y magistrados en general— son las leyes las que prevén el aforamiento.

El aforamiento tiene muchas causas. En primer lugar, se pretende asegurar, dada la alta posición del encausado, la más absoluta pericia e imparcialidad del Tribunal que lo juzga. Pero, sobre todo, se pretende asegurar que el Tribunal carecerá de todo tipo de prejuicios o presiones. Se supone que la cercanía del Tribunal al encausado puede acarrearle prejuicios, o hace más fáciles las posibles presiones. Ahora esto parece poco imaginable, pero no cuesta imaginar, no hace mucho tiempo, los prejuicios que un juez de un pequeño pueblo podía alimentar respecto de un diputado de izquierda, o las presiones que ese juez podía sufrir de las fuerzas vivas de la localidad. Aún hoy, la posición institucional del procesado, y su actividad política, podrían entrar en conflicto con las de un juez. Se considera, pues, que la lejanía es, aquí, garantía de imparcialidad.

7. Denuncia o querella

Hay diversos tipos de procesos penales, dependiendo, sobre todo, de la gravedad del delito, esto es, de la pena que tiene señalada. Por eso es tan difícil explicar comprensiblemente, incluso a alguien que sepa de leyes, el proceso penal: porque no hay un proceso penal, sino varios.

Todo comienza con la denuncia o la querella. En muchos países sólo puede acusar el Ministerio Fiscal; de ahí la importancia que, en ellos, tiene esta figura, porque si no acusa el criminal queda impune. Pero en España cualquiera puede acusar, y puede hacerlo denunciando o querellándose. La diferencia es que la denuncia se limita a poner de relieve la existencia del delito, dejando que sean los poderes públicos los que actúen. Será entonces el Ministerio Público, el Fiscal, el que decida si se ha podido cometer o no delito, y a quién acusa; el papel del denunciante se agota al presentar la denuncia, salvo que se le llame como testigo o decida, luego, ejercer la acusación. En la querella, en cambio, el querellante ejerce la acusación: no se conforma con denunciar un delito, como el denunciante, sino que acusa de haberlo cometido y, en su momento, pide una pena. Por eso, la querella debe presentarse con abogado y procurador, que no son necesarios para la denuncia. Tanto la denuncia como la querella pueden ser contra una o varias personas concretas o contra quienes resulten ser los culpables.

En teoría, la denuncia o la querella se interponen porque denunciante o querellante quieren que se haga justicia, pero no siempre es así: a veces se presentan para provocarle problemas a alguien, o por deseos de venganza, o por paralizar una posible actuación de otra persona. Por ejemplo, la conocida *querella catalana* se interpone por quien no ha pagado una letra de cambio contra el que pretende cobrarla, acusándole de estafa; su objetivo no es denunciar el delito, sino paralizar el cobro de la letra de cambio. Por eso, y porque ser acusado de un delito es muy perjudicial, hay una primera fase, que se denomina *admisión a trámite*. No basta, para que el proceso comience, con presentar la querella o la denuncia, sino que es necesario que el juez decida que tiene fundamento, que la admita a trámite.

8. Conformidad, instrucción, sumario y procesamiento

Es en este momento cuando comienza el proceso, esto es, uno de los posibles procesos. El tipo de proceso que corresponde se determina según la pena prevista para el delito de que se acusa.

A veces todo es muy rápido. Hay procedimientos penales abreviados que se concluyen, aunque casi nadie lo sepa, en muy pocas semanas. Incluso, es posible que todo se solucione de común acuerdo, mediante la *conformidad* con la pena. Se trata de un mecanismo importado de Estados Unidos —donde se llama *plea bargain*— y que hemos visto con frecuencia en las películas: el Fiscal tiene pruebas para conseguir que condenen al acusado, le ofrece conformarse con una pena, y todos salen ganando: el acusado porque es condenado a menos de lo que le corresponde, el Estado porque evita un juicio y los ciudadanos porque jueces y fiscales tienen más tiempo para dedicarlos a los asuntos importantes y porque el delincuente es rápidamente condenado. En Estados Unidos el 95 por ciento de los juicios concluyen utilizando este mecanismo.

Cuando al delito le corresponde una pena más grave, hay que abrir un *sumario* y realizar la *instrucción* del mismo. Instrucción significa, en realidad, investigación, y el sumario recoge todos los pasos de esa investigación y su conclusión.

Como residuo del proceso inquisitivo, en España la instrucción la realiza un juez, el juez denominado *instructor*. La acusación —el Ministerio Fiscal o la acusación particular— propone pasos, pide medidas, solicita pruebas y aporta líneas de investigación, pero es en realidad el juez el que investiga. Al mismo tiempo, es el mismo juez instructor el que decide sobre materias de gran importancia como, por ejemplo, la prisión preventiva.

Este sistema, consistente en que sea el juez quien investigue, se produce en muy pocos países democráticos, y tiene algunos inconvenientes. En primer lugar, impide al juez juzgar, puesto que, al haber investigado, no es imparcial. Además, toda medida que se toma parece, por ser un juez quien la toma, indiscutible, y hasta equivalente a una condena. Por último, sacraliza la investigación, al ser un juez quien la ha realizado, y hace difícil que el acusado se defienda. Además, convierte al Ministerio Fiscal en un organismo poco operativo.

En cualquier momento del procedimiento, el juez puede dictar *auto de procesamiento,* que es una resolución judicial por la que se declara a una o varias personas *procesadas* —esto es, acusadas— por la comisión de un delito. La persona procesada no está condenada, pero sí acusada formalmente de algo delictivo. Por ello, para que se pueda procesar a alguien debe haber algo más que conjeturas: debe haber *indicios racionales* de criminalidad.

Cuando considera finalizadas las investigaciones, el juez declara concluso —esto es, cerrado— el sumario y lo eleva al Tribunal que ha de juzgar. La fase preparatorio del juicio ha terminado, y solo resta el juicio oral. O sea, sólo queda lo más importante.

9. El juicio

En efecto, en un sistema democrático lo más importante del proceso penal es el juicio oral. Por más perogrullesco que parezca, no siempre ha sido así. Hasta la aprobación de la Constitución lo importante, en la mayoría de los casos, era el sumario, y el juicio oral se convertía, por desgracia, en un mero trámite: se daba por válido lo recogido en el sumario y poca cosa más. Incluso las expresiones de abogados y fiscales lo ponían de relieve. Así, la misteriosa frase «por reproducidas», que los acusados jamás comprendían, quería decir que se aceptaban sin más las pruebas documentales que obraban en el sumario. Por desgracia, no era insólito que se condenase sin otro elemento que la denuncia de la policía.

Todo es ahora diferente, desde que se aprobó la Constitución, porque ésta postula los principios de publicidad, oralidad, inmediación y concentración. La *publicidad* significa que el juicio ha de ser público, lo que ayuda tanto al procesado como a nuestra confianza en la justicia: un juicio secreto siempre es sospechoso. La publicidad del juicio no depende del número de asistentes, sino de que puedan asistir. A veces, por razones diversas, sobre todo en atención a la víctima, puede no ser público, pero es una excepción.

La *oralidad* significa lo que parece: que ha de ser preferentemente verbal, y no por escrito. *La concentración,* que todo cuanto sea posible ha de realizarse en el propio juicio oral. A veces, no es posible realizar allí una prueba —por ejemplo, el reconocimiento del terreno— pero ésta debe celebrarse en todo caso de forma contradictoria —esto es, con participación del acusado y su abogado— y poderse debatir en el juicio. La *inmediación*, en fin, significa que todo ha de realizarse en presencia del juez o Tribunal, para que éste forme su criterio directamente, y no por referencias.

La combinación de estos elementos con la presunción de inocencia, que obliga a la acusación a demostrar con pruebas la culpabilidad del acusado, ha convertido los juicios orales en auténticos juicios, donde acusación y defensa esgrimen argumentos contradictorios en público y ante el Tribunal, y donde la acusación ha de probar la culpabilidad del acusado.

10. Los derechos en prisión

Durante mucho tiempo se dijo que el condenado a pena de prisión sólo tenía un derecho, el derecho a fugarse, si podía. Hoy no es así. La condena sólo supone la privación de algunos derechos, pero el condenado sigue disponiendo de todos los demás.

Sin embargo, es más fácil enunciar este principio que aplicarlo. La condena normal clásica es la cárcel, la privación de libertad. En principio, pues, el condenado sigue gozando de todos sus derechos, salvo de la libertad. Pero es evidente que, al estar privado de libertad, tampoco goza de otras libertades, como las de residencia, circulación, etc. Por tanto, el condenado a pena de prisión no solo pierde temporalmente su libertad, sino también todos aquellos derechos que necesitan de la libertad para ser ejercidos. Por ejemplo, gozará de la libertad de expresión, pero no podrá acudir, para ejercerla, a un estudio de radio o televisión.

El condenado a prisión sigue gozando, así, de algunos otros derechos, los básicos: la vida y la integridad física y moral, la tutela judicial, la intimidad, la educación, etc. Pero incluso algunos de estos derechos que le corresponden se ven afectados por la estancia en un penal. Por ejemplo, la vigilancia de la prisión obliga, muchas veces, a invadir el ámbito de intimidad del recluso. Pero el hecho de que se encuentre en prisión no le deja totalmente a merced de sus ciudadanos: las actuaciones de la Administración Penitenciaria tienen que estar justificadas y ser proporcionales al fin perseguido. Para garantizar los derechos de los reclusos existe una figura especial, el Juez de Vigilancia Penitenciaria, perteneciente al Poder Judicial.

La Constitución señala que la finalidad de las penas es la *reinserción*. Esta es un concepto bastante confuso, y con frecuencia mal utilizado. La reinserción no significa el acortamiento de la condena, o su incumplimiento. Tampoco es un derecho del recluso: es una finalidad de la pena, que debe estar orientada, entre otras cosas, pero no exclusivamente, a que, una vez cumplida la condena, el condenado pueda reinsertarse en la sociedad y se evite que vuelva a delinquir; una vez cumplida la condena, no antes. La finalidad reinsertadora de la pena prevista en la Constitución no es, pues, un derecho al incumplimiento de la condena; sí impide, sin embargo, aquellas penas, como la *cadena perpetua* o las de una duración tan larga que en la práctica serían equivalentes, que impidan que se produzca la reinserción.

Para ello, se reconoce al recluso el derecho al trabajo, pues es claro que las más eficaces medidas reinsertadoras son el trabajo y la educación. Es la finalidad reinsertadora de la pena lo que aconseja que, para no perder el contacto con la sociedad, los reclusos puedan mantener relaciones íntimas, las llamadas visitas *vis a vis*; es igualmente la finalidad reinsertadora la que da lugar a los permisos de salida, y también a la denominada clasificación: los presos se clasifican en tres grados, de más peligroso a menos, y cuando se encuentran en el tercer grado y tienen un empleo pueden limitar el cumplimiento de su condena a pernoctar en la cárcel los días laborables. En fin, la reinserción es también el objetivo que justifica dos mecanismos de nombre muy parecido pero con muy distinto contenido: la condena condicional, que implica que se impone la condena, pero que se suspende su cumplimiento y si el reo observa buena conducta no llega a cumplirse nunca; y la libertad condicional, que supone que, ya cumplida una parte de la condena, el reo puede ser puesto en libertad, antes de cumplirla toda, si ha observado buen comportamiento.

11. El Jurado

A veces son los propios ciudadanos los que, directamente, imparten la Justicia mediante el órgano denominado *Jurado*. Se trata de un grupo de ciudadanos, elegidos

por un mecanismo de sorteo, que deciden sobre la culpabilidad o inocencia del acusado. Sólo sobre eso: no imponen la pena, ni entran en mayores detalles técnicos. Son
legos en Derecho —de hecho, los licenciados en Derecho
no pueden formar parte del Jurado— y juzgan en consecuencia.

El Jurado es un sistema con muy buena prensa, pero
tiene algunos inconvenientes. Para empezar, es más lento,
por difícil que esto parezca, que un Tribunal normal. Si en
Estados Unidos puede funcionar es porque, como hemos
visto, el 95% de los juicios no llega a celebrarse, por conformidad del acusado con la pena. Además, es fácilmente
impresionable. Por eso vemos en las películas cómo los
abogados y fiscales, en vez de argumentos legales, utilizan
argumentos sentimentales y hasta lacrimógenos. Por otro
lado, se inclina muy fácilmente por pulsiones emociona-
les. Por ejemplo, en España —donde, aunque muy pocos
lo sepan, funcionó el Jurado hasta que Franco lo suprimió
—se decía del Jurado que era «avaro pero galante», porque era indulgente con los delitos pasionales pero muy severo con los robos. Por último, aunque se pretende que el
Jurado representa a la sociedad, es más que dudoso que
un pequeño grupo de personas pueda hoy representar a
una sociedad plural.

Pero no todo son inconvenientes. El Jurado aporta, es
verdad, más sensibilidad social. Por eso, es especialmente
adecuado para algunos delitos. Por ejemplo, los delitos sexuales, o los cometidos por funcionarios; especialmente,
los cometidos por jueces y fiscales, ya que parece poco
adecuado que unos jueces juzguen a sus compañeros. Por
último, el Jurado tiene la virtud de que estimula el cumplimiento de los principios de oralidad, concentración e
inmediación, y refuerza la presunción de inocencia: como
es el Jurado quien ha de declarar la culpabilidad, es ante
él, en el curso del juicio oral, donde hay que probar tal
culpabilidad.

Por estos y otros motivos, el Jurado, que empezará a funcionar en España en 1996, juzgará sólo unos pocos delitos. Paradójicamente, las de los jueces y fiscales no están entre ellos. Habrá que esperar, pues, a ver su realizamiento para poder valorarlo, pero una cosa es segura: jueces, fiscales y abogados tendrán que acostumbrarse a que los juicios por Jurado sean muy diferentes.

12. Cuándo sanciona la Administración

La mayor parte de las conductas que se consideran sancionables, pero no tan graves como para merecer una sanción penal, son sancionadas por las Administraciones, por aquella —la estatal, autonómica, local o institucional— a la que corresponda. Por ejemplo, saltarse un semáforo en rojo merece una sanción, sin duda, pero no parece proporcionado y ni siquiera sería posible establecer una sanción penal.

El principio de legalidad también rige para la Administración, pues nadie, ni siquiera ella, puede sancionar por hechos que, previamente, no estuvieran definidos como infracciones. Pero hay una diferencia: por su propia naturaleza, los delitos son relativamente pocos, mientras que las infracciones administrativas, desde saltarse el semáforo en rojo hasta no cerrar a la hora ordenada un local abierto al público, desde hacer una obra sin la preceptiva licencia hasta verter basuras en un parque, son numerosísimas. Preverlas todas en una ley haría que las leyes fuesen interminables. Además, las circunstancias obligan con frecuencia a alterar estas infracciones, y modificar las leyes es complicado. Por ello, si bien la infracción debe estar previamente prevista en una *norma*, no hace falta que esa norma sea una *ley*: basta con que la ley otorgue *cobertura* suficiente, y describa los elementos esenciales de la conducta infractora y la naturaleza y límites de las sanciones a imponer; el resto, esto es, la descripción con detalle de la infracción y de la sanción correspondiente puede realizarse mediante una norma —reglamento— dictada por la propia Administración.

Por otro lado, algunas conductas cometidas por algunas personas merecen, además de una sanción penal, por ser un delito, una sanción administrativa. Imaginemos a un conductor temerario, a un policía que se emborracha, dispara su arma y hiere a alguien, o a un maestro que abusa sexualmente de sus alumnos: todos desearemos que, además de condenarles penalmente, se prive al conductor del permiso de conducir y se expulse al policía del cuerpo y al profesor de la escuela. En teoría, ello no sería posible, pues el principio *ne bis in idem* impide sancionar dos veces por el mismo delito. Sin embargo, cuando se tiene una relación especial con la Administración —porque se trabaja para ella, como en los ejemplos citados, o porque se conduce un automóvil— es posible que, además de la sanción penal, se imponga una sanción administrativa. Ahora bien, la Administración se encuentra en estos casos vinculada por los hechos que el juez declara prohibidos y no puede sancionar sobre otros hechos diferentes.

Capítulo XXVII
Los derechos en la escuela y la universidad

1. Una historia conflictiva

Los derechos de la educación han presentado en todos los países, y especialmente en los latinos, caracterizados por una fuerte presencia histórica de la Iglesia Católica, una alta conflictividad. Durante mucho tiempo, la Iglesia tuvo el monopolio de la educación y cuando lo perdió mantuvo una fuerte influencia a través de sus centros educativos, mediante el control de los planes de estudio y la enseñanza obligatoria de la religión católica en las escuelas y merced al derecho de veto —*nihil obstat*— a las publicaciones. La lucha por el control de la enseñanza y la transmisión de la ciencia ha sido muy intensa en casi todos los países, y la manida expresión «libertad de enseñanza» ha tenido los más diversos significados: históricamente esgrimida frente a la restricciones y el control de la iglesia por quienes defendían la libertad, es hoy utilizada para defender las subvenciones públicas a los centros privados. En fin, la historia de la regulación de la educación está jalonada de episodios históricos de alta significación, desde la condena a Galileo o la prohibición de enseñar las teorías liberales, o la de la evolución darwinista, hasta la «noche de San Daniel», en la que una revuelta estudiantil contra la prohibición de la libertad de cátedra duramente reprimida por las fuerzas del orden se cobró varios muertos en Madrid.

Por esta razón, la regulación del derecho a la educación ha sido, en no pocas partes, notablemente conflictiva; en algunos sitios, como Francia, la tensión fue tal que se prefirió no recogerlo en la Constitución. En España, la elaboración del precepto constitucional que lo regula también fue de especial dificultad técnica y política: es uno de los más largos y complejos de toda la Constitución, el que más de los que reconocen derechos fundamentales, y provocó la retirada del representante socialista en la ponencia que elaboró la Constitución.

2. Un derecho con muchas caras

La complejidad deriva de que, además de la alta sensibilidad de la materia, el derecho a la educación tiene una dimensión plural o, dicho de otra forma, encierra varios derechos diferentes. Por una parte, incluye derechos de libertad de muy diferentes grupos: para todos los ciudadanos, el derecho a enseñar libremente y a crear centros docentes; y para los alumnos o sus padres, el derecho a elegir el tipo de educación que se desea recibir. Pero, además, incorpora un derecho de prestación, que el Estado viene obligado a proporcionar y que es, al propio tiempo, una obligación: el derecho a recibir educación.

Ambas facetas presentan dificultades, pero es la combinación de todos estos elementos lo que realmente complica el problema. Con todo, puede decirse que la perspectiva de la libertad de enseñanza es típica de la antigüedad, de los tiempos en los que no era posible enseñar más que lo que estaba permitido; hoy en día la perspectiva dominante es, más bien, la del derecho a educación, esto es, la del derecho a que el Estado provea de los medios necesarios para que todos puedan recibir educación. Conviene adelantar que es aquí donde hoy se sitúan los problemas. Al menos en los Estados democráticos de Europa Occidental —sí en otros; Polonia, por ejemplo, y, naturalmente, los Estados islámicos— ya nadie, ni siquiera la Iglesia, sostiene que sea posible establecer una línea educativa oficial obligatoria, y excluir de la educación todo cuanto contradiga esa línea. Lo que ahora se debate es si la combinación del derecho a la educación y la libertad de enseñanza deben materializarse en una enseñanza pública o en la ayuda estatal a la enseñanza privada, esto es, si obligan al Estado a sufragar total o parcialmente la enseñanza de quienes desean acudir a centros privados, generalmente de orientación católica, o sólo supone la obligación de mantener centros públicos en cantidad y con calidad suficientes.

3. El derecho a ser educados

La Constitución consagra el derecho a la educación. Eso se traduce, en términos prácticos, en que todos los españoles que estén en edad escolar tienen derecho a que el Estado provea a su educación. El derecho a la educación no es un derecho a cualquier tipo de educación, la que se desee, sino precisamente a las enseñanzas denominadas «regladas» que, además, son obligatorias y que son las denominadas enseñanzas «básicas». Tampoco es un derecho a elegir el centro docente público que se desee, pues la admisión en los centros publicos puede estar sometida a criterios objetivos, que en la actualidad son la zona, la renta y la preexistencia de hermanos en el centro.

En términos constitucionales, la única obligación del Estado es, precisamente, proveer a la educación básica; cómo lo haga es cosa que el legislador habrá de decidir en cada momento. La Constitución prevé dos sistemas: los centros públicas y las ayudas públicas a los centros privados. Desde luego, ello no implica un «derecho a la subvención». Por ejemplo, el Estado podría, desde luego, cumplir su obligación facilitando a todos cuantos se encuentren en edad escolar una plaza en un centro público. Y esa es claramente, en realidad, su principal obligación constitucional, la de proveer plazas públicas para todos cuantos hayan de educarse. Ahora bien, puede optar por otro sistema; puede hacerlo siempre que garantice el derecho de todos a recibir educación, y siempre, pues, que cumpla con su obligación fundamental, que es la de asegurar esa educación. En la actualidad, el sistema es mixto, pues combina los centros públicos con los centros «concertados», que reciben ayudas públicas y han de cumplir determinados requisitos, entre ellos la gratuidad y la admisión de los alumnos por reglas similares a las de los centros públicos.

La de la educación es una de las materias fundamentales cuya orientación decidimos en las elecciones, precisamente porque el legislador a quien elegimos puede optar por uno u otro modelo. En términos generales, puede decirse que hay dos modelos en liza. Para unos, puesto que es el Estado, que ha de ser neutral, el que sufraga la educación con el dinero de todos los contribuyentes, el sistema educativo sufragado con fondos públicos también ha de ser neutral y basarse en la creación de centros públicos, y por tanto neutrales, debiendo ser los padres los que, fuera de la escuela, inculquen el tipo de formación ideológica o religiosa que deseen. Para otros, puesto que la Constitución consagra el derecho a la educación, y el derecho de los padres a elegir el tipo de educación, el propio Estado debe sufragar el concreto género de educación que ellos deseen. La contraposición está, pues, en determinar cómo se garantizan mejor ambos derechos, el derecho a la educación y el derecho a que los hijos reciban la educación que uno desee, si garantizando una escuela pública neutral para todos o sufragando la escuela privada de la libre elección de cada uno ...aunque nada de esto sería, hoy por hoy, cierto, pues todos los centros están obligados a asegurar la enseñanza de la religión católica. En otros países con más veteranía democrática el modelo educativo está, generalmente, decidido desde tiempo atrás, y no es normal que se cuestione. Pero en España no es así, ya que los partidarios de un modelo educativo «a la carta» pretenden que sea el Estado el que sufrague su opción, entre otras cosas porque la existencia de un sistema educativo público, de calidad y neutral atraería a los padres, como la experiencia de otros países demuestra, hacia él.

4. Una enseñanza libre

La Constitución también garantiza la libertad de enseñanza. Eso quiere decir que no existe el monopolio educativo, es decir, que la enseñanza no está reservada a nadie, ni siquiera al Estado. No quiere decir que cualquiera pueda, en cualesquiera condiciones, enseñar: precisamente porque el Estado se hace responsable de la enseñanza, garantiza unas condiciones mínimas de ésta. Por la misma razón, tampoco quiere decir que se pueda enseñar *lo que* se quiera, puesto que es evidente que hay unos contenidos educativos mínimos que es preciso cubrir si se desea asegurar la enseñanza; pero sí quiere decir que se pueden enseñar *como* se quiera, esto es, que no cabe una orientación educativa obligatoria.

Todo ello se traduce, en primer lugar, en la libertad de

creación de centros docentes, o sea, en que cualquiera que reúna los requisitos exigidos por la ley puede crear un centro docente; en segundo lugar, en que no existe una doctrina oficial que deba o pueda ser transmitida; por último, y en consecuencia, en que quien lo desee y cumpla los requisitos puede transmitir su propia doctrina, aún cuando nadie puede ser obligado a recibirla. La situación es distinta con las universidades, que deben ser creadas por ley.

La concreción de este complejo sistema es relativamente sencilla, si se intenta equilibrar adecuadamente los distintos derechos e intereses en juego. Algunas cosas son claras: que todos tienen derecho a la educación, que el Estado tiene que satisfacer ese derecho y que la educación no puede tener una orientación contraria a los deseos de los padres. Igualmente claro es que quien lo desee puede fundar centros con una orientación determinada, y que quien quiera puede llevar a sus hijos a él. La cuestión es, entonces, cómo asegurar la neutralidad de la escuela pública y el respeto a las ideas de quienes fundan un centro docente con una orientación determinada.

5. Neutralidad e idearios

Por lo que al primer punto respecta, la escuela pública debe ser efectivamente neutral; no compensada, sino neutral. Dicho de otra forma, la neutralidad no puede surgir del equilibrio resultante de que en un centro, o en una clase, haya un profesor —o profesora— militantemente católico, y otro militantemente ateo, o uno fascista y otro comunista: debe surgir de que todos ellos tienen la obligación de guardarse sus religiones o ideologías para sí, sin inculcárselas a los alumnos. La neutralidad no es el resultado de una compensación o de un equilibrio, sino la abstención de utilizar la escuela pagada con el dinero de todos para difundir las ideas de algunos, sean muchos o pocos.

En los centros privados la cosa es muy distinta. Ya se ha dicho que, siempre que cumpla con los requisitos, cualquiera puede fundar un centro con una determinada orientación. Cuando esta orientación se quiere hacer pública, se plasma en lo que se denomina el ideario. Tener un ideario no es obligatorio, pero si se tiene debe hacerse público ¿Tienen los profesores del centro obligación de respetar el ideario? Claro, porque si así no fuese, ¿para qué serviría el ideario?. Entonces, ¿deben los profesores cambiar su ideología si trabajan en un centro con un ideario determinado? Es claro que ellos tienen derecho a tener su ideología, y a no educar en contra de ella. Este rompecabezas se soluciona con una técnica tan sencilla como poco practicada: el respeto mutuo. Eso quiere decir que el profesor no está obligado actuar contra sus creencias ni a convertirse en propagandista de ese ideario, pero sí está obligado a respetar las creencias —el ideario— del centro para el que trabaja y, por tanto, a no actuar declarada y públicamente, en las actividades de dicho centro, en contra del ideario del mismo.

6. Cátedras y universidades

La Constitución garantiza también dos derechos que, a lo largo de la historia española, han sido fuente de frecuentes conflictos. El primero de ellos es la libertad de cátedra que originó incluso, como ya se ha dicho, varios muertos cuando el gobierno conservador del marqués de Orovio la suprimió. En realidad, la libertad de cátedra fue suprimida, aunque no se declarase expresamente, siempre que se impedía transmitir determinados conocimientos y se obligaba a los docentes a sujetarse a un dogma.

La libertad de cátedra permite elegir la orientación

científica y educativa que se considere más acertada. Aunque algunos la utilicen para eso, no da derecho a enseñar lo que se desee, sino a enseñar lo que se debe con la *orientación* que se considere científicamente más acertada. En otras palabras, la libertad de cátedra supone la desaparición del dogma oficial, pero no la eliminación de las obligaciones docentes: por seguir con el ejemplo del darwinismo, permite al profesor explicar la aparición del hombre en la tierra como crea científicamente más fundado, pero no le exime de explicar ese fenómeno, si corresponde a esa asignatura, para explicar cosas del todo ajenas a ésta.

La autonomía de las universidades es complementaria de la libertad de cátedra. Es un residuo de la época en la que el poder pretendía condicionar la ciencia y la investigación controlando las universidades, lo que obligó a asegurar la autonomía de éstas para garantizar la libertad de creación y docencia. Merced a su autonomía, las universidades disponen de su presupuesto, asignan libremente sus recursos, se organizan internamente, eligen sus órganos rectores y dirigen la docencia y la investigación sin interferencias de ningún poder público.

Capítulo XXVIII
Trabajadores, empresarios y propietarios

1. El derecho a trabajar, y a elegir en qué

La Constitución reconoce el derecho al trabajo. A la vista de todos está que eso no significa que todos tengamos derecho a un puesto de trabajo: el derecho a trabajar efectivamente no es un derecho subjetivo que pueda ser exigido ante los tribunales en caso de incumplimiento.

Sin embargo, eso no quiere decir que el derecho a trabajar no sirva de nada; sí que sirve, y de mucho. Porque aunque no nos garantice un puesto de trabajo —ninguna Constitución podría hacerlo— sí nos asegura que, si encontramos dónde hacerlo, podremos trabajar sin que nadie pueda impedírnoslo. El derecho a trabajar es útil, por tanto, para protegernos frente a quienes, por las razones que sean, intentaran impedirnos trabajar, o pretendieran exigirnos para ello condiciones ajenas a las estrictamente laborales.

Además, el derecho al trabajo supone el derecho a elegir libremente en qué deseamos trabajar. En algunos países se obliga a determinadas personas a trabajar en sectores, y hasta en centros, concretos; en otros, se impide a algunas personas acceder a ciertos sectores o puestos de trabajo. Nada de eso es posible en España, porque la Constitución reconoce la libertad de elegir el sector en el que uno desea trabajar y, por tanto, impide que se le excluya de algunos sectores o se le obligue a trabajar en alguno en concreto. Naturalmente, eso no impide que para acceder a ciertos trabajos se exija una titulación que acredite que se cuenta con los conocimientos necesarios para desempeñar correctamente el trabajo. Pero si se cuenta con esa titulación, se tiene el derecho a acceder a ese trabajo en condiciones de igualdad, sin que se pueda ser discriminado. Además, se tiene derecho a permanecer en él, o sea, a no ser despedido sino por una causa legalmente prevista. Por último, el derecho al trabajo cobra también relevancia en caso de que, declarada una huelga en un centro de trabajo, algunos de los trabajadores que en él prestan sus servicios decidan no seguirla.

2. Unidos en sindicato

La democracia, tal como es en España, no puede entenderse sin los sindicatos y las asociaciones empresariales, dos grupos que gozan de enorme importancia. La tienen porque la mayoría de los españoles son trabajadores y, por consiguiente, las actividades de sindicatos y empresarios repercuten directamente en su vida laboral. Pero, además, sindicatos y asociaciones empresariales representan o expresan, no cabe duda, sensibilidades, tendencias y opiniones de enorme inflencia en la vida española. Son, además, grupos de presión, que están permanentemente en relación con los poderes públicos y con los medios de comunicación para obtener actuaciones y decisiones favorables a sus intereses, y bloquear las que consideran perjudiciales.

La Constitución reconoce el derecho a sindicarse. La sindicación es una forma de la asociación, cuya característica es que los asociados son trabajadores por cuenta ajena y que la asociación tiene por objeto la defensa de sus intereses en cuanto que trabajadores.

El derecho a la sindicación es relativamente moderno. Nace de la evidencia de que los trabajadores, que sólo tienen su capacidad de trabajo, están, tomados individualmente, en condiciones de inferioridad frente al empresario, que posee la empresa y podría imponer condiciones de trabajo abusivas. Se trata de un derecho que, durante mucho tiempo, fue negado. Por ejemplo, el liberalismo lo proscribía, ya que consideraba que este tipo de asociación perturbaba el libre funcionamiento del mercado. La ley Le Chapelier francesa, que prohibía todo tipo de asociaciones laborales, es el paradigma. También las dictaduras proscriben la sindicación libre, puesto que permite a los trabajadores actuar unidos.

La Constitución no sólo reconoce la libertad sindical, sino que, además, lo hace de forma especialmente vigorosa o intensa: por una parte, realiza una mención de los sindicatos similar a la que hace de los partidos políticos, designándolos como instrumentos para la defensa y promoción de los intereses económicos y sociales y asignándoles, en el ámbito socioeconómico, una función estructuradora similar a la que se otorga a los partidos políticos en este ámbito; por otra, configura a la libertad sindical como uno de los derechos fundamentales «especialmente protegidos».

La libertad de sindicación contiene diversos elementos. En primer lugar, supone la libertad para crear un sindicato: cualquiera que lo desee puede hacerlo, sin más requisito que presentar los estatutos en el Ministerio de Trabajo; cualquiera, se entiende, que sea trabajador, porque quien no lo sea no puede hacerlo. Por ejemplo, no pueden hacerlo ni los desempleados ni los jubilados, aunque sí pueden adherirse a sindicatos preexistentes. El derecho a crear un sindicato incluye el derecho a realizar lo necesario —reuniones, etc.— para ello sin que el empresario pueda tomar represalias.

Además, la libertad de sindicación supone la libertad de adherirse a cualquiera de los sindicatos ya existentes. Algunos, sin embargo, no gozan de esta libertad, porque la Constitución así lo prevé: jueces y fiscales tienen prohibido sindicarse, aunque pueden constituir asociaciones propias, como también tienen vetada la sindicación los miembros de las Fuerzas Armadas. Los miembros de las Fuerzas y Cuerpos de Seguridad sí pueden sindicarse, pero con un régimen específico, ya que, de forma parecida a jueces y fiscales, sólo pueden constituir sindicatos «exclusivos».

Por último, la libertad sindical supone un elemento de la mayor importancia: el derecho a no afiliarse, si uno no lo desea, a ningún sindicato. Esto último no es una tontería, como pudiera parecer. En primer lugar, no pocas dictaduras —por ejemplo, la franquista— han impuesto la afiliación obligatoria a un sindicato, naturalmente único y controlado por el poder. Pero es que, además, en algunos sistemas democráticos es obligatorio, para poder trabajar en determinados sectores o centros, afiliarse al sindicato que lo controla. Este sistema es relativamente frecuente en los Estados Unidos o Gran Bretaña, donde se conoce como cláusula *union close*. En España estas prácticas son imposibles.

Otro problema distinto es el de la obligatoriedad de pagar a los sindicatos cuotas determinadas, en retribución por las negociaciones que llevan a cabo cuando de ellas salen beneficiados los trabajadores, aunque no estén afiliados al sindicato.

La libertad sindical tiene también una perspectiva colectiva, que es el derecho de los sindicatos a realizar fuera del horario de trabajo, pero en los centros de trabajo, cuantas actividades —reuniones, asambleas, actividades informativas— sean precisas para desarrollar su labor.

La contrapartida de la libertad sindical es la libertad de los empresarios de constituir asociaciones para la defensa de sus intereses. Estas asociaciones —la más conocida de las cuales es, en España, la CEOE— les permiten diseñar estrategias unitarias para oponerse a las demandas sindicales e influir en la acción de los poderes públicos.

3. Los más representativos

No sólo los sindicatos representan a los trabajadores. Cualquiera que trabaje por cuenta ajena sabe que en su empresa hay, según el tamaño, delegados de personal o comités de empresa, que son elegidos por los trabajadores de entre sus compañeros. Su elección es muy importante no sólo debido a la labor que desempeñan, sino también porque sirve para determinar qué sindicatos, de entre todos los existentes, pueden considerarse realmente representativos de los trabajadores.

La labor fundamental de los sindicatos es negociar con los empresarios las condiciones de trabajo. De esa negociación surgen convenios colectivos, incrementos salariales, mejoras en las condiciones de trabajo y compromisos diversos. Pero para que la negociación sea posible debe efectuarse sólo entre unos cuantos interlocutores. Ya que, como hemos visto, cualquiera puede fundar un sindicato, sería imposible negociar y, sobre todo, llegar a conclusiones con toda una larga serie de sindicatos: unos querrían unas cosas y otros otras. Además, la negociación solo tiene sentido si sus resultados gozan de garantía de cumplimiento, y es evidente que un sindicato con unos pocos afi-

liados no puede ofrecer esa garantía, puesto que los trabajadores podrían no sentirse vinculados por lo que se
acuerde.

Para solucionar esta situación y asegurar tanto la libertad sindical como la seriedad y utilidad de las negociaciones y el cumplimiento de lo que de ellas resulte se acude a
la técnica de los *sindicatos más representativos*. Sólo estos
están realmente habilitados para negociar en nombre de
los trabajadores.

La cuestión es, entonces, cómo se determina la representatividad. En España la fórmula para ello descansa sobre todo en las elecciones sindicales: son los sindicatos
que obtienen mas de un 10 por ciento en dichas elecciones los que quedan señalados como más representativos
en el ámbito nacional; en el ámbito de una sola Comunidad Autónoma hay que obtener el 15 por ciento que sean,
al menos, 1.500. Las organizaciones empresariales, por su
parte, adquieren la representatividad si cuentan con un
mínimo de un 10 por ciento de las empresas que congre-
guen, al menos, al 10 por ciento de los trabajadores, todo
ello en el ámbito nacional, ya que en el autonómico se ele-
van al 15 por ciento La representatividad supone una serie de ventajas como, por ejemplo, la cesión de inmuebles
públicos

4. La negociación colectiva

La más importante de las ventajas que confiere la representatividad es le función preeminente que confiere en la
negociación colectiva. La negociación colectiva es la que
llevan a cabo los representantes de trabajadores y empresarios para determinar las condiciones laborales, y habitualmente se plasma en lo que se denomina Convenio.

Lo más singular de los Convenios es que tienen fuerza
vinculante; son, por así decirlo, como una ley, que rige

para todos los trabajadores o empresarios afectados, aunque no estén de acuerdo con él. Esto es importante, porque aunque los Convenios no pueden empeorar *globalmente* la situación de los trabajadores sí es posible que alguna condición concreta, o de algunos trabajadores determinados, empeore

5. ¡Huelga!

La más poderosa arma de los trabajadores es la huelga. Como es de sobra sabido, la huelga consiste en cesar en la actividad laboral, para así detener la producción y, por tanto, disminuir los beneficios del empresario, de forma que éste repare en que perderá más no accediendo a las demandas de los trabajadores que haciéndolo y, en conclusión, termine concediéndolas.

La Constitución reconoce el derecho a la huelga. El derecho a la huelga no es exactamente lo mismo que la huelga: huelga es dejar de trabajar; derecho a la huelga es poder hacerlo sin ser, por ello, despedido o sancionado de cualquier forma, y sin que el empresario pueda contratar a otros trabajadores —esquiroles— que sustituyan a los huelguistas, con lo que la huelga perdería toda eficacia, al mantenerse la producción.

El derecho a la huelga es, por tanto, algo en principio atípico, ya que todo el mundo acepta que quien no va a trabajar debe ser sancionado. La justificación de este derecho es que la relación laboral está desequilibrada, ya que el empresario posee la empresa y, por tanto, define las condiciones de trabajo, que los trabajadores, que no poseen otra cosa que su trabajo, están obligados a aceptar. El reconocimiento del derecho a la huelga tiende a equilibrar esa situación. Por eso no se permiten las huelgas que no atienden a ese objetivo de reequilibrio, sino a otro, como las insurreccionales, las rotativas o las de celo. Eso no excluye, naturalmente, las huelgas de solidaridad, o las mal llamadas «políticas», esto es, las realizadas para impedir que se adopten políticas perjudiciales para los trabajadores o exigir que se adopten otras beneficiosas.

Sin embargo, los trabajadores deben ponderar muy cuidadosamente el recurso a la huelga; deben hacerlo porque, naturalmente, mientras se mantengan en huelga no perciben sus retribuciones. El empresario está autorizado a descontar de ellas las correspondientes a los días transcurridos en huelga: está autorizado, pero no obligado, de forma que, si lo desea, puede abonar esas retribuciones. Ahora bien, lo que no puede hacer es descontar los días en huelga a unos trabajadores y no hacerlo con otros, ya que eso supondría una inaceptable distinción entre trabajadores dóciles y díscolos, y una forma fraudulenta de burlar —sancionando encubiertamente su ejercicio— el derecho a la huelga.

Precisamente porque tiene serias consecuencias económicas, el derecho de huelga es estrictamente individual, pues el derecho al trabajo ampara a quien no quiera realizarla; sin embargo, su ejercicio es forzosamente colectivo, ya que sólo puede realizarse tras una decisión colectiva que debe ser, además, notificada.

Muy probablemente el derecho de huelga, tal y como hoy se ejerce, tenga que ser reconsiderado en un futuro próximo, por lo menos en lo que a los servicios públicos se refiere. La huelga nació para ser ejercida contra el empresario, perjudicándole a él, para así reequilibrar una relación desigual. Hoy en día, sin embargo, gran parte de las huelgas se ejercen, sí, contra el empresario —que con frecuencia es un ente público, es decir, propiedad de todos— pero perjudicando al usuario, que queda así convertido en rehén. Los huelguistas no pretenden, pues, parar la producción, sino aprovechar el carácter estratégico del servicio y la reacción pública contra el titular del mismo.

6. Cierre patronal

Pero los empresarios también cuentan con un arma poderosa: el cierre patronal, también conocido por su denominación en inglés, *lock-out*. El cierre patronal consiste en que la producción cesa por decisión del empresario, con la lógica consecuencia de que los trabajadores no pueden trabajar ni, por consiguiente, percibir su salario.

El cierre patronal, sin embargo, no es equiparable a la huelga. No lo es, en primer lugar, porque no es un derecho fundamental, y la huelga sí. En segundo lugar, su significación es distinta. Recordemos que el sentido de la huelga es reequilibrar la posición de empresario y trabajadores, inicialmente desequilibrada por la propiedad de la empresa; si se concediese al empresario un derecho al cierre similar al de huelga la relación quedaría de nuevo desequilibrada a favor del empresario.

El cierre patronal no se admite, pues, como instrumento para conseguir la *paridad de armas de lucha* en caso de conflicto, sino sólo para garantizar la seguridad de personas y bienes si los trabajadores los pusieran en peligro. Por tanto, el empresario no puede replicar a la huelga con el cierre patronal.

7. Derechos laborales especialmente protegidos

Todos los derechos fundamentales del ámbito laboral cuentan con una protección especial, similar a la prevista para el resto de los derechos fundamentales, pero canalizada a través de los Juzgados de lo Social, que son los especializados en esta materia.

Lo más destacable de esta protección es que, además de realizarse a través de un procedimiento especialmente rápido, cuenta con un mecanismo muy particular, consistente en que si el trabajador alega vulneración de la libertad sindical o discriminación por razón de sexo y hay indicios de que la alegación pudiera ser cierta deberá ser el empresario demandado el que demuestre que no se han producido tales vulneraciones de los derechos fundamentales; si no consigue probarlo, se supondrá que la vulneración ha existido. Si es así, la decisión del empresario será anulada, y si se trataba de un despido éste será *radicalmente nulo*, de suerte que el empresario tendrá que readmitir al trabajador.

1. La fuerza sólo es del Estado

La vía natural de protección de nuestros derechos, de todos ellos, es la judicial. Por tanto, los jueces integrantes del Poder Judicial son los encargados de la protección de nuestros derechos. Ello obedece a que, en el Estado de Derecho, no se admite que uno se tome la justicia por su propia mano: la base de la convivencia es que no tenemos, individualmente, derecho a utilizar la violencia. El Estado se reserva el monopolio del uso legítimo de la fuerza. Así pues, si usamos la fuerza, aunque tengamos para hacerlo más razón que un santo, seremos sancionados; ello es indispensable para convivir ya que, en términos generales, todos y cada uno de nosotros creemos tener la razón, de manera que el uso de la violencia para imponer nuestra razón tornaría la convivencia cotidiana en un sinfín de trifulcas. En un clima como ese, además, siempre se impondría, tenga o no razón, el más fuerte.

Pero para hacer valer nuestros derechos es preciso, en no pocas ocasiones, el recurso a la fuerza: para que el asesino pague su culpa, para que se nos entregue lo que se nos adeuda, para que se nos readmita en el trabajo, ha de haber una fuerza o, al menos, la amenaza de la fuerza, puesto que sin ellas ni el asesino iría a la cárcel, ni el deudor entregaría lo debido. El Estado se reserva el uso legítimo de la fuerza, y encomienda su administración a los jueces. Son ellos, pues, los que han de decidir quién tiene la razón en cada caso, y contra quién se debe, para hacer efectivos la razón y el Derecho, utilizar la fuerza.

2. El derecho a la justicia

Así pues, cuando queremos hacer efectivo un derecho y quien debe satisfacerlo —que puede ser el propio Estado— no está dispuesto a hacerlo, debemos acudir a la Justicia. Por tanto, el derecho a la justicia es, en el fondo, instrumental: sirve para hacer efectivos otros derechos. Pero se ha convertido en un derecho en sí mismo, de manera que es el derecho a hacer efectivos nuestros derechos, y a que los jueces y tribunales hagan lo que para ello sea preciso.

Si el derecho a la justicia se ha convertido en un derecho en sí mismo es porque, en el fondo, ello es necesario para que podamos defender nuestros derechos. ¿De qué nos valdrían, si no tuviésemos, además de derecho a ellos, derecho a que se cumplan? ¿Para qué servirían, si los demás no estuvieran obligados a respetarlos?

El derecho a la justicia ha planteado históricamente, principalmente, dos problemas. El primero de ellos es el muy arduo de garantizar que quien hace justicia es, a su vez, justo. Para ello se asegura la independencia de los jueces y magistrados, y la imposibilidad de que nadie les pueda presionar o coaccionar. Pero hacen falta, además, otros mecanismos encaminados a asegurar que los hombres justos no actúan de forma parcial, arbitraria, caprichosa o irracional. El segundo problema, puesto de relieve tanto por Hamlet —¿quién aguantaría la lentitud de los tribunales, si no fuese por el miedo a la muerte?— como por las indicaciones del refranero gitano —pleitos tengas y los ganas— es el cúmulo de formalidades, requisitos, plazos, tecnicismos y complicaciones de las que rodea la justicia. Para hacer frente a esos obstáculos la Constitución aporta algunas soluciones, especialmente eficaces en la forma que ha sido interpretada por el Tribunal Constitucional.

El primer elemento del derecho a la justicia es el derecho a pedir justicia, esto es, el derecho a *acceder* al sistema judicial para que se escuchen nuestras pretensiones o posiciones, se ponderen y se resuelvan de una forma razonable; razonable, no necesariamente favorable. El derecho a la justicia consiste, pues, en que se escuchen y respondan nuestros razonamientos, no en que se nos dé la razón, como no pocos pretenden. Por eso, suele decirse que el derecho a la justicia se satisface cuando, presentada una solicitud ante los tribunales, se obtiene en respuesta a ella una resolución, que normalmente es sobre el fondo del litigio, pero que puede ser de inadmisión si no se hace cumpliendo los requisitos legalmente previstos.

3. Un juez ordinario

Para poder pedir justicia es menester, sin embargo, saber ante quién hay que hacerlo. Hay en España más de 3.000 jueces; en algunas ciudades, como Madrid o Barcelona, hay varios centenares de jueces. ¿A cuál de ellos acudir? ¿Por qué a uno, y no a otro? ¿Cómo asegurarse de que el juez a quien toca resolver el caso no mantiene vínculos con la parte contraria, o no tiene prejuicios en nuestra contra? Ir a uno u otro juez puede cambiar las co

sas, como nos ha demostrado últimamente un importante
financiero —es un decir— que ha hecho todo lo posible
porque no instruyese su caso quien debía hacerlo y lo instruyese quien no debía ...pero a él le convenía, o eso pensaba.

La primera garantía de que la justicia será imparcial es
que el juez al que corresponde el caso se designa automáticamente por *criterios objetivos*. Ya vimos que el sistema
judicial se organiza en razón del territorio y de la materia.
Pues bien, serán el territorio donde se producen los hechos, y la materia sobre la que versen, los que determinen
a qué tipo de juez corresponde resolver el caso. Así, un di-
vorcio en Valencia corresponderá al juez *civil* del partido
judicial de Valencia, un robo en Almería al juez *penal* de
ese partido judicial, un recurso contra el Ayuntamiento de
Santa Pola a la Sala de lo Contencioso-administrativo del
Tribunal Superior de Justicia de Valencia, y un despido en
Laredo al Juzgado de lo Social de Cantabria. Pero puede
suceder que, en los respectivos territorios, tenga más de
un juez de la misma especialidad. De hecho, esto es lo
normal. ¿A cuál de entre ellos corresponderá el caso?
Para determinarlo se siguen unas normas que se llaman de
reparto, que en definitiva consisten en que los asuntos se
asignan según el número de orden que reciben cuando ingresan en el Juzgado. En la práctica, pues, puede decirse
que es una especie de sorteo el que, dentro del territorio y
la materia que corresponden, asigna un asunto a un juez.
Difícilmente podremos —aunque todo es posible en este
mundo— manipular un asunto para que conozca de él un
juez determinado.

Todas estas normas de competencia están reguladas en
la ley. Es en definitiva la ley la que decide el procedimiento por el cual un asunto va a parar ante un concreto juez,
y este mecanismo debe estar obligatoriamente previsto
por la ley *antes* de que se produzca la controversia. Es importante que así sea, porque de otra forma se podría deci-

dir que un juez determinado se haga cargo de un asunto concreto, ya porque sea severo y se quiera dureza, ya porque sea comprensivo y se desee indulgencia, ya porque sea más proclive a unas u otras personas o ideas. El adverbio *ordinario* que se añade al juez quiere decir que ha de tratarse del juez que corresponda según los criterios generales y anteriores al caso. No cabe, pues, nombrar un juez *ad hoc* para un concreto asunto. Por otro lado, la expresión juez ordinario señala que ha de ser un juez integrado en el poder judicial independiente.

Si el juez que entiende del asunto no reúne estas características, si no es el juez ordinario predeterminado por la ley, se vulnera un elemento del derecho a la justicia, y el juicio puede ser anulado. Igualmente, si consideramos fundadamente que el juez tiene motivos —parentesco, amistad, interés— para favorecer a la otra parte, o que tiene prejuicios en contra nuestra, podremos *recusarle*, es decir, denunciarle como parcial. En tal caso, será otro juez el que decidirá si nuestra acusación de parcialidad tiene o no fundamento, y si la respuesta es positiva el juez será apartado del caso.

4. Formalidades y formalismos

En el Derecho, las formas son muy importantes, y no gratuitamente, porque contribuyen a otorgar seguridad jurídica, esto es, a saber lo que es, lo que puede ser y lo que no puede ser. Por ejemplo, transcurrido un plazo no se puede recusar, y eso no es banal, porque si siempre cupiese recurso, si no hubiese plazo, nunca sabríamos si una situación es definitiva o no. Cosa distinta son los formalismos. A veces también son útiles, pero no pueden convertirse en un obstáculo para lo principal, que es impartir justicia.

La diferencia entre *formas* exigibles y *formalismos su-*

perfluos o irritantes no siempre está clara, pero una cosa sí lo está: toda la organización donde las formas son importantes, y la Justicia es una de ellas, tiende a convertir los formalismos en trascendentales.

Para evitar este fenómeno, la ley y el Tribunal Constitucional distinguen entre formas y formalismos: éstos últimos, cuando se incumplen, pueden ser subsanados, y su incumplimiento no puede provocar que no se haga justicia.

5. Ante el Tribunal

Nuestra demanda de justicia puede, pues, ser *inadmitida*, pero no puede serlo por cualquier cosa, por ejemplo por un formalismo. En principio, toda pretensión debería, en buena lógica, ser admisible puesto que, en buena lógica, todos habríamos de presentar exclusivamente pretensiones razonables, y habríamos de hacerlo dónde, cómo y cuando corresponde. Pero como ésta última regla lógica no se cumple, tampoco se cumple la primera, de manera que las demandas pueden ser inadmitidas. Ahora bien, para que una demanda sea inadmitida es preciso que la causa esté prevista en la ley, y que la decisión del juez sea motivada y no sea caprichosa, arbitraria o gratuita.

Estas dos reglas, *previsión legal y motivación razonable*, son la esencia del contenido del derecho a la justicia. Lo son porque son precisamente estas reglas las que evitan la arbitrariedad judicial y posibilitan, cuando se produce, la reacción frente a ella.

La previsión legal es capital en los sistemas jurídicos europeos. Significa que, en principio, el legislador lo prevé y regula todo: tanto nuestros derechos y obligacioanes —y, por consiguiente, cómo actuar en cada caso— cuanto la forma de hacerlos valer, esto es, los trámites, características, plazos y demás elementos del proceso. Ello nos otorga a todos seguridad jurídica, y nos permite defender nuestros derechos. El juez, por su parte, está sometido a la ley, y debe cumplir lo que en ella se dice; si no es así, su decisión es recurrible.

Pero, naturalmente, no todo es tan simple. No lo es porque la ley no lo prevé todo: ni el más calculador de los legisladores puede prever todas las hipótesis imaginables y resolverlas con incuestionable claridad. Si se pudiera, no sobrevivirían, por lo menos tal como hoy los conocemos, los abogados. La función del juez en cuanto que aplicador de la ley le confiere necesariamente un grado de arbitrio, de capacidad de valoración de la situación y de resolución de la misma. Entre el *arbitrio* y la *arbitrariedad* hay una diferencia que no siempre es fácil discernir: el arbitrio es una valoración de los hechos o una interpretación de la ley discutible, como todo lo humano, pero fundado en datos objetivos o reglas de interpretación comúnmente aceptadas, en tanto la arbitrariedad es una decisión sin base, caprichosa y gratuita. La obligación de motivar las resoluciones judiciales dificulta —aunque no impide del todo— la arbitrariedad, ya que es más difícil adoptar una decisión arbitraria si hay que motivarla y, además, la motivación resultará lo que de arbitrario tiene.

La exigencia de previsión legal y motivación razonable que justifiquen la adopción de las decisiones judiciales se complementa con otras reglas interpretativas. En primer lugar, se ha de escoger siempre la *interpretación más favorable* al ejercicio de los derechos fundamentales, y entre ellos al ejercicio del derecho a la justicia. En segundo lugar, toda resolución judicial que impida el ejercicio de un derecho ha de tener una base cuya entidad sea *proporcional* a los efectos provocados por la resolución. Todo ello debe hacerse atendiendo a un objetivo: garantizar la posibilidad de las partes de defenderse.

Estos son los presupuestos sobre los que se asientan los principios constitucionales del proceso, encaminados a asegurarse que nunca se producirá *indefensión*. Si tales

principios se vulneran y se produce indefensión de alguna
de las partes, el proceso resultará, al final, anulado, y habrá que reiniciarlo desde el momento en que se produjo la
vulneración del derecho constitucional. Por eso es de la
mayor importancia asegurarse de que se respeten los derechos al juez ordinario, a la asistencia letrada, a utilizar las
pruebas pertinentes y, en definitiva, a obtener una resolución judicial motivada y fundada en derecho: porque si así
no se hace, se corre el riesgo de que, años después, el proceso sea anulado por un Tribunal superior, por el Tribunal
Supremo, por el Tribunal Constitucional o por el mismo
Tribunal Europeo de Derechos Humanos, con los enormes perjuicios que ello supone.

El resultado final normal del ejercicio del derecho a la
justicia es obtener una resolución judicial fundada en Derecho; pero ello no quiere decir que tal resolución sea forzosamente favorable, entre otras cosas porque en todo
proceso hay dos partes, y es imposible dar la razón a las
dos. Al menos una de ellas, por tanto, y a veces las dos, se
verá defraudada en sus pretensiones, pero ello no supondrá denegación del derecho a la justicia siempre que haya
podido defender su posición en el marco de un proceso
ajustado a los principios constitucionales.

6. Abogados gratuitos y de pago

Uno de los derechos constitucionales incluidos en el
derecho a la justicia es el de servirse de *asistencia letrada*.
Se trata, desde luego, de un derecho de los ciudadanos,
encaminado a asegurar que podrá, asesorado de un profesional, hacer valer sus pretensiones correctamente. Pero
es también un mecanismo orientado a facilitar la actuación de la justicia, pues es más fácil que ésta funcione adecuadamente si los protagonistas del proceso son profesionales que conocen las leyes, la terminología, los modos y

formas de actuar y, en suma, las características de la justicia. Esta es la razón de que en muchos casos la asistencia letrada no sea sólo un derecho, sino también una obligación, pues en la mayoría de los procesos no es posible comparecer personalmente, sino que es necesario hacerlo a través de un abogado y procurador. Este último es un intermediario entre los abogados y los órganos judiciales. Aunque es verdad que la participación de profesionales facilita el adecuado funcionamiento de la Administración de Justicia, al menos en teoría, en España se mantienen residuos históricos no siempre justificados. El procurador es, seguramente, uno de ellos; la exigencia de abogado en no pocos trámites para los que no se adivina su conveniencia, otro; y el *bastanteo*, una figura de origen medieval, que obliga a los ciudadanos a pagar un impuesto al Colegio de Abogados si quieren litigar, otro, por solo mencionar los más llamativos.

Como se quiere garantizar que el derecho a la defensa, en cuanto que integrante del derecho a la justicia, pueda ejercerse en toda su plenitud, el derecho a la asistencia letrada es uno de los que tienen un contorno más amplio. Comprende, desde luego, el derecho a designar libremente defensor, el derecho a despachar libremente con él —incluso cuando se está en prisión— y el derecho a que éste mantenga en secreto todas las informaciones que recibe de su cliente, para lo cual el abogado está protegido —y obligado— por el *secreto profesional*, que impide que se le pueda obligar a declarar sobre esas informaciones.

Pero el derecho a designar abogado sólo pueden ejercerlo, en verdad, quienes pueden pagarle. Para quienes deseen litigar y no tengan recursos económicos existe la llamada *justicia gratuita*, que consiste en que el Estado se hace cargo de los gastos de abogado y procurador, y de todos los demás provocados por el litigio, cuando quien desee litigar perciba ingresos inferiores a 125.000 ptas. mensuales.

7. La sentencia y el recurso

Lo normal es que el proceso concluya con una sentencia, aunque puede no ser así: a veces concluye con otra resolución judicial que no es una sentencia pero que, en términos jurídicos, tiene el mismo efecto, ya que pone fin al
proceso. Tanto la sentencia como este otro tipo de resoluciones tienen que estar motivados, y tienen que basarse en
la ley; la motivación, además, debe ser razonable, esto es,
no puede ser absolutamente disparatada, ni puede manejar la ley a su antojo.

En la inmensa mayoría de los casos, las sentencias no
son grandes obras jurídicas, y ni siquiera conviene que lo
sean. Se dice que en cierta ocasión un magistrado francés
contaba orgulloso a Napoleón —quien, además de ser un
genio militar, fue el genio creador del derecho continental
contemporáneo— lo jurídicamente razonadas y perfectas
que eran sus sentencias, y el tiempo que empleaba en ela-
borarlas, a lo que el Emperador le contestó: «Francia puede permitirse una sentencia poco elaborada y hasta errónea, pero no puede permitirse que se tarde mucho tiempo
en dictarla». No sólo las sentencias, sino todas las resoluciones judiciales, deben estar razonadas y motivadas; además, a ser posible, deben estar correctamente razonadas.
Pero, sobre todo, deben estar equilibradas: debe haber
una relación entre la importancia del asunto que se debate, su complejidad, la calidad y exhaustividad de argumentación de la sentencia y el tiempo que se tarda en dictarla. En muchos casos los ciudadanos prefieren una sentencia más rápida, aunque no sea perfecta, e incluso
aunque les sea perjudicial. En el mundo moderno, el tiempo es oro, y a veces es mejor saber a qué atenerse.

Esta ley, sin embargo, tampoco es universal: en ocasiones es no ya deseable, sino exigible, que la sentencia, aunque tarde un poco más, haya sido profundamente medita-
da. Eso sucede con las sentencias de los más altos Tribu-

nales, sobre todo el Tribunal Supremo y el Tribunal Constitucional. Es así porque, en realidad, la función de estos dos tribunales no es enjuiciar y resolver un caso concreto, sino *interpretar* la ley: aunque den la razón a uno u otro de los litigantes, lo importante no es eso, sino que, al hacerlo, nos están diciendo a todos los demás cómo hay que interpretar, para el futuro, la ley o la Constitución. No están sentenciando quién tiene razón en un caso concreto, sino cómo será el Derecho, en el futuro, para todos. No pasa nada, pues, porque los litigantes tarden un poco más en conocer su sentencia si a cambio de eso mejora nuestro ordenamiento jurídico. Por esa misma razón, es deseable que a esos tribunales lleguen pocos casos, sólo los más importantes, aquellos que definen como es nuestro ordenamiento; no necesariamente los de mayor cuantía económica, sino los de mayor relevancia jurídica.

En muchas ocasiones, contra la sentencia o la resolución que pone fin al proceso se puede recurrir ante un tribunal superior. Si el recurso está previsto en la ley, forma parte del derecho fundamental a la justicia, y no se puede impedir salvo por las causas previstas en la propia ley. En otros casos, sin embargo, no hay recurso posible. Siempre tiene que haber al menos un recurso, sin embargo, si se trata de materia penal, ya que la persona penalmente condenada tiene derecho a que su juicio sea revisado por un tribunal superior.

8. Justicia tardía, justicia denegada

En muchas —demasiadas— ocasiones obtener una sentencia favorable sirve de muy poco, o de nada. Esto es lo que sucede cuando la parte beneficiada por la sentencia —esto es, la parte que tenía razón— es la parte débil de la relación y, sin embargo, la sentencia se retrasa en exceso. En no pocos casos una sentencia dictada o ejecutada con un gran retraso equivale, en la práctica, a una sentencia desfavorable o inexistente, porque la propia debilidad de la parte la imposilitaba para hacer frente a ese retraso sin gravísimos perjuicios. Pensemos, por ejemplo, en un trabajador injustamente despedido al que se tarda años en pagar la indemnización, sin la cual no puede hacer frente a su situación; o en la madre abandonada con sus hijos por el marido y a la que éste no paga los alimentos, aún conociendo su precaria situación; o en quien sufre graves daños en un accidente y la aseguradora no satisface los gastos y los daños. Pueden ponerse ejemplos hasta el infinito. Recientemente el Tribunal Europeo de Derechos Humanos afrontó un caso especialmente dramático y revelador, que había acontecido en Finlandia. Se trataba de un padre cuya esposa falleció. Los abuelos maternos retuvieron al hijo del matrimonio, y se negaron a entregárselo al padre. Éste los demandó, y ganó la demanda, pero la sentencia no se ejecutó y el niño siguió con sus abuelos, pese a todos los intentos del padre. Al final, el padre recurrió al Tribunal Europeo, y también ganó; pero en el entretanto el niño había crecido, era adolescente, estaba acostumbrado a los abuelos y se negó a acudir con su padre.

Por eso es tan importante, especialmente para los más débiles, que la justicia sea rápida. Debe serlo particularmente en algunos casos, aquellos en los que las circunstancias lo hacen especialmente necesario: no todos los casos son iguales, y es preciso distinguir entre ellos de acuerdo con sus circunstancias. Por eso, en el proceso penal las causas en las que el imputado está preso tienen preferencia sobre las demás.

La Constitución garantiza el derecho a un proceso sin lo que ella llama *dilaciones indebidas*, que es algo así como retrasos injustificados. No se trata de un derecho a que nuestro juicio se sustancie en un tiempo determinado, ni siquiera a que se cumplan los plazos en las leyes; pero sí es un derecho a que el proceso no sufra retrasos innecesarios, por ejemplo, por la pasividad del órgano judicial.

Determinar cuando se han producido dilaciones indebidas no es cosa fácil, porque no es algo que dependa solamente del transcurso del tiempo: cuentan, también, la complejidad del proceso, las causas del retraso, el perjuicio causado y la conducta de las partes, ya que a veces son precisamente éstas las que provocan la prolongación del proceso. Ello no obstante, se han producido ya varios supuestos en los que el Estado ha sido condenado a reparar los perjuicios causados por las dilaciones indebidas.

9. Derechos fuertemente protegidos

Precisamente porque se tiene conciencia de la lentitud de la justicia, algunos de los derechos consagrados por la Constitución están protegidos por los jueces y tribunales a través de un procedimiento especialmente rápido. Se trata sólo de unos pocos derechos, los que la Constitución denomina *derechos fundamentales y libertades públicas,* además del principio de igualdad y la objeción de conciencia. Las razones del privilegio o preferencia que estos derechos tienen a la hora de ser protegidos por los jueces son dos. En primer lugar, su propio carácter de derechos *fundamentales,* que constituyen la base de nuestro sistema. En segundo lugar, las peculiares características de estos derechos hacen que, para ser eficaces y cumplir su función, deban ser protegidos de forma especialmente rápida, ya que en ellos se acentúa el efecto de desprotección provocado por la lentitud. Pensemos, por ejemplo, en al libertad de reunión, o en la objeción de conciencia: si alguien quiere celebrar una manifestación en cierta fecha, y se prohíbe, de poco serviría que gane el juicio, y pueda celebrar la manifestación, meses o años después, porque seguramente habrá desaparecido su propósito político; si una persona se declara objetora de conciencia, de nada serviría que los tribunales le den la razón cuando ya haya realizado el servicio militar.

Por esta razón, los derechos fundamentales pueden protegerse a través de un proceso *sumario y preferente*, como dice la propia Constitución. Sumario quiere decir que se abrevian y simplifican los plazos y trámites, y que el juicio es especialmente rápido; preferente supone que, como decíamos más arriba, se considera a estos procesos distintos de los ordinarios, y se los tramita con preferencia, aunque hayan sido inciados más tarde que otros. Con ello se consigue hacer valer los derechos fundamentales en un plazo corto y desde luego, mucho más breve que el normal.

Cuando se trata de proteger los derechos fundamentales existe, además, otro «privilegio». En la mayoría de los casos, aunque no en todos, los derechos fundamentales se protegen frente a las Administraciones: es la Administración la que, por seguir con los ejemplos indicados, prohíbe la manifestación, u obliga a realizar el servicio militar. En la mayor parte de los casos, las decisiones de la Administración se cumplen —se «ejecutan»— aunque el afectado recurra. A veces se puede suspender la ejecución, pero es más bien difícil. Sin embargo, cuando lo que se pretende proteger es un derecho fundamental, la regla general es que *la ejecución se suspende* y la decisión administrativa no se cumple hasta que el proceso no finaliza. Aunque no pocos abusan de él, haciendo pasar por derechos fundamentales los que no lo son, es un mecanismo sumamente efectivo para defender los derechos fundamentales y, sobre todo, para reducir los efectos negativos de la posible lentitud de la justicia.

Lo característico de este procedimiento es que tiene lugar ante los jueces y tribunales ordinarios. Son ellos los encargados de defender nuestros derechos, y un derecho fundamental es tan derecho nuestro, y tan ejercitable, como la propiedad de nuestra casa o la herencia de nuestros deudos. Por eso se les llama *derechos subjetivos*, precisamente porque pueden reclamarse ante los tribunales. Y, por eso, cuando creamos violado un derecho fundamental debemos acudir a los tribunales, como lo haríamos si nos creyésemos dañados en nuestra propiedad. Lo única diferencia es que, por tratarse de un derecho fundamental, el juicio es especialmente rápido.

10. En busca de amparo

Pero incluso eso puede fallar: puede suceder que los jueces ordinarios yerren o, más simplemente, que desconozcan el derecho fundamental en juego, o no lo consideren vulnerado cuando sí lo fue.

Para hacer frente a esta eventualidad la Constitución crea un recurso especial que se llama recurso de *amparo constitucional*. Su característica fundamental, lo que lo distingue del anterior, es que no se ventila ante los jueces y tribunales ordinarios, sino ante el Tribunal Constitucional. Por eso, la posibilidad de utilizarlo está fuertemente restringida, ya que se supone que la protección de los derechos fundamentales corresponde a los jueces y tribunales ordinarios. De hecho, en la mayoría de los países no existe un recurso de este tipo; si existe en España —copiado de Alemania— es porque la larga etapa histórica franquista impulsó a prestar especial atención a la protección de los derechos fundamentales. Pero, en realidad, si el Tribunal Constitucional interviniese poco o nada eso sería prueba del buen funcionamiento del sistema: significaría que los derechos fundamentales no son vulnerados o que, si lo son, son rápida y efectivamente protegidos por los tribunales ordinarios.

Así pues, el recurso de amparo constitucional es *excep-

cional: sólo puede ser utilizado para la protección de derechos fundamentales, y para nada más. Además, es *subsidiario*. Eso quiere decir que sólo puede utilizarse cuando ya no cabe hacer ninguna otra cosa, esto es, que antes de emplearlo es preciso haber agotado todas las vías y recursos judiciales posibles, ya que si no ha sido así el Tribunal no lo admitirá. Por esa misma razón, sólo puede interponer el recurso de amparo quien haya participado en el proceso judicial previo. Por otro lado, hay que tener mucho cuidado para denunciar la vulneración del derecho fundamental tan pronto como se produzca, puesto que si no se hace tampoco se admitirá.

Para comprobar que se cumplen todos estos requisitos, cuando se presenta un recurso de amparo hay, en primer lugar, una fase previa, que se denomina de *admisión*. Sólo los recursos que superan esa fase son realmente admitidos a trámite, esto es, aceptados. Para comprender la importancia de esta fase hay que tener en cuenta que solo son admitidos, aproximadamente, un 15 por ciento de los recursos presentados.

Si el recurso prospera, el Tribunal Constitucional declarará que se ha vulnerado un derecho fundamental y otorgará su amparo que, generalmente, consiste en restablecer al recurrente en su derecho; por ejemplo, si se ha producido indefensión en un juicio, declarará el juicio nulo y ordenará que se repita desde el momento en que se produjo la violación del derecho fundamental.

11. A Estrasburgo

Pero a veces eso tampoco sirve, porque el Tribunal Constitucional no está libre de errores. Un famoso juez norteamericano decía, hablando del Tribunal Supremo de su país, que hace simultáneamente las veces de Tribunal Supremo y Constitucional, que «no es que sea el último porque es infalible; es que es infalible porque es el último». Efectivamente, en algún punto tienen que finalizar los recursos, y ese punto, ese tribunal que es el último, es oficialmente infalible, ya que establece la verdad oficial.

En España, el último y por tanto infalible es en términos generales el Tribunal Supremo. Pero en lo que respecta a los derechos fundamentales el último e infalible es el Tribunal Constitucional, puesto que se le puede pedir amparo incluso frente a las resoluciones del Tribunal Supremo. Pero cuando se trata de algunos —no todos— derechos fundamentales, ni siquiera el Tribunal Constitucional es el último.

En efecto, España firmó hace tiempo un Tratado internacional denominado Convenio Europeo para la Protección de los Derechos Humanos y de las Libertades Fundamentales. Ese Convenio crea dos órganos, la *Comisión Europea de Derechos Humanos* y el *Tribunal Europeo de Derechos Humanos*. Ambos tienen su sede en la ciudad francesa de Estrasburgo. Cuando un país firmante del Convenio acepta la jurisdicción de estos órganos, y España lo ha hecho, cualquier ciudadano puede demandar a ese país ante ellos.

Llegar a Estrarburgo no es fácil, sin embargo. Para empezar, no todos los derechos fundamentales reconocidos en la Constitución española están protegidos por el Convenio, sino solo algunos de ellos, aunque es verdad que los más importantes. A Estrarburgo solo se puede acudir solicitando la protección de los derechos expresamente protegidos en el Convenio. Además, es preciso haber agotado todas las vías nacionales. La Comisión actúa de *filtro*, y examina las demandas en primer lugar, decidiendo las que pueden pasar al Tribunal, por reunir todos los requisitos. En algunos casos, puede proponer soluciones pactadas. Si la demanda llega al Tribunal, éste, que está compuesto por jueces procedentes de todos los países firmantes del Convenio, la examina y adopta su sentencia, en la que puede

dar la razón al demandante y condenar al país demandado. España, aunque es uno de los países menos condenados, ya lo ha sido en cuatro ocasiones.

Pero en España todas las sentencias del Tribunal Europeo tienen importancia, aunque nuestro país no tuviera
nada que ver con ellas. Esto es así porque, según la Constitución, los derechos fundamentales que ella misma reconoce deben ser interpretados de acuerdo con los Tratados
internacionales firmados por España. Esto tiene gran relevancia por dos razones: la primera, porque supone un *nivel mínimo*, por mal que fueran las cosas en España, de los
derechos fundamentales; la segunda, porque implica que
nuestros Tribunales, todos ellos, incluso el Tribunal Supremo y el Constitucional, están vinculados por la *jurisprudencia* emanada de Estrasburgo, esto es, por las sentencias dictadas por el Tribunal Europeo de Derechos
Humanos.

Por ahora, después del Tribunal Europeo de Derechos
Humanos no hay nada; pero todo llegará.

El control del poder

1. Control es democracia

El sistema democrático no consiste sólo en la garantía de los derechos fundamentales y la elección periódica de los gobernantes; exige, también, el control de las actuaciones de éstos. Eso supone que los ciudadanos y sus representantes tienen derecho a saber cómo actúan los poderes públicos, así como las razones de esa actuación, para poder valorarlas y actuar en consecuencia..

Las modernas democracias constitucionales organizan un complejo sistema de controles entre los distintos órganos del Estado. Suele recurrirse, para explicar en qué consisten, a la teoría norteamericana de los *checks and balances*, cuya traducción sería algo así como controles y equilibrios. Sin embargo, Estados Unidos es un sistema presidencialista, y las cosas no funcionan exactamente iguales en los sistemas parlamentarios como el nuestro. La razón es muy sencilla: allí las instituciones principales, Gobierno y Parlamento, están separadas, mientras que aquí mantienen una constante relación, pues el Gobierno nace del Parlamento, colabora con él y su supervivencia depende de él... y la del Parlamento del Gobierno.

Pero aunque el esquema no sea el mismo, el fondo sí es similar: unas instituciones controlan a otras, de forma que todas ellas están sujetas a control y ninguna está exenta de él, con la relativa excepción del poder judicial. La consecuencia principal de este sistema es tan importante como aparentemente sencilla: ninguna institución, por mucho que haya sido libremente elegida y goce de legitimidad democrática, es libre para actuar como mejor la parezca, con desprecio del sistema constitucional, de los derechos de los ciudadanos y de la ley; tarde o temprano, todas sus actuaciones se verán sujetas al control y, eventualmente, la revisión por parte de otra institución.

Los controles pueden ser de dos clases. Unos son de carácter *político*. En esos casos lo único que se juzga es la *oportunidad* de la actuación desarrollada, la elección del momento y los medios escogidos para llevarla a cabo y, en suma, su *resultado*, su *acierto*. Lo que se valora en los controles políticos es, en resumen, el *éxito* o el *fracaso*. Admiten, por ello, opiniones para todos los gustos.

En otros casos los controles son de tipo *jurídico*. Lo que entonces se enjuicia es la *legalidad* de la actuación, con independencia de sus resultados, buenos o malos.

En un sistema democrático los poderes públicos están sometidos al control político de los ciudadanos y de sus representantes. Para ser más exactos, lo están el poder legislativo y el ejecutivo, ya que los integrantes del poder judicial no están sujetos a control político alguno, y el control al que está expuesto su órgano de gobierno, el Consejo General del Poder Judicial, es muy peculiar por lo endeble.

2. El control político del Parlamento

El Parlamento, las Cortes Generales, son elegidas por el pueblo, al que representan. Pero aún así sus actuaciones están sometidas a distintos controles. Dos de ellos son de carácter político; el otro es de índole jurídica.

El primero de los controles *políticos* es llevado a cabo por el Gobierno o, con mayor precisión, por su Presidente. En efecto, el Presidente del Gobierno puede disolver las Cámaras, y convocar elecciones legislativas, en cualquier momento. Eso quiere decir que los parlamentarios, y especialmente los de los grupos que forman la mayoría, o que en su momento apoyaron la investidura del Presidente, han de tener cuidado con sus actuaciones: si éstas impiden desarrollar el programa de gobierno, o si no aseguran la estabilidad del Gabinete, el Presidente puede verse impulsado a disolver las Cámaras, con lo que todos tendrán que afrontar elecciones, tal vez en un momento poco favorable, exponerse de nuevo a los sistemas de selección de candidatos de cada partido, no siempre fáciles de superar y, si pasan esa criba, someter la continuidad en su escaño a la decisión del elctorado.

Es precisamente el electorado el que ejerce el segundo control político sobre la actuación del Parlamento: más pronto o más tarde, pero como mucho cada cuatro años, diputados y senadores deben comparecer ante el electorado, explicar su actuación pasada y su programa para el futuro y pedir que los electores revaliden su confianza en ellos. Algunos o muchos de entre ellos no verán revalidada esa confianza, y perderán su escaño. Al votar, el electorado expresa su opinión sobre la forma en la que la anterior mayoría hizo uso de la confianza que se depositó en ella. Por amplia que sea una mayoría parlamentaria siempre habrá de afrontar, a lo sumo cada cuatro años, este examen.

3. El control político del Gobierno

El más importante de los controles, políticamente hablando, el más tradicional y típico de los sistemas parlamentarios, es el que el Parlamento ejerce sobre el Gobierno. Tiene una razón o una base histórica e ideológica evidente: el Parlamento representa al pueblo, y el Gobierno nace del Parlamento. Por lo tanto, aquel controla a éste.

Cuando se habla del control parlamentario del Gobierno no se puede olvidar que en el Parlamento hay *mayoría* y *minorías*. La *mayoría* ha dado su apoyo al Gobierno cuando lo invistió y, en condiciones normales, lo mantendrá. Lo habitual es que el Gobierno esté encabezado por los líderes de los partidos. Por lo tanto, el Gobierno, al dirigir el partido de la mayoría, dirige a la mayoría; como ésta controla el Parlamento, éste —es decir, su mayoría— seguirá siempre apoyando al Gobierno. Así pues, en condiciones normales no cabe esperar que la mayoría derribe al Gobierno.

Eso no quiere decir que la mayoría no controle al Gobierno, aunque sólo sea un poco; sí que lo hace, pero lo hace de forma silenciosa, sin estridencias, evitando el conflicto público y buscando soluciones pactadas y discretas. Ciertamente, el Gobierno suele disponer de mecanismos de presión sobre la mayoría parlamentaria, pero Adolfo Suárez y Leopoldo Calvo-Sotelo comprobaron en sus carnes que no se puede imponer sistemáticamente a la mayoría lo que no quiere, y que la mayoría ejerce una gran influencia en la acción del Gobierno, sobre todo cuando las cosas no van bien: ninguna mayoría se atreve a enfrentarse a un Gobierno triunfante, pero todas se enfrentan con entusiasmo a un gobierno en dificultades. Con todo, esta actuación de la mayoría suele ser de influencia interna y soterrada, más que de un control ejercido públicamente. Por ello, es claro que el peso del control parlamentario recae sobre las minorías. Son ellas las que quieren que el

Gobierno caiga para sustituirlo, y ellas deben hacer el trabajo.

Eso no quiere decir que las minorías puedan derribar al Gobierno. Es natural que no puedan, pues sería un contrasentido democráticamente inaceptable que fuese la minoría quien impusiese su voluntad. Lo que las minorías han de hacer es conseguir convertirse en mayoría. Tienen dos caminos para ello. El primero, sólo viable en ocasiones —cuando no hay un solo partido con mayoría absoluta— es conseguir cambiar las alianzas parlamentarias, esto es, lograr que quienes apoyan al Gobierno dejen de hacerlo y se sumen a ellas, para así constituir una nueva mayoría. El segundo es preparar el camino para ganar las siguientes elecciones, demostrando día a día que el Gobierno y la mayoría que lo apoya son perjudiciales para los ciudadanos y que ellos lo harían mejor.

El control parlamentario no consiste, pues, en que la minoría derribe al Gobierno, algo tan indeseable como imposible. Consiste, más bien, en fiscalizar permanentemente, día a día, la actuación del Gobierno, denunciando sus errores e insuficiencias y proponiendo alternativas. En condiciones normales, si la minoría pretende derribar al Gobierno no conseguirá nada, salvo seguir siendo minoría; pero si controla su actuación trillará el camino para poder ser mayoría. Para ello dispone de no pocos medios.

4. Preguntar al Gobierno...

Los instrumentos del control parlamentario son diversos. Entre ellos hay una suerte de gradación que los clasifica en más o menos importantes, habituales o excepcionales, según la entidad y repercusión del debate que suponen.

El medio de menor entidad es la *pregunta* que el diputado o senador dirige al Gobierno. Una pregunta es por

definición corta, y versa sobre un extremo muy concreto.
Para evitar abusos se prohíben —lo que no quiere decir
que no se hagan— las que consisten en una consulta jurídica y las de interés personal.

Hay varios tipos de pregunta, que también pueden cla-
sificarse de menor a mayor importancia. La de menor entidad es la *pregunta escrita*. En ella no hay debate, ya que
se presenta por escrito y el Gobierno responde también
por escrito, dentro de un plazo; si no lo hace, se le «casti-
ga» convirtiendo la pregunta en oral. Aunque los ciudadanos no lo sepan, cada año se presentan —y se responden— *miles* de preguntas escritas sobre las más diversas
materias, desde las instalaciones militares hasta la cría del
atún. En no pocas ocasiones, al parlamentario que pregunta no le interesa gran cosa la respuesta, entre otras razones porque generalmente ya la sabe o la imagina; lo que
le interesa es demostrar a su electorado, cuando surge un
problema, que se preocupa por él; por ello, suele bastarle
con que se publique en la prensa que ha presentado la
pregunta. La respuesta del Gobierno rara vez tiene difusión. La pregunta escrita, en fin, es el medio ideal para hacer política parlamentaria respecto de asuntos locales, o
de sectores muy específicos.

La pregunta oral, como su nombre indica, se evacua
oralmente. Las de menor relevancia se presntan ante las
Comisiones de las Cámaras: comparece el ministro, o el
secretario de Estado o subsecretario, y la responde. Supone un debate, pero éste no suele ser sobre materias de actualidad y, además, normalmente es más bien técnico.

La más interesante es la *pregunta oral en Pleno*. Se eva-
cúa en el Pleno de la Cámara, y generalmente versa sobre
materias de actualidad. Consiste en un debate muy vivo
—porque el tiempo está limitado a cinco minutos en total,
y hay que ser directo en la expresión— entre el pregun-
tante y un miembro del Gobierno, que puede ser un ministro o el Presidente. Es, sin duda, una de las actividades

parlamentarias más interesante. Tiene su origen en el Parlamento británico, donde al comienzo de cada sesión parlamentaria hay un período, denominado *question time*, la hora de las preguntas, en el que los parlamentarios pueden presentar preguntas al Gobierno. Es uno de los medios utilizados por los diputados poco populares para darse a conocer y demostrar sus dotes parlamentarias y su habilidad política. Pero es un procedimiento comprometido, porque los ministros también juegan, y quien presentó la pregunta con intención de lucirse puede sufrir un revolcón parlamentario

En España también tenemos nuestro *question time* —los martes en el Senado y los miércoles en el Congreso— aunque, a diferencia parcial de lo que ocurre en Gran Bretaña, los ministros conocen con alguna antelación las preguntas que se les van a hacer. Con todo, las sesiones de control son, hoy, las más vivas e interesantes de las que tienen lugar en las Cámaras.

5. ...o interpelarlo

En teoría, el instrumento de control parlamentario inmediatamente superior en fuerza a la pregunta oral en Pleno es la interpelación. Se trata de un mecanismo relativamente similar a la pregunta, pero con algunas importantes diferencias. En primer lugar, la interpelación no se plantea sobre una cuestión concreta, sino sobre un aspecto de política general. En segundo lugar, la duración de las intervenciones —diez minutos, cada uno, para la primera, y cinco para la réplica— es muy superior. Por último, aunque la interpelación en sí se ventila entre parlamentario interpelante y ministro interpelado, luego intervienen todos los grupos parlamentarios para lo que se llama «fijar posiciones», esto es, para expresar su opinión al respecto.

Por todo eso —porque el debate es más formal, y sobre

materias de mayor relevancia— la interpelación es en teoría más contundente que la pregunta. Pero sólo lo es en teoría, porque la mayor duración del debate lo hace menos vivo, la superior entidad de su contenido más árido y menos inteligible para la mayoría, y su más larga tramitación obliga a que, generalmente, su actualidad sea menor que la de las preguntas. Por ello, porque es difícil mantener durante largo tiempo al público y, sobre todo, al periodista —la «cólera del español sentado»— pendiente de materias por lo general complejas y de escasa repercusión colectiva, sucede que la concreción de la pregunta y su mayor dinamismo y actualidad la convierten hoy en día, en realidad, en la «estrella» del control parlamentario, quedando la interpelación para materias de mayor complejidad, menor capacidad de difusión y más acusado carácter técnico. Si la pregunta es el instrumento ideal para que el parlamentario novato de segunda fila se foguee y cobre méritos, la interpelación está reservada a espadas de más veteranía y ya familiarizados con la materia que se debate.

6. El Parlamento detective: las Comisiones de Investigación

El tercer instrumento de control son las Comisiones de Investigación. Se trata de Comisiones especiales que pueden ser creadas por las Cámaras para investigar una materia concreta.

La creación y actividad de las Comisiones de Investigación están siempre rodeadas de cierto dramatismo político, ya que cuando hay que investigar es porque se sospecha que algo oscuro ocurre. Por eso la oposición suele pedir con frecuencia la creación de esas Comisiones, y la mayoría negarse a ello: porque la sola creación de la Comisión supone formalizar o dar estado parlamentario a la sospecha de que algo irregular habría sucedido e implica, por lo tanto, la estigmatización política del asunto o la persona investigados. Por eso han cambiado tanto las cosas. Antiguamente se decía en Gran Bretaña que cuando el Gobierno quería evitar que algo saliese adelante creaba una Comisión; hoy en día, los Gobiernos suelen negarse a ello. Generalmente pueden hacerlo, porque en todos los países, salvo Alemania, es la mayoría la que decide si se crea o no una Comisión de Investigación, algo relativamente lógico, ya que es la mayoría la que manda en la Cámara.

Crear una Comisión de Investigación supone, en cierto modo, convertir a los parlamentarios en detectives, puesto que su misión es esclarecer lo sucedido. Para ello analizan actuaciones y documentos, y pueden requerir, incluso, la declaración de la renta o del patrimonio de los cargos públicos. También pueden citar a declarar a cualquier persona y es obligatorio comparecer; comparecer, no declarar, sobre todo si esa declaración puede resultar perjudicial. Este es uno de los numerosos problemas de las Comisiones de Investigación, que se yuxtapone al de su compatibilidad con las posibles actuaciones de jueces o fiscales.

En teoría, no debería haber ningún problema, toda vez que las Comisiones de Investigación ni juzgan ni imponen penas, sino que se limitan a esclarecer lo sucedido; lo sucedido en términos políticos, no jurídicos. Pero no siempre la línea que separa lo político y lo jurídico está tan clara, sobre todo en estos tiempos. Por ello, puede acaecer que la persona que colabore o declare sea luego judicialmente perseguida, si es que no lo está ya. En tal caso, es comprensible que se niegue a declarar algo que puede perjudicarle y, desde luego, está amparada por el derecho a no declarar contra sí mismo.

Las Comisiones no son fiscales, porque no acusan, ni jueces, porque no juzgan, aunque pueden trasladar al Fis-

cal lo averiguado; son detectives, que investigan y, finalizada la investigación, elaboran un informe que se eleva al
Pleno de la Cámara para que lo apruebe o rechace. La
conclusión de su labor investigadora supone la muerte de
la Comisión, que desaparece.

7. El gran supervisor

La Constitución creó, también, una figura nueva entre
nosotros, inspirada en los países nórdicos —por eso muchas veces se lo conoce con su denominación escandinava
de *ombudsman*— y a la que llamó *Defensor del Pueblo*.

El Defensor del Pueblo es un órgano —compuesto por
un titular y dos adjuntos— cuyo cometido es la defensa de
los derechos de las personas constitucionalmente consagrados. Lo nombran las Cortes Generales, por mayoría de
tres quintos de Congreso y Senado, lo que tiene los efectos positivos del consenso, pero también sus dificultades.

Para cumplir su misión, el Defensor del Pueblo puede
supervisar —esto es, fiscalizar, controlar— la actuación de
la Administración, así como la de las propias Cortes. En
teoría, el control que realiza es de carácter jurídico: por
ejemplo, se le permite interponer recurso de inconstitucionalidad o recurso de amparo. En la práctica, sin embargo, el control que lleva a cabo es, fundamentalmente,
de índole política.

Es así porque, en definitiva, el Defensor del Pueblo no
puede, por sí solo, hacer nada: lo más que puede hacer,
como se ha dicho, es *recurrir...* y *denunciar*; denunciar la
actividad de la Administración. Y esta denuncia tiene
efectos políticos, porque obtiene publicidad —bastante—
y porque viene «santificada» por su procedencia del Defensor del Pueblo, un órgano oficial pero, sin embargo, no
supeditado ni al Gobierno, ni a las Cortes ni a la Administración. Por tanto, los medios de comunicación y la oposi-

ción utlizarán esas denuncias. Lo harán especialmente en una Comisión especial que existe al efecto en cada Cámara, y donde el Defensor del Pueblo presenta un *Informe Anual* donde se recoge su actividad.

El arma del Defensor del Pueblo es, pues, la publicidad negativa para los órganos supervisados, o su *amenaza*; es decir, instrumentos claramente políticos. Por eso los órganos administrativos se esmerarán, normalmente, cuando reciban quejas remitidas por el Defensor del Pueblo, en solucionar el problema, aportar explicaciones convincentes, en cumplir sus recomendaciones o indicar por qué no pueden hacerlo. A los efectos de su labor supervisora, el Defensor del Pueblo cuenta con una facultad notable, la de investigar los expedientes administrativos.

Lo más característico del Defensor del Pueblo es que puede actuar *de oficio*, esto es, por su propia iniciativa, pero también a raíz de *quejas ciudadanas*, que pueden presentarse con gran facilidad y sin necesidad de cumplir requisitos burocráticos

8. Control y publicidad

Nada de lo que pasa con el Defensor del Pueblo, ni con las Comisiones de Investigación, ni con el control parlamentario en general ni, aún más ampliamente, con el Parlamento se entenderá si no se piensa en la relevancia de la publicidad. Ella es, al propio tiempo, origen y fin de todas las actuaciones parlamentarias.

En el parlamentarismo estructurado actual, y especialmente en el español, es difícil, aunque nunca imposible, que se produzca una alternancia en el gobierno si no es mediante nuevas elecciones. Los actores políticos lo saben. Lo saben las minorías, que desde el día siguiente a las elecciones que perdieron están ya pensando en las próximas. Y lo saben la mayoría y el Gobierno, que se sienten seguros, salvo considerable accidente político, hasta esas elecciones.

Por ello, todo lo que la oposición hace, en el Parlamento y fuera de él, pero sobre todo en él, está encaminado a desgastar al Gobierno y a la mayoría, y a reforzarse ella misma como alternativa de poder. Para ello es capital que sus críticas al Gobierno lleguen al electorado, único que, en las próximas elecciones, puede auparla al poder.

De ahí que los parlamentarios de la oposición presenten preguntas aunque sepan —o no les interese— la respuesta; que formulen interpelaciones sobre materias que en realidad les interesan muy poco y que soliciten Comisiones de Investigación a cada paso. La sola iniciativa parlamentaria permite, cualquiera que sea su resultado, ocupar protagonismo ante la opinión pública, destacar sus nombres en la prensa y hacerlos más conocidos tanto para el gran público como para sus propios compañeros de partido, llamar la atención de sus dirigentes sobre sus frecuentes e incisivas iniciativas, resaltar la existencia de un problema no resuelto o una necesidad insatisfecha por la incompetencia del Gobierno, ofrecer sus propias soluciones y, en definitiva, desgastar la imagen del Gobierno y la de la mayoría y llevar a la mente de los electores la idea principal y final: que con ellos en el Gobierno las cosas irían mejor para todos.

Esa es también la causa de la frase tan famosa como cínica, y relativamente injusta, de que las promesas electorales se hacen para no cumplirlas. En realidad, el día a día parlamentario es mucho más importante que la campaña o el programa electoral, porque es en ese día a día donde, durante años, y no en las tres semanas de una campaña electoral, se genera la atención y la confianza del electorado, se fraguan las alternativas de poder y se forja la convicción de que es preciso cambiar de fuerza gobernante. En ese día a día es donde se hacen las promesas que no se pueden cumplir. Muchas veces, quien defiende una posición no sabe realmente los inconvenientes o dificultades que apareja; y en todo caso, juega con una ventaja, la única de estar en la oposición: la responsabilidad es del Gobierno, y no de ella. Por tanto, la oposición puede permitirse actitudes imposibles y promesas irrealizables: porque, al no estar en el poder, no puede exigírsele su cumplimiento, y cuando esté en el poder ya habrá alcanzado su objetivo.

Por eso se producen a veces fenómenos sorprendentes, como los de un partido realizando promesas de imposible cumplimiento, o los de otro partido sosteniendo posiciones manifiestamente contrarias a las que siempre ha mantenido, si con eso consigue erosionar al Gobierno. En España hemos tenido recientemente ejemplos manifiestos de esto último, como cuando el Partido Popular se abstuvo en el referéndum sobre la OTAN, o se mostró contrario a las facultades que otorgaba a la policía la Ley de Seguridad Ciudadana. La explicación de ésto es muy sencilla: la oposición no tiene por qué asumir medidas impopulares, ya que la impopularidad es el precio que el Gobierno paga por ejercer el poder y tomar las decisiones. Solo en casos muy concretos, los denominados «asuntos de Estado» —generalmente, política exterior y de defensa— se puede conseguir que la oposición renuncie a utilizar una materia para atacar al Gobierno, aunque ni siquiera eso implica que se corresponsabilice de la decisión.

9. El control político del Poder Judicial

El sistema parlamentario se basa en la separación de poderes y en el control del Gobierno por el Parlamento. A eso se ha añadido el control jurídico del Parlamento por el Tribunal Constitucional. No existe, sin embargo, ningún sistema equivalente para controlar al poder judicial. La razón es muy sencilla: la idea de control pugna con la de independencia del Poder Judicial que es característico del sistema constitucional. Resultaría contradictorio con esta independencia que los jueces y tribunales estuviesen sometidos al control de un órgano externo. Además, durante mucho tiempo se ha pensado que los jueces no tenían poder político, por lo que no era necesario controlarlos.

Es claro que hoy no puede decirse, sobre todo después de los últimos acontecimientos, que los jueces no tengan poder político, o al menos influencia —y quizá en algunos casos motivaciones— políticas, por lo que alguna clase de control habría que establecer. Pero es también evidente que interesa que sigan siendo independientes. Solucionar ese rompecabezas es, probablemente, la más importante tarea del futuro de nuestro sistema constitucional.

En el caso del Poder Judicial hay dos esferas, muy distintas, en las que se ejerce el poder del Estado y que, por consiguiente, deben estar sometidas a algún tipo de control. La primera esfera es la del ejercicio de la función jurisdiccional, una función estatal que consiste en aplicar una justicia que emana del pueblo. Una anticuada noción de la independencia judicial limita el control del fondo de las resoluciones judiciales a los recursos que se interpongan contra ellas. Por ello, el ejercicio de la función jurisdiccional solo está sometido a controles jurídicos, aún cuando a veces sea manifiestamente precisa, además, una respuesta de otro género.

La otra esfera no es propiamente la del Poder Judicial, sino la de los medios personales y materiales de la Administración de Justicia y la de gobierno del Poder Judicial. Lo primero corresponde a los Gobiernos del Estado o de las Comunidades Autónomas, y es controlada de igual forma que el resto de sus actividades.

Lo segundo, el gobierno del Poder Judicial, corresponde al Consejo General del Poder Judicial. Sin embargo, este órgano constitucional, que gobierna ni más ni menos

que un poder del Estado, solo está sometido a un livianí-
simo control, consistente en que una vez al año presenta
una Memoria que es presentada y debatida en el Congreso y en el Senado. Además, éste órgano peculiar donde los
haya es del todo irresponsable políticamente hablando,
pues un omnicomprensivo entendimiento de la independencia judicial —con la que nada tiene que ver el CGPJ,
puesto que no es un órgano judicial— ha llevado a que sus
miembros no puedan ser cesados en sus funciones, ni
tampoco reelegidos. En suma, el órgano de gobierno del
Poder Judicial sólo está sometido a un modestísimo control y no es responsable ante nadie, algo especialmente llamativo si, como ha sucedido, se incrementan notablemente sus competencias y depende de él, en no poca medida,
el recto funcionamiento de un poder del Estado.

Capítulo XXXI
La sujeción al derecho

1. Un poder sujeto a las leyes

Pero España no es sólo un Estado democrático; es, también, un Estado de Derecho. Ello significa que todos estamos obligados a cumplir las leyes, y también lo están los poderes públicos: ninguna actuación, por provechosa que sea y por mucho éxito que obtenga, es admisible si es contraria a la ley, o si no se realiza de acuerdo con el procedimiento previsto en la ley.

No basta, pues, el control político, de oportunidad, que sólo valora el éxito o el fracaso: ningún éxito es admisible si es contrario a la ley y el Derecho. Por ello, los poderes públicos deben cumplir la Constitución y las leyes en todo caso, por mucho que una muy amplia mayoría juzgue muy favorablemente una actuación. Así, las Cortes no pueden aprobar una ley contraria a la Constitución, ni siquiera si todos los diputados y senadores se ponen de acuerdo; y el

Gobierno no puede actuar en contra de las leyes, aunque el Congreso y el Senado, por unanimidad, estuvieran de acuerdo en ello. Para asegurar que así sucede se establecen distintos controles de *legalidad*, donde no se valora el éxito o el fracaso de una actuación, sino solo su conformidad con las leyes.

Los controles de constitucionalidad y legalidad, que obligan a actuar de acuerdo con la Constitución y las leyes e impiden actuar en contra de ellas, son, sobre todo, una protección para las minorías. Lo son porque aunque un partido tenga mayoría absoluta en ambas Cámaras, aunque lo domine todo, siempre estará obligado a respetar la Constitución y las leyes. Lo son, sobre todo, porque en ocasiones la expectativa de un resultado provechoso puede impelir a los agentes políticos, que están condicionados por criterios exclusivamente políticos —esto es, por criterios de coste-beneficio político— a valorar positivamente, en sentido político, una actuación ilegal. La legalidad de la actuación es, sin embargo, una barrera insalvable: ninguna actuación ilegal será tolerada por provechosa que sea; además, quienes decidirán sobre la legalidad o ilegalidad de la actuación son —más bien, deberían ser— ajenos a la lógica política y, por tanto, razonarán sólo en términos de legalidad.

Los controles jurídicos, pues, no entran a valorar el éxito o fracaso de la actuación, sino sólo si se actuó o no de acuerdo con la ley. Por la misma razón, tampoco actúan sobre conjeturas, previsiones, cálculos, estimaciones o convicciones ideológicas o políticas: se limitan a confrontar lo realizado y lo dispuesto en la norma, y a declarar si hay o no ajuste entre ellos.

2. El control jurídico del Parlamento

Durante mucho tiempo se ha dicho erróneamente, y aún hoy se afirma a veces, que el Parlamento es soberano. Ya vimos al principio que eso es verdad en Gran Bretaña, donde no hay Constitución escrita y, por lo tanto, el Parlamento puede, como ellos dicen con ejemplo gráfico ahora anticuado, hacerlo todo excepto convertir a un hombre en mujer, o sea, todo salvo lo que sea materialmente imposible.

En España, como en la mayoría de los sistemas continentales, el soberano no es el Parlamento, sino el pueblo. El Parlamento es solo el representante del pueblo soberano.

La decisión básica, la voluntad fundamental del pueblo soberano está plasmada en la Constitución. En ella está recogido el orden de convivencia que el pueblo se ha dado a sí mismo. La Constitución es, pues, la decisión suprema e inatacable, mientras no sea reformada, del pueblo soberano. Todos han de respetarla, incluso el Parlamento. Esa es la mayor garantía de las minorías y de todos los ciudadanos: que ni siquiera unas Cortes Generales en las que solo hubiese representantes de un solo partido podrían actuar a su antojo, pues tendrían que respetar la Constitución.

Por tanto, aunque el Parlamento tenga la potestad de aprobar las leyes, no puede hacerlo de tal forma que vulnere, esto es, que ignore o contradiga, la Constitución. Pero podría suceder que incumpliese esa obligación y —premeditada o inadvertidamente, o por considerar erróneamente que son conformes a la Constitución, que es lo más frecuente— aprobase leyes que conculquen la Constitución. Para evitar que lo haga está previsto un control, que se denomina de *constitucionalidad de las leyes* porque su objeto es comprobar que las leyes que el Parlamento aprueba son conformes con la Constitución.

De este control se encarga el Tribunal Constitucional, con la colaboración de alugunas instituciones y del Poder Judicial. Se encarga el Tribunal Constitucional, y solo él, y no los jueces y tribunales ordinarios, precisamente porque la ley emana del Parlamento, que representa al pueblo soberano y es, por tanto, lógico que sea un órgano constitucional el que revise las actuaciones del Parlamento; además, es conveniente que esta tarea esté encomendada a un único órgano, porque resultaría caótico que unos jueces considerasen una ley conforme con la Constitución, y la aplicasen, y otros no, y no la aplicasen.

Este control se aplica a todas las leyes, tanto a las de las Cortes como a las de los Parlamentos de las Comunidades Autónomas. Tiene dos modalidades. Sus efectos son los mismos, y solo se diferencian en el mecanismo de puesta en marcha del sistema y en el momento en que se inicia. En la primera modalidad —que se denomina *recurso de inconstitucionalidad*— el procedimiento se inicia nada más aprobarse la ley —hay un plazo de tres meses para hacerlo desde que se publica en el BOE— y sólo lo pueden activar unas personas o instituciones concretas: el Presidente del Gobierno, 50 diputados o senadores, los Parlamentos y los Gobiernos de las Comunidades Autónomas y el Defensor del Pueblo. Se limita la posibilidad de inciar el procedimiento para impedir que pueda iniciarlo cualquiera que esté en desacuerdo con la ley, ya que lo que se juzga no es la conveniencia u oportunidad de la ley, sino sólo su congruencia con la Constitución. Se trata de ofrecer a las minorías, o a quienes no pudieron participar en la elaboración de la ley, una ocasión para debatir su conformidad con la Constitución. Se conoce como control *abstracto* porque la ley se valora en abstracto, aún antes de que haya llegado a aplicarse.

Pero puede suceder que nadie repare en que una ley es inconstitucional hasta una vez pasado ese plazo, o que los pocos que pueden presentar el recurso no lo hagan. Para solventar esta eventualidad existe un segundo mecanismo de control. Se le califica como *control concreto* porque se activa cuando la ley tiene que aplicarse a un supuesto concreto. Se denomina *cuestión de inconstitucionalidad*. Tiene que iniciarse en un juicio, y consiste en que los litigantes, o el juez por su cuenta —de oficio— pueden considerar que la ley que han de aplicar para juzgar el caso puede ser contraria a la Constitución. En ese caso, pueden elevar la duda —la *cuestión*— al Tribunal Constitucional, para que éste resuelva. Pero solo pueden hacerlo si la ley es del todo necesaria para resolver el juicio, es decir, si el resultado del proceso depende de la ley de cuya constitucionalidad se duda. A través de este mecanismo, pues, los ciudadanos, los abogados, los fiscales y los jueces pueden colaborar a controlar si se aprueban leyes contrarias a la Constitución, aunque sólo pueden hacerlo en un juicio cuya resolución dependa de la aplicación de esa ley.

En cualquiera de los dos casos, el Tribunal Constitucional confronta la ley con la Constitución —y sólo con ella, no con ninguna otra ley— y decide si es o no conforme con la Carta Magna. En el caso de que decida que no lo es, la declara nula, que es algo más que derogarla: la expulsa del ordenamiento y, además, lo hace como si nunca hubiese existido.

3. El control jurídico de las Administraciones

Aunque el control parlamentario del Gobierno tiene una gran eficacia para condicionar las actuaciones del Gobierno y para permitir que el electorado las conozca y las juzgue, no la tiene para impedir los propósitos gubernamentales. No supone, usualmente, más que la publicidad negativa para el Gobierno y favorable para la oposición, ya que normalmente el Gobierno utilizará a la mayoría que lo apoya para imponer su posición.

Eso no significa que el Gobierno pueda hacer lo que quiera, ya que su actividad administrativa está sometida a otro control mucho más riguroso. La Administración no puede actuar según su voluntad, sino que ha de hacerlo de acuerdo con la ley y el Derecho. El Gobierno actúa generalmente a través de la Administración, y toda la actuación administrativa es controlada por los Tribunales de Justicia. Concretamente, por los Tribunales del orden jurisdiccional contencioso-administrativo.

Salvo los actos con fuerza de ley —Decretos-leyes y Decretos Legislativos— y los puramente políticos —como declaraciones, Tratados y Acuerdos internacionales, nombramientos de altos cargos, envío al Congreso de proyectos de ley y muy pocos más— todos los actos del Gobierno, incluyendo los Decretos y las Órdenes Ministeriales, pueden recurrirse ante los tribunales. Si este recurso se presenta, los tribunales deben decidir si el acto de la Administración es o no legal. Si no lo es, lo anularán.

Este tipo de control se distingue del parlamentario en que es puramente jurídico, no político. Es de *legalidad*, no de oportunidad: lo que se debate no es si el acto es acertado, coveniente u oportuno, que para eso están las Cortes, sino solo si es legal o no. Si el acto es legal, los tribunales deben mantenerlo, aunque no estén de acuerdo con él. Además, los tribunales deben limitarse a resolver sobre la legalidad del acto, sin sustituir la decisión.

4. Informes para todo

Por otra parte, la Administración está sometida también a unos controles *anteriores* a la toma de la decisión. Cada decisión administrativa debe, antes de adoptarse, ser informada por una serie de órganos.

En primer lugar, debe serlo por órganos internos de la propia Administración —en los Ministerios, las Secretarías Generales Técnicas— que la asesoran sobre la legalidad de la decisión.

Además, no pocos de los actos de la Administración están sujetos a informe de órganos externos, incluso independientes. Por ejemplo, la función del *Consejo de Estado* es, precisamente, informar determinados actos del Gobierno, fundamentalmente los Reglamentos. Igualmente, otros actos, incluidos ciertos proyectos de Ley, deben ser informados por el Consejo General del Poder Judicial.

Normalmente, esos informes no son vinculantes, es decir, que el Gobierno puede o no hacerles caso, y puede llevar adelante sus propósitos aún si los informes son contrarios a ello. Ahora bien, si los informes son favorables, la posición del Gobierno gana autoridad, igual que la pierde si son contrarios, tanto por el prestigio jurídico —en el caso del Consejo de Estado— o la posición institucional —en el caso del Consejo General del Poder Judicial— como por el hecho de que se trata de instituciones independientes del Gobierno. Además, si el acto del Gobierno se recurre y hay un proceso judicial, la opinión vertida en dichos informes tendrá gran influencia en los jueces. Por todo ello, aunque el Gobierno puede hacer caso omiso de esos informes, no puede hacerlo sin un coste para él, y habitualmente intenta acomodarse a lo exigido por los órganos que informan.

5. El control de los jueces

Como el poder judicial es totalmente independiente de los demás poderes del Estado el control de los jueces es sobre todo interno. El fundamental es el *autocontrol* que realizan los propios tribunales cuando se interpone ante ellos un recurso contra una decisión de un tribunal inferior. Se trata de un control ejercido por otro órgano distinto, pero por otro órgano que pertenece a la misma estructura que el controlado, lo que, en ocasiones, puede plantear problemas de autoprotección o corporativismo. Además, el Consejo General del Poder Judicial ejerce también un control, sobre todo de carácter disciplinario y ceñido al incumplimiento de sus obligaciones por parte de los jueces.

El único control real, externo, que hoy hay sobre las actuaciones del poder judicial es el ejercido por el Tribunal Constitucional a través del recurso de amparo. Ha sido, y aún es, muy importante para cambiar la actuación de nuestros tribunales después de la Constitución. Pero es un control limitado a los casos en los que las actuaciones judiciales vulneren derechos fundamentales, y por tanto muy reducido, además de que tampoco tiene consecuencias sobre la carrera del juez. A pesar de ello, ha dado lugar a algunos conflictos entre el Tribunal Constitucional y el poder judicial —en particular, con el Tribunal Supremo— a causa de la resistencia de los jueces a que su actuación sea controlada.

6. Un Tribunal para las Cuentas del Reino

Uno de los más importantes aspectos del control de las actuaciones de las Administraciones es asegurarse del correcto uso de los fondos públicos. Se incluye ahí la fiscalización de lo que se ha gastado y de como se ha gastado, así como de lo que se ha ingresado.

Para llevar a cabo este control la Constitución crea un órgano específico, el *Tribunal de Cuentas*. Se trata de un órgano *híbrido*, de carácter jurídico—político. Por una parte, depende de las Cortes Generales, el órgano político por excelencia, y controla la ejecución del Presupuesto por delegación suya; pero por otra se denomina «Tribunal», sus integrantes tienen características —independencia e inamovilidad— propias de los jueces y puede juzgar las infracciones contables e imponer sanciones. Los efectos del control de la ejecución del Presupuesto son sobre todo *políticos*, ya que se concretan en la publicidad, debate y valoración de lo ejecutado; pero las actuaciones de su jurisdicción contable son de neto carácter *jurídico*.

Los miembros del Tribunal de Cuentas se denominan Consejeros, y son elegidos por las Cortes, por mayoría de tres quintos, para un periodo de nueve años entre juristas de reconocida competencia.

Su función de *fiscalización* se concreta en un *Informe* sobre la *Cuenta General del Estado*. Esta recoge la ejecución que se ha hecho del Presupuesto, y el Informe al respecto del Tribunal se publica en el *BOE* y se debate en las Cámaras. La función *jurisdiccional* consiste en el control de la utilización de las cuentas públicas, pero limitado a lo estrictamente *contable*, ya que los delitos o infracciones administrativas corresponden a los tribunales ordinarios: su competencia se limita, por tanto, a evaluar el posible *perjuicio* para el erario público provocado por el manejo de los fondos; quienes lo hayan provocado directamente pueden ser obligados a *resarcir* al tesoro por los perjuicios causados.

Epílogo.
El mañana no está escrito

Si en el comienzo de este libro, al resumir nuestro azaroso pasado político y el repetido fracaso de España para articularse como una democracia, parecía inevitable recurrir a la —allí esquivada por lo manida— fatalista cita poética machadiana de las dos Españas, alguna de las cuales habría de helar el corazón de los españoles, hoy tenemos bases para pensar que ese fatalismo puede, por primera vez, ser cosa del pasado y que los españoles de hoy y de mañana no tienen nada que temer de sus conciudadanos.

Si un extraterrestre, o simplemente un extranjero que no nos conociese, aterrizase mañana en España y leyese los diarios tendría, en una primera impresión, la sensación de que se encuentra en una sociedad pronta a hundirse en la miseria, y le acometerían deseos de correr al aeropuerto más próximo; pero seguramente si aguantase un poco —o, más simplemente, si se tratase de un francés, un in-

glés, un alemán o un sueco, especialmente alguno de los
que conocen nuestro pasado y disfrutan simultáneamente
de la prosperidad y estabilidad de su país y de la diversión
que, en todos los sentidos, procura el nuestro— descubri-
ría una sociedad libre, democrática y razonablemente
próspera que atraviesa, como todas las sociedades humanas, por problemas de consideración. Nuestra cultura y
nuestros hábitos democráticos son todavía endebles. Unido al poco venturoso pasado de nuestro Estado, ello provoca falta de confianza en las instituciones, y una cierta
tendencia a identificar a los poderes públicos, y al poder
ejecutivo en particular, con los del pasado, sin reparar en
que se trata de poderes democráticamente legitimados y
sometidos a estrictos controles. Esta *cultura antiinstitucio-
nal* en general, y *antigubernamental* en particular, es caldo
de cultivo para una desconfianza no siempre justificada, y
propicia la aparición de gurús, falsos expertos «juiciosos e
independientes» y tertulianos de toda laya y condición y
con un destacado historial dictatorial que se presentan
hoy, aprovechando la generosidad de la transición, durante la cual se renunció a pedirles cuentas por su pasado,
como chamanes de la democracia, no obstante lo cual muchos tienden a creerlos más que a aquellos en los que el
pueblo ha depositado su confianza.

Los nuevos poderes de la modernidad han hecho su
aparición retrasada en España con el estrépito de un ele-
fante. Los medios de comunicación ostentan una influencia —en realidad, un poder— enorme, muy superior al
que les corresponde, y compiten con los poderes democráticamente legitimados con la ventaja de no tener que
rendir cuentas a nadie. Su monolitismo no se corresponde
con el pluralismo real del país. La propiedad de los medios de comunicación, los intereses de sus propietarios,
las estrategias que utilizan y los fines que persiguen son especialmente oscuros, cuando no simplemente delezna-
bles, como el tráfico de *dossiers*, la eliminación del adver-

sario, el ensalzamiento del que paga o la imposición de la voluntad de un grupo de poderosos por encima de la de todo un pueblo. La cultura política de nuestra sociedad no está aún vacunada frente al poder de grupos que no están democráticamente legitimados, ni lo estarán nunca, porque no aceptan la luz pública ni la responsabilidad política. Partidos y líderes políticos no han sabido o querido hacer frente a esta situación, caminan a remolque, o detrás de, los medios de comunicación, y elaboran sus posiciones y estrategias políticas en función de ellos, y no de su ideología, de los intereses de su electorado o de las necesidades del país. En España, en suma, los políticos y las instituciones siguen disciplinadamente la agenda que marcan unos medios de comunicación cuyos propietarios son desconocidos.

En ello les ayudan algunos jueces. La oposición, minoritaria en el Parlamento, incapaz de conseguir el apoyo popular para convertirse en mayoría, o de esperar a ello, ha descubierto, instigada por los medios de comunicación, la utilidad de los jueces. Al hacerlo, ha abierto, quiéralo o no, el frasco de la militarización de la política, sustituyendo la confrontación política —esto es, programática— y el legítimo deseo de sustituir a los gobernantes por la pugna a la usanza medieval, que acababa en la destrucción personal del adversario, y que se manifiesta hoy en la querella criminal, lo que conduce a la *judicialización de la política*. Los jueces, por su parte, han descubierto su inmenso poder y las mieles de la popularidad, y han decidido, al menos algunos, hacer política. En algunos casos lo han hecho soterradamente; en otros, que no tienen por qué ser diferentes de los anteriores, claramente —lo que es de agradecer— presentándose a las elecciones, aunque no aguantaron mucho en ese foro al que tanto desprecian pero que, sin embargo, tan exigente e ingrato es; en otros casos, hacen política a través de sus resoluciones judiciales, lo que es claramente inadmisible y constituye la auténtica *politización de la política*. Lo que es claro es que, hoy por hoy, el tiempo político no lo marcan ni el Parlamento ni el Gobierno, sino la prensa y los jueces, algo manifiestamente indeseable.

Es también cierto que hay sectores de la sociedad que no aceptan la libertad de los demás, ni las reglas del juego democrático. Por otra parte, ha habido corrupción, como la hay en los demás países democráticos, en esos que se han mencionado antes, y la seguirá habiendo mientras el sector público mueva grandes cantidades de dinero, porque siempre habrá quien caiga en la tentación, pero las instituciones y la opinión pública han sabido reaccionar eficazmente contra ella y la han hecho más difícil y, sobre todo, socialmente reprobable, algo que no sucede en las dictaduras —como no sucedía en el franquismo—, regímenes corruptos por definición, donde la corrupción es la regla del sistema, queda oculta por la falta de información y es socialmente conceptuada como algo inevitable y que queda impune.

El terrorismo es aún una triste realidad, la cruel herencia de nuestro pasado autoritario, pero está históricamente derrotado aún cuando todavía pueda, sin duda, plantear graves problemas. Por último, existe la amenaza de fuerzas centrífugas, en particular del localismo, la negativa a sentirse integrado en una sociedad amplia, marcada por el pluralismo y la diferencia; su artificiosidad se pone de relieve cada vez que se solicitan los recursos económicos, o simplemente el agua, —es decir, la solidaridad— de los demás para resolver los problemas propios. Es quizá, con vistas al futuro, la tendencia más perniciosa, porque perturba la convivencia, disminuye la solidaridad y dificulta la correcta articulación del Estado.

El crecimiento económico del país, y su incorporación al capitalismo financiero, ha propiciado la aparición del mito de la riqueza fácil y sin esfuerzo, la cultura de la ostentación y la depredación de un reducido grupo de lo que antes se llamaba estafadores y hoy se presentan como ingenieros financieros. Todo ello ha sido posible no sólo porque el crecimiento no ha ido acompañado de una legislación restrictiva y sancionadora de estas prácticas, sino también porque nos falta, de siglos atrás, cultura de ricos, experiencia de sociedad en la que se mueve dinero. La opacidad de los grupos financieros y de sus maniobras es en España mayor de lo deseable, y la relación de estos grupos con los medios políticos y de comunicación estrechísima. También en el terreno económico, pero en otro plano, hay un cierto despotismo ilustrado renovado que bajo el pretexto de propuestas pretendidamente técnicas que no permiten alternativas suscita un menosprecio de lo político entendido como la capacidad del cuerpo social de debatir sus problemas y escoger libre y conscientemente las soluciones y hurta a la sociedad, por tanto, la capacidad de elegir su futuro. Por último, el acceso de España a la riqueza ha hecho que la gran masa de ciudadanos de este país tenga, por primera vez, algo que conservar, y eso se traduce en preocupantes pulsiones de insolidaridad.

Todo este listado recoge, sin embargo, problemas menores si los comparamos con los que hemos dejado a nuestras espaldas. Son, sobre todo, problemas solubles si consideramos lo hecho y, especialmente, si valoramos el marco en que debemos afrontarlos.

La sociedad española está, por fin, firmemente estructurada políticamente como una democracia moderna, en la que quienes ostentan el poder político son elegidos por los ciudadanos y son responsables ante ellos, en la que los derechos fundamentales de las personas están garantizados y son eficazmente protegidos, en la que la separación de poderes, caracterizada sobre todo por la existencia de un poder judicial independiente, está asegurada y en la que las nacionalidades y regiones gozan de una muy considerable autonomía que configura, dentro de un único Estado, una gran diversidad plurinacional.

El contenido esencial de la democracia, la noción y la garantía de los derechos de los ciudadanos, la concepción de la nación como conjunto de ciudadanos con derechos, están firmemente enraizados en este pueblo del que algunos aseguraban que no sabía vivir en libertad. La sociedad española puede, sin duda, enorgullecerse hoy de ser una de las más tolerantes del mundo. Después de haber probado el suculento manjar social que supone disfrutar de la libertad y ejercerla, es improbable que nadie pueda privar a este pueblo de ese delicioso fruto, aunque —bueno es tenerlo siempre presente— no faltarán quienes lo intenten.

Por primera vez en siglos, España cuenta con una Constitución democrática y moderna, ajustada a las características del país y del tiempo en que vive, apoyada por una inmensa mayoría, por casi todos aceptada y por casi nadie cuestionada. Los dos principales problemas estructurales que presentaba la puesta en práctica de la Constitución, el papel político del Rey —ya que los antecedentes históricos no eran nada halagüeños y la izquierda no habría aceptado una Monarquía con auténtico poder político— y la estructura territorial del Estado han sido satisfactoriamente resueltos, aún cuando el segundo siga ofreciendo flecos pendientes, que nos parecen problemas de envergadura pero son bagatelas comparados con los conflictos estructurales del pasado.

Por primera vez en nuestra historia moderna hemos sabido construir un Estado en el que todos quepamos y en el que nadie se sienta excluido, un Estado capaz de no amargar la vida de los ciudadanos, y de solucionar sus problemas. Las Fuerzas Armadas, tantas veces indeseadas protagonistas de nuestra historia, están hoy plenamente integradas en el sistema, gozan de las características —y sufren los problemas— de los ejércitos de los países democráticos y hacen que muchos, pensando en un pasado aún reciente, creamos soñar cuando las vemos prestando sus servicios en la pacificación de la antigua Yugoslavia u otras misiones parecidas.

Por primera vez en nuestra historia contamos con un Estado regido por la ley y el Derecho, que son expresión de la voluntad popular, y no del cacique de turno; por primera vez, los poderes públicos están sometidos a la ley y al Derecho, y la arbitrariedad puede ser eficazmente combatida.

En los últimos veinte años la sociedad española ha dado sucesivos pasos de gigante, y ha sabido aguantar el ritmo. En el plano político, ha transformado una dictadura personal en una democracia parlamentaria y un Estado centralista en otro cuasi-federal, ha pasado de la confesionalidad a la aconfesionalidad, y de la proscripción de las libertades a su defensa. El punto final de esa transformación de importancia difícil de exagerar es que, por primera vez, un partido de izquierda alcanzó el poder en solitario y en circunstancias pacíficas y pudo ejercerlo durante largo tiempo, realizando así la prueba del nueve de una democracia parlamentaria, que es la alternancia en el poder, y de un sistema constitucional, que es su capacidad para permitir el ejercicio del poder desde opciones políticas muy diferentes sin necesidad de alterar o forzar la Constitución. Cuando estas líneas se escriben parece posible que se produzca una nueva alternancia; si así es, es seguro que, digan algunos lo que digan, la sustitución de nuestros gobernantes tendrá lugar con normalidad.

En el plano social, la sociedad española ha experimentado transformaciones, si cabe, aún más relevantes. La más destacada de todas ellas es, sin duda, la incorporación de la mujer a la vida política, económica, social y laboral, algo de especial significación en una sociedad secularmente machista. Hasta 1978 las mujeres no pudieron, Dios sabrá por qué motivos, acceder a la carrera judicial. Desde 1989 más de la mitad de quienes ingresan en la carrera judicial son mujeres; ese solo dato dice más de la transformación del país que otros muchos. A ello hay que añadir que la mejora de las comunicaciones, la emigración, la educación y la mayor permeabilidad social han posibilitado la incorporación de la España rural al progreso y la han permitido superar, en gran medida, las barreras que la distinguían de la España urbana. Por último, las costumbres han sufrido, especialmente en materia sexual, profundas modificaciones. Además, una sociedad caracterizada por la vasta incultura resultante de siglos de aislamiento se ha abierto al mundo de la cultura y la comunicación. Todo ello ha hecho pasar al museo, en términos generales, la España de Bernarda Alba, la España profunda, rural, inculta, cerrada y mojigata, de mujeres vestidas de negro, que hoy sólo sobrevive en contados lugares y no es, desde luego, la que domina culturalmente el país.

En el plano económico, la sociedad española supo hacer frente a una profunda crisis económica; supo salir de ella, y lo hizo al mismo tiempo que se transformaba política y socialmente. Tras la superación de la crisis, España conoció un período de prosperidad y crecimiento sin precedentes, que permitió reducir el diferencial con los países más avanzados. En los primeros noventa, la crisis mundial la afectó de nuevo, pero también ha sabido superarla, y hoy parece de nuevo instalada en la senda del crecimiento. En este período se ha eliminado el proteccionismo y se han abierto la industria y los mercados a la competencia internacional. España se ha integrado en el mayor circuito mundial de libre mercado, y ha sabido resistir el embate. La Administración, los funcionarios, los empresarios, los sindicatos y la ciudadanía toda se han visto de súbito, tras décadas de aislamiento, inmersos en los más sofisticados circuitos internacionales, y lo han afrontado con profesionalidad, dignidad y seriedad. La España de la siesta, el bostezo, la charanga y la pandereta es ya, claramente, un lejano recuerdo de un pasado felizmente superado y que nunca podrá volver.

Nuestros socios, nuestros aliados, nuestros términos de comparación son ahora los países que encabezan el mundo: Francia, Gran Bretaña, Alemania, Italia, Holanda, sociedades libres y prósperas con las que hace tan solo unos lustros jamás hubiéramos pensado en compararnos, y que hoy constituyen nuestro punto de referencia inmediata en lo político, en lo económico, en lo social, en lo científico, en lo cultural y hasta en lo deportivo. Cuando buscamos el lugar de España en las tablas de estadísticas internacionales de cualesquiera materias nuestros ojos siempre comparan los datos con los de esos países, que forman el más selecto club del mundo, y despreciamos la comparación con quienes, aún no hace mucho, nos superaban. Aún nos separa una distancia de ellos, en todos los terrenos; pero es ya una distancia al alcance del ser humano, no la de la lejanía sideral con la que, hace muy poco tiempo, los contemplábamos.

En resumen, la sociedad española lleva veinte años experimentando, a gran velocidad, intensísimas transformaciones, y lo ha hecho con indudable éxito. Ha realizado un esfuerzo social similar al de alguien que, habiéndose quedado enormemente descolgado cuando disputaba una carrera de fondo, se ve obligado, para recuperar el terreno perdido, a correr una larguísima distancia a ritmo de prueba de velocidad, y ha hecho un papel de una enorme categoría; con las distorsiones y los altibajos de un esfuerzo de esa naturaleza, pero sin atravesar ninguna «pájara» de importancia y sin ceder en el esfuerzo. Fuera lo reconocen, y es seguro que nosotros lo admiraríamos si lo hubiésemos contemplado en otra sociedad. Una de la virtudes que todavía nos faltan como pueblo es la confianza en nosotros y en nuestras posibilidades, lo que presupone el reconocimiento de lo realizado: el reconocimiento, no la autocomplacencia.

Por primera vez, la esperanza tiene esa oportunidad que nuestro pueblo ha estado buscando durante siglos. Por primera vez, el Estado ofrece a la sociedad española un marco para la convivencia pacífica en libertad, para una empresa personal y colectiva basada en la libertad y en la tranquilidad política y social, para un desarrollo humano libre y responsable, para dar rienda suelta a la creatividad, sin ataduras ni restricciones. Por primera vez tenemos un futuro personal y colectivo basado en el presente, como pueblo, como nación y como Estado.

Para que ese futuro cuaje es necesario, sin embargo, que seamos capaces de recomponer nuestro concepto del Estado y nuestra relación con él y con sus símbolos, una relación muy deteriorada como consecuencia del pernicioso papel histórico que ha jugado en España. La recuperación de la identificación colectiva con el Estado, la plasmación de su imagen social como proyecto colectivo de convivencia pacífica en libertad, como la cristalización jurídica y política de la organización civil de los ciudadanos y como el órgano articulador de la solidaridad de un cuerpo social que ha decidido libremente compartir su destino es la premisa necesaria para que recuperemos el tiempo político que perdimos —que nos hicieron perder— durante los dos últimos siglos. Sólo quienes han vivido el tiempo pasado saben de sobra —o deberían saberlo— hasta qué punto el presente es incomparablemente mejor.

Todas estas cosas nos ocurren por primera vez, y abren una puerta a la esperanza del futuro: cuando está pronto a cumplirse el centenario del desastre de 1898, nada hace pensar que la sociedad española —que está hoy, por utilizar la terminología orteguiana, suficientemente vertebrada— deba atravesar un período de desconfianza y escepticismo pesimista como el que caracterizó a la España de los últimos cien años. Pero ese futuro esperanzador habrán de ganárselo los españoles de hoy y de mañana, porque sólo de ellos depende como sea. La democracia y las libertades, un fruto no demasiado abundante en este planeta, son flores de invernadero: si se quiere que sobrevivan es menester cuidarlas cada día y protegerlas de las amenazas, nada desdeñables en esta granja nacional en la que no son pocos los que hablan de regeneración cuando no se hace cuanto ellos predican y son muchos, poderosos e influyentes los que se aburren cuando no hay una guerra civil. Vivimos hoy una etapa de paz, prosperidad y libertad insólita en nuestra historia reciente, que todos hubiésemos firmado hace apenas veinte años y que desmiente la seguridad desesperanzada con la que Gil de Biedma afirmaba que la historia de España siempre acaba mal; pero es necesario citar a Machado, ahora sí, y recordar que «ni el pasado ha muerto/ ni está el mañana —ni el ayer— escrito».

Bibliografía orientadora

Puede suceder que la lectura de este libro haya espoleado la curiosidad de algún lector que se sienta incitado a sumergirse en las profundidades de nuestro ordenamiento constitucional. Ese eventual lector reprobará la ausencia, en las líneas precedentes, de toda indicación bibliográfica, que se ha considerado poco compatible con el carácter que se ha querido imprimir al libro. La sucinta bibliografía que a continuación se reseña pretende subsanar esa carencia.

En consonancia con el carácter de la obra, no deberá buscarse aquí una completa bibliografía especializada, sino sólo una relación de obras caracterizadas por su —siempre relativa— sencillez; sólo se mencionarán, pues, textos generales o monografías, y no artículos especializados, recopilaciones de artículos u otros trabajos científicos. Es, tal vez no sea ocioso recalcarlo, una bibliografía absolutamente reducida a lo que en esta obra se ha tratado; quien busque algo más podrá, sin duda, hallarlo partiendo de las fuentes que aquí se indican. Se pretende, además, cierta actualidad, por lo que se omiten obras que, aunque no estén anticuadas, sí datan de tiempo atrás; cuando, como es frecuente, hay varios títulos disponibles, la mayor actualidad de la obra se ha utilizado como uno de los criterios de preferencia. Se ha renunciado a la bibliografía en lenguas extranjeras, así que todas las obras citadas están disponibles en castellano o, en algún caso, en otras lenguas españolas. Se ha buscado, por último, la accesibilidad, de suerte que las obras mencionadas son susceptibles de ser halladas, como irónicamente dijera el malogrado constitucionalista Ignacio de Otto, «incluso en las bibliotecas de las Facultades de Derecho». En fin, esta relación bibliográfica no sigue exactamente —aunque casi siempre lo hace— la sistemática del libro, ya que en éste la claridad expositiva aconseja, en ocasiones, segregar materias; en la relación bibliográfica, sin embargo, las obras están agrupadas por bloques materiales.

Es posible distinguir dos grandes campos bibliográficos: por una parte, las obras generales; por otra, las que tratan una materia concreta. Por lo que a las primeras se refiere, servirán a quienes deseen profundizar en la materia que nos ocupa, pero siempre desde una perspectiva general.

Quien busque enfoques generales de los sistemas constitucionales podrá hallarlos con distintas orientaciones en, por ejemplo, la *Teoría de la Constitución,* de Karl Loewestein (Barcelona, 1986), en *Gobierno constitucional y Democracia,* de Carl J. Friedrich (Madrid, 1975), en la *Introducción a la Teoría del Estado* (Buenos Aires, 1980), de Martin Kriele, o en la *Teoría del Estado y Derecho Constitucional,* de José Antonio González Casanova (Barcelona, 1988). *Las transformaciones del Estado contemporáneo* (Madrid, 1985), de Manuel García Pelayo, ofrece una perspectiva contemporánea con abundantes referencias al

Estado Social. Un análisis de los problemas actuales de la democracia puede encontrarse en *Reinventar la democracia* (Madrid, 1994), de Manuel Jiménez de Parga.

Un clásico estudio comparado de los distintos sistemas es el de Paolo Biscaretti di Ruffia, *Introducción al Derecho Constitucional Comparado* (Méjico, 1975), al que bien puede unirse el *Derecho Constitucional Comparado,* de Giuseppe De Vergottini (Madrid, 1983). Dieter Nohlen ofrece una perspectiva general de los sistemas electorales en *Los sistemas electorales en el mundo* (Madrid, 1984). Sobre *Los partidos políticos,* la obra más conocida es la del mismo nombre de Maurice Duverger (Méjico, 1961), pero puede encontrarse una referencia más próxima, tanto en lo cronológico como en lo contextual, en la de igual título de R. García Cotarelo (Madrid, 1985). *Partidos y sistemas de partidos,* de Giovanni Sartori (Madrid, 1980), trata estas dos materias conjuntamente.

El lector interesado podrá hallar una perspectiva general del constitucionalismo en *Introducción al Derecho Constitucional* (Valencia, 1994), de Luis López Guerra, así como en las *Lecciones de Derecho Político* (Valencia, 1994), de Eduardo Espín.

Puede accederse, también, a diversas obras dirigidas a los estudiantes de Derecho Constitucional que abordan la materia de forma global, pero con un grado de detalle, una precisión terminológica, unas referencias normativas y jurisprudenciales y una especialización muy superior a los aquí empleados. De entre las varias existentes sólo señalaremos aquí, para no hacer la relación excesivamente larga, tres: *Derecho Constitucional* (2 volúmenes, Valencia, 1994; traducción al catalán, *Dret Constitucional,* Valencia, 1995; traducción al vascuence, *Zuzenbide konstituzionala,* Bilbao, 1994), de Luis López Guerra, Eduardo Espín, Joaquín García Morillo, Pablo Pérez Tremps y Miguel Satrústegui. En ella se encontrarán, también, ulteriores referencias bibliográficas, normativas y jurisprudenciales;

Curso de Derecho Constitucional español (Madrid, 3 volúmenes, 1992-93-94), de Jorge de Esteban y Pedro González Trevijano, y *Curso de Derecho Constitucional* (Madrid, 1995), de Javier Pérez Royo.

Nuestra historia constitucional ha sido tratada en no pocas ocasiones. Destacan, por su brevedad y claridad, la *Breve Historia del Constitucionalismo español* (Valencia, 1976), de Joaquín Tomás Villarroya, *Constituciones y periodos constituyentes en España 1808-1936* (Barcelona, 1976), de Jordi Solé Tura y Eliseo Aja y, más modernamente, *Introducción a una historia del constitucionalismo español* (Valencia, 1993), de Rafael Jiménez Asensio.

Quien deseare profundizar en una determinada materia encontrará a continuación monografías especializadas que abordan aspectos específicos del ordenamiento constitucional. Sobre los valores constitucionales nos ilustra la obra de Gregorio Peces-Barba *Los valores superiores* (Madrid, 1986). Sobre el carácter fundamental de la Constitución pueden verse *La Constitución como norma y el Tribunal Constitucional* (Madrid, 1982), de Eduardo García de Enterría, y *Derecho Constitucional. Sistema de fuentes* (Barcelona, 1987), de Ignacio de Otto; como su nombre indica, esta obra es también de interés en lo relativo a nuestro sistema de fuentes. Acerca de esta misma materia, puede acudirse también, si se desea abundar en ella, a la completa obra de Francisco Balaguer (*Las fuentes del Derecho,* Madrid, 1993); con el mismo título (Madrid, 1984) Javier Pérez Royo nos procura una perspectiva más sintética.

La relevancia de la ley en nuestro ordenamiento la tratan Ángel Garrorena (*El lugar de la ley en la Constitución española,* Madrid, 1980) y Tomás Ramón Fernández (*Las leyes orgánicas y el bloque de la constitucionalidad,* Madrid, 1981). Los principios generales del Derecho los trata también Eduardo García de Enterría en *Reflexiones sobre la ley y los principios generales del Derecho* (Madrid, 1984), y sobre el valor de la costumbre, puede consultarse *La costumbre en Derecho Constitucional* (Madrid, 1989), de Pedro González Trevijano. Las otras normas con rango de ley son estudiadas, por ejemplo, por Eduardo Vírgala (*La delegación legislativa en la Constitución y los Decretos legislativos como normas de rango incondicionado de ley,* Madrid, 1991), Javier Salas (*Los Decretos-leyes en la Constitución española de 1978,* Madrid, 1979) y Pablo Santolaya (*El régimen constitucional de los Decretos-leyes,* Madrid, 1988).

A pesar de ser una Monarquía parlamentaria, no hay en España muchas cosas sobre la Monarquía, la Corona y el Rey. Entre ellas, cabe citar las de Ángel Menéndez Rexach (*La Jefatura del Estado en el Derecho Público español,* Madrid, 1979) y Mariano García Canales (*La Monarquía parlamentaria española,* Madrid, 1991).

Quien desee una descripción amplia de las Cortes Generales, puede encontrarla en *Las Cortes Generales en el sistema parlamentario de Gobierno* (Madrid, 1987), por Isidre Molas e Ismael Pitarch. La obra más completa sobre el funcionamiento de las Cortes es la de Fernando Santaolalla, *Derecho Parlamentario español* (Madrid, 1984).

Las relaciones entre el Gobierno y las Cortes Generales, y el control de éstas sobre aquél, pueden hallarse en Joaquín García Morillo, *El control parlamentario del Gobierno en el ordenamiento español* (Madrid, 1985). Del mismo autor, en colaboración con José Ramón Montero, pueden encontrarse tratados —más sintéticamente— tanto el control parlamentario como la moción de censura y la cuestión de confianza en *El control parlamentario* (Madrid, 1984). La función de la oposición la analiza Juan Fernando López Aguilar, en *La oposición parlamentaria y el orden constitucional* (Madrid, 1988) y en *Minoría y oposición en el parlamentarismo* (Madrid, 1991). El procedimiento legislativo lo aborda María Asunción García Martínez, en la obra del mismo nombre (Madrid, 1987).

Del Gobierno se ha ocupado Juan Luis Pérez Francesc (*El Gobierno* Madrid, 1993); de su formación, Miguel Revenga (*La formación del Gobierno en la Constitución española de 1978,* Madrid, 1981), y de su Presidente, Antonio Bar (*El Presidente del Gobierno en España,* Madrid, 1983). La acción del Gobierno ha sido, y muy recientemente, abordada por Javier García Fernández, en *El Gobierno en acción* (Madrid, 1995). La responsabilidad política del Gobierno ha sido estudiada por Pilar Mellado Prado, en *La responsabilidad política del Gobierno en el ordenamiento español* (Madrid, 1988) y Eduardo Vírgala Foruria, *La moción de censura en la Constitución de 1978 y en el constitucionalismo histórico español* (Madrid, 1988).

A pesar de su relevancia, tanto el Poder Judicial como el Ministerio Fiscal han sido, hasta el presente, poco estudiados, particularmente el segundo. Entre las obras al respecto, deben mencionarse los *Estudios sobre el Poder Judicial* (Madrid, 1989), de Ignacio de Otto, y el *Régimen constitucional del Poder Judicial,* de Luis María Díez-Picazo (Madrid, 1991). Dos obras de interés al respecto son las de Dieter Simon, *La independencia del juez,* (Barcelona, 1985) y Valeriano Hernández Martín, *Independencia del juez y desorganización Judicial* (Madrid, 1991), Eloy Terol ha trabajado sobre *El Consejo General del Poder Judicial* (Madrid, 1990). Sobre el Ministerio Fiscal, puede acudirse a Francisco Granados (*El Ministerio Fiscal,* Madrid, 1988).

La razón del nacimiento de los Tribunales Constitucionales, su función y su estructura pueden encontrarse muy bien explicadas en *Tribunal Constitudonal y Poder Judicial,* de Pablo Pérez Tremps (Madrid, 1982).

Las diferentes competencias del Tribunal Constitucional han sido tratadas por diversos autores. Así, para el recurso de inconstitucionalidad puede acudirse a A. García Martínez (*El recurso de inconstitucionalidad,* Madrid, 1992), para la cuestión de inconstitucionalidad, a Andreu Ribas Maura (*La cuestión de inconstitucionalidad,* Madrid,

1991); para el recurso de amparo, a Joan Oliver (*El recurso de amparo,* Madrid, 1988) y, con el mismo título (Madrid, 1984), a José Luis Cascajo y Vicente Gimeno Sendra. Además, Javier García Roca se ha ocupado de *Los conflictos de competencia entre el Estado y las Comunidades Autónomas* (Madrid, 1993) y María Antonia Trujillo de *El conflicto entre órganos constitucionales del Estado* (Madrid, 1996).

También pueden encontrarse monografías sobre los distintos órganos de relevancia constitucional. Así, para el *Defensor del Pueblo,* la obra de referencia es la de Álvaro Gil-Robles (Madrid, 1979), pero la figura ha sido más recientemente tratada por Francisco Astarloa (Palma de Mallorca, 1994). Sobre el Tribunal de Cuentas, puede verse *La jurisdicción contable* (Madrid, 1984), de Pascual Sala; sobre el Consejo de Estado, *Consejo de Estado y elaboración de reglamentos estatales y autonómicos,* de Ricardo Alonso García (Madrid, 1992), y sobre el mismo órgano y sus equivalentes de las Comunidades Autónomas *Consejo de Estado y Consejos consultivos autonómicos,* de Carlos Ruiz Miguel (Madrid, 1995); por último, sobre el *Consejo Económico y Social* versa la obra del mismo título de José Luis García Ruiz (Madrid, 1993).

Es de nuevo Pablo Pérez Tremps quien nos ofrece una perspectiva de lo que supone nuestra integración en la Unión Europea, y lo hace desde un doble enfoque: desde el nacional, en *Constitución española y Comunidad Europea* (Madrid, 1994), y desde el autonómico, en *Comunidades Autónomas, Estado y Comunidad Europea* (Madrid, 1987). Una visión general del ordenamiento comunitario europeo puede hallarse en Jean Victor Louis, *El ordenamiento jurídico comunitario* (Luxemburgo, 1991).

El ordenamiento territorial español es especialmente dificultoso. Lo relativo al sistema autonómico lo han tratado, entre otros, Agustín Ruiz Robledo —quizá la obra más accesible para quien no sea especialista— en *El Esta-*

do autonómico (Granada, 1989), Joaquín Tornos, Eliseo
Aja, Tomás Font, Juan Manuel Perullés y Enoch Albertí,
en *El sistema jurídico de las Comunidades Autonomas*
(Madrid, 1985) y Santiago Muñoz Machado en *Derecho
Público de las Comunidades Autónomas* (Madrid, 1982-
84); aunque aún más especializado, también es de interés
*El reparto competencial en la jurisprudencia del Tribunal
Constitucional* (Madrid, 1988), de Francisco Tomás y Va-
liente. Sobre las entidades locales, puede acudirse a *La autonomía local* (Madrid, 1990), de Miguel Sánchez Morón,
o a *La provincia en el sistema constitucional* (Madrid,
1991), de Rafael Gómez Ferrer.

Los derechos fundamentales constituyen, en sí mismos,
un vasto campo temático. Puede encontrarse una perspectiva general de su significado y regulación constitucional en las obras de Gregorio Peces-Barba (*Curso de Derechos Fundamentales,* Madrid, 1991), Antonio Pérez Luño
(*Los derechos fundamentales,* Madrid, 1984) y Luis Prieto
Sanchís (*Estudios sobre derechos fundamentales,* Madrid,
1990).

La eficacia de los derechos fundamentales sobre los
particulares ha sido objeto de la atención de Tomás Qua-
dra-Salcedo (*El recurso de amparo y los derechos fundamentales en las relaciones entre particulares,* Madrid,
1981), Antonio Jiménez Blanco y Jesús García Torres (*Derechos fundamentales y relaciones entre particulares,* Madrid, 1986) y, más modernamente, Juan Fernando López
Aguilar (*Derechos fundamentales y libertad negocial,* Madrid, 1990). La situación de los extranjeros en cuanto a los
derechos fundamentales, la ha acometido E. Sagarra Trías
(*Los derechos fundamentales y las libertades públicas de los
extranjeros en España,* Barcelona, 1991), y el asilo Diego
López Garrido (*El derecho de asilo,* Madrid, 1991).

El lector podrá hallar obras específicas en las que se tratan casi todos los derechos fundamentales: el derecho a la
igualdad en *El principio de igualdad en la Justicia constitu-*

cional, de José Suay Rincón (Madrid, 1986); la libertad religiosa en *Naturaleza, contenido y extensión del derecho de libertad religiosa,* de L. V. Contín (Madrid, 1990); la libertad personal, las garantías contra la detención, los derechos del detenido y las retenciones, identificaciones, redadas, controles de alcoholemia y demás prácticas semejantes en *El derecho a la libertad personal,* de Joaquín García Morillo (Valencia, 1995); *La inviolabilidad del domicilio* en la obra del mismo nombre de Pedro González Trevijano (Madrid, 1992) o en *El derecho a la inviolabilidad domiciliaria en la Constitución española de 1978,* de José Antonio Alonso de Antonio (Madrid, 1993); es también Pedro Gonzalez Trevijano quien nos ilustra sobre *Las libertades de circulación, residencia, entrada y salida de España* (Madrid, 1991), el derecho al honor se trata en *La degradación del derecho al honor: honor y libertad de información,* de Jesús González Pérez (Madrid, 1993), y la libertad de expresión en *Los límites a la libertad de prensa en la Constitución española de 1978,* de Marc Carrillo (Barcelona, 1987), y *Libertad de prensa y procesos por difamación,* de Santiago Muñoz Machado (Madrid, 1988).

Para profundizar en los derechos políticos, podemos acudir a Ignacio Torres Muro (*El derecho de reunión y manifestación,* Madrid, 1991), Germán Fernández Farreres (*Asociaciones y Constitución,* Madrid, 1987), Roberto Blanco Valdés (*Los partidos políticos,* Madrid, 1990), e Ignacio de Otto (*Defensa de la Constitución y partidos políticos,* Madrid, 1985). El acceso a la función pública lo estudia Manuel Pulido Quecedo (*El acceso a los cargos y funciones públicas,* Madrid, 1992), y Pablo Santolaya ofrece a quien esté interesado en la materia un *Manual de procedimiento electoral* (Madrid, 1991).

Por lo que se refiere al bloque de derechos fundamentales directa o indirectamente conectado con los procesos judiciales, el derecho a la tutela judicial puede encontrarse estudiado por Ángela Figueruelo (*El derecho a la tutela judicial efectiva,* Madrid, 1990), por Jesús González Pérez (*El derecho a la tutela jurisdiccional,* Madrid, 1989), y Vicente Gimeno Sendra (*Constitución y proceso,* Madrid, 1988). Gregorio Ruiz abunda en *El derecho al juez ordinario en la Constitución española* (Madrid, 1991) y Vicente Gimeno Sendra en *El proceso de habeas corpus* (Madrid, 1985).

Para los derechos de ámbito educativo, *Las libertades en la enseñanza,* de Antonio Embid Irujo, Madrid, 1983), y *De la libertad de enseñanza al derecho a la educación* (Alfonso Fernández-Miranda, Madrid, 1988) son buenas referencias. También lo son, para lo relativo a los derechos de ámbito laboral, *Organizaciones sindicales y empresariales más representativas* (Joaquín García Murcia, Madrid, 1987), *La tutela de la libertad sindical por los tribunales nacionales* (de Ignacio Albiol, Madrid, 1987), *Derecho de huelga y servicios esenciales,* (Antonio Baylos Grau, Madrid, 1987) y, en general, el *Derecho sindical español,* de Manuel Palomeque (Madrid, 1988), y el *Derecho del trabajo,* de Manuel Alonso Olea y María Emilia Casas (Madrid, 1989). En lo que se refiere al modelo económico, puede acudirse a *Constitución y sistema económico* (de Martín Bassols, Madrid, 1985), y Fernando Rey (*La propiedad privada en la Constitución española,* Madrid, 1994) ha trabajado sobre la regulación constitucional de la propiedad privada.

Las garantías de los derechos fundamentales utilizables en sede judicial ordinaria pueden encontrarse estudiadas en *La protección judicial de los derechos fundamentales,* de Joaquín García Morillo (Valencia, 1994), y, con más amolitud, en *La tutela de los derechos fundamentales por los jueces ordinarios* (Madrid, 1995), de Marc Carrillo. Para el recurso de amparo constitucional, podemos recurrir a la obra del mismo nombre, ya citada, de Joan Oliver; y quien desee conocer la jurisprudencia del propio Tribunal Constitucional sobre el recurso de amparo, podrá hallarla, muy bien tratada, en la obra de Germán Fernández Farreres *El recurso de amparo según la jurisprudencia constitucional* (Madrid, 1994).

Algunas materias no han sido tratadas, o lo han sido de manera muy circunstancial, por considerarlas demasiado específicas para el objeto de esta obra. Así sucede, por ejemplo, con los estados de alarma, excepción y sitio, sobre los que ha trabajado Pedro Cruz Villalón (*Estados excepcionales y suspensión de garantías,* Madrid, 1984), o con los deberes constitucionales. De entre éstos, destaca lo relativo al servicio militar y la objeción de conciencia, materia esta última sobre la que puede acudirse a las obras que con idéntico título (*La objeción de conciencia al servicio militar)* han publicado Joan Oliver (Madrid, 1993) y Gregorio Cámara (Madrid, 1991). Por último, Pedro de Vega trata en *La reforma constitucional y la problemática del poder constituyente* (Madrid, 1985) ambas materias, y Javier Pérez Royo se centra en la primera de ellas en *La reforma constitucional* (Madrid, 1987).

Índice

INTRODUCCIÓN. UNA TRISTE HISTORIA CON UN FINAL FELIZ

EL ESPACIO DEL PODER

EL EJERCICIO DEL PODER

EL CONTROL DEL PODER

El Libro de Bolsillo   Alianza Editorial   Madrid

Ultimos títulos publicados